宋代老子學詮解的義理向度

江淑君 著

臺灣 學生書局 印行

宋代老子學詮解的義理向度

目　次

第一章 緒 論

第一節 問題意識的形成

　　《老子》一書言簡意賅，又因為「正言若反」的語言特質，形成表象文字的模糊含混與不確定性，導致可以再詮釋的空間極大，充滿著彈性十足的發揮餘地。歷代注《老》解《老》之書確實頗多，自韓非〈解老〉、〈喻老〉之後，兩漢以下迄至明清注《老》釋《老》之輩不下三百三十餘家。根據約略統計，兩漢注釋家約十三家，三國兩晉六朝約計七十七家，隋唐約計五十三家，兩宋約計六十四家，元朝約計三十家，明季約計五十八家，而有清一代約計四十家，民國以來則猶未計在內❶。而根據陳榮捷〈戰國道家〉一

---

❶　魏元珪：《老子思想體系探索・上》（臺北：新文豐出版公司，1994 年 6 月），第十四章〈歷代來釋老解老的重要派別〉，頁 205。熊鐵基、馬良懷、劉韶軍：《中國老學史》（福州：福建人民出版社，1997 年 7 月初版），〈前言〉中熊鐵基也說：「歷代注釋《老子》的著作甚多，今人嚴靈峯的《無求備齋老子集成・初編》就收有明以前的著作 140 種，續編收錄清代、民國時期及日本、韓國的 196 種，加上較易見到的《道藏》中所收諸種《老子》注本，其數量是很大的。」，頁2。

文的考證，從韓非〈解老〉、〈喻老〉開始，老子《道德經》至少已有七百餘種的不同注疏，其中仍然存在的大約一半，就是鄰近中國的日本，也大約有二百五十種注解。如果再將各種外文譯本計算在內，老子《道德經》所受的重視，恐怕沒有一部哲學著作可以相提並論❷。凡此，透顯出「後老子」時期，學者們對《老子》的重視不曾稍歇，它所受到的青睞極多，影響力不容小覷。老子思想藉此注解箋釋的形式而得以承續流傳，其義理內蘊亦呈現出豐富而多元的樣貌，百家之言說，可謂各道其所道，各解其所解。細觀歷代老子學的演變發展，有以儒家之言解《老》者；有以釋家之言解《老》者；有以莊子之言解《老》者；有以兵家之言解《老》者；有以黃老之言解《老》者；有以陰陽家之言解《老》者；有以道教之言解《老》者；亦有以老子之言解《老》者，不一而足。注解家為其本身門戶所限，以其固有知見詮解《老子》，似乎不能說全得《老子》真解。然而，也正因為如此，才能激盪出各個不同時代、不同學術氛圍之下的老子學圖象。誠如宋、元之際的杜道堅所言：

> 道與世降，時有不同，注者多隨時代所尚，各自其成心而師之。故漢人注者為「漢老子」；晉人注者為「晉老子」；唐

---

❷ 參見陳榮捷：〈戰國道家〉，收入《歷史語言研究所集刊》（臺北：中央研究院，1972 年 10 月）第 44 本第 3 分，頁 444-445。此外，亦可參見嚴靈峯：《中外老子著述目錄·下編》（臺北：中華叢書委員會，1957 年 5 月），頁 227-303。

人、宋人注者為「唐老子」、「宋老子」。❸

歷代老學研究者從各個不同的角度去箋解注釋、研究闡發《老子》的內在底蘊，由此注《老》釋《老》的多元觀點中，逐漸累積形成一個龐大的學術思想體系。因為各個時代文化氛圍的不同，以及詮釋者身分背景、學術涵養的差異，使得「漢老子」自然不同於「晉老子」，「晉老子」又不同於「唐老子」，「唐老子」又不同於「宋老子」。如此眾多詮釋《老子》的注解文字當中，其注義有可能是傳統的承繼，也有可能是開新的創造。從宏觀的視野來說，若我們能將各個時期對於《老子》的詮釋解讀貫串聯繫起來，便也能同時勾勒出一條清晰的老子學史脈絡。而這條老子學的歷史長河，必然也因為眾多支流的匯集凝聚而展現出不同於先秦《老子》原創時期的精神樣態與風貌。

因此，所謂「老子學」理當含有兩層意義：一者為老子原有的思想體系，二者為老子思想及《老子》一書的詮釋學體系❹。「老子學史」即著重在探究這些思路、體系，以及其間詮釋方法的發展與變化，而這些義理思想的深度抉發與理論重構，對於建立老子思想史發展的基本輪廓，當能有實質性的助益。事實上，注重歷代對《老子》的注解箋釋及其相關論說，是全面性了解老子詮釋史的關鍵所在，也是建立老子學史重要的研究方向。因此，展開斷代式專

---

❸ 杜道堅：《玄經原旨發揮》，卷下第十，頁 0469。收入《正統道藏》（臺北：新文豐出版公司，1988 年）第二十一冊。

❹ 董恩林：《唐代老學：重玄思辨中的理身理國之道》（北京：中國社會科學出版社，2002 年 5 月），〈緒論〉，頁 3。

題、專家的探究，也就愈發顯得急迫而且必要，只有通過對重要時期的重要人物，以及重要的著作、議題深入剖析，才能促使老子學史的研究內涵日漸提升。之於老子學史而言，《老子》究竟是一部什麼性質的書？其間詮註者觀點上的差異與意見的分歧，正使得一部老子學史就像一部學術思想史。幾乎每個時代都有不同身分的眾多學者與它進行充分對話，也因為文化背景與時代處境的不同，造就了多元樣貌的老學面向。而這也同時象徵著老子思想在「後老子」時期的發展中，不單只是刻板複製，照著再說一次而已，而能有再次活化重生的力量與可能。因此，就眾多注《老》解《老》的學者專家而言，大多是「以詮解古籍植入新說」的態度來面對《老子》，他們資藉著注解《老子》的同時自下己意，陳述個人的思想觀點，進而創造性的建構新理論以迎合時代或自己的需要。就此而言，實可知「《老子》原典」與「《老子》注文」根本就是兩回事。熊鐵基曾說：

> 這如此眾多的「老子」與作為原典的《老子》之間，可以說既有聯繫，又有區別；既有繼承，又有發展。而正是這種聯繫與區別、繼承與發展的長久交織、演進，組成了老學發展的歷史，且賦予了它極為豐富的內容。❺

熊先生肯定老子詮釋史中這樣的詮註現象，故其指稱說「賦予了它極為豐富的內容」。因此，詮釋者的《老子》與原典《老子》之

---

❺ 《中國老學史》〈前言〉，頁1。

間，存在著一種既聯繫又有區別，既繼承又有發展的密切關係。而
這些後來所添加增益上去的內容，也確實使老子思想的發展更加豐
富多彩，若能細部勾勒這些交織、發展與演變的進程，便能逐一構
築出各個不同時期特有的老子學圖象。因此，針對《老子》一書的
注解文字進行研究探析，觀察學者們如何以各種不同的角度視野閱
讀《老子》，當是一個饒富理趣的課題。

　　中國思想史中對於老子學說的關注，除了在先秦原創時期以
《老子》為論述對象之外，另一個著墨的機會便是魏晉玄學時，以
正始玄學家王弼的注《老》獨得一席之地。此後，思想舞臺上發展
的主流便是隋唐佛學、宋明理學，老子之學彷彿就此消聲匿跡。
但，這畢竟不是實情，根據老學史的流衍軌跡，王明曾提出自西漢
初迄三國，老學盛行已然歷經三變：一、西漢初年，以黃老為政
術，主治國經世。二、東漢中葉以下至東漢末年，以黃老為長生之
道術，主治身養性。三、三國之時，習老者既不在治國經世，亦不
為治身養性，大率為虛無自然之玄論❻。此外，劉固盛也揭示出明
代以前，老子哲學思想的解釋曾有三次重大突破，此即由王弼的
「以玄解《老》」，建立起本體論的哲學新體系，發展到唐代成玄
英、李榮等人的「以重玄解《老》」，再到宋元時期的「以心性理
論解《老》」的見解❼。陳德和也曾以宏觀的角度分析說：「在以

---

❻　王明：〈《老子河上公章句》考〉，收入《道家和道教思想研究》（中國社
　　會科學出版社，1987 年 6 月），頁 293-294。

❼　《宋元老學研究》（成都：巴蜀書社，2001 年 9 月），〈引言〉中劉氏即
　　說：「在老學發展史上，王弼注《老》闡發玄學宗旨，這是對《老子》哲學
　　思想解釋的第一次重要發展；唐代成玄英、李榮等人借《老子》以明重玄之

往的歷史中道家至少曾出現過五個面貌，它們依序是薩滿道家（傳統古道家）、黃老道家（帝王學道家）、人間道家（生活道家）、清談道家（玄學道家）和道教道家（宗教道家），時至今日，則復有根據新的解讀、新的對話而開闢不同風貌之『當代新道家』的逐漸成型。」❽。由此可見，對於如此變化多端的老學色彩，實在不容草率忽略，理應納入學術思想的整體範疇之中予以關心與注意。這也就是說，各個階段老子學發展鮮明的時代特徵，以及詮註者詮解觀點的多元化面貌，都是值得加以著墨發揮的學術課題。針對這些相關重點的爬梳，近年來比較蓬勃發展的老子學研究終於擔當起重責大任，自覺地意識到此項研究的重要性，其間所累積的研究成果也逐漸填補了此一方面的空白與罅漏。

宏觀老學史發展流衍的概況，歷代注疏箋解《老子》的書寫活動，確實一直處於興盛活絡的狀態，有關《老子》的專論以及注《老》解《老》的著作相當多，內容觀點也呈現出十分自由開放、廣泛駁雜的現象。剋就老子學的斷代研究而言，兩宋時期特別引發筆者的關注與興趣，主要原因即在於此一階段注《老》解《老》論《老》著作的「質」與「量」，堪稱為老子學發展的一個高峰，對於老子思想的研究，出現了前所未有的興旺局面。從「量」上來看，《中國老學史》中曾仔細查考當時有關的著述目錄，宋代《老

趣，則可以看作對《老子》哲學思想解釋的第二次突破；而從唐代的重玄本體到宋元時期心性理論的演進，乃為《老子》哲學思想解釋的第三次重要轉變。」，頁10。

❽ 陳德和：《道家思想的哲學詮釋》（臺北：里仁書局，2005 年 1 月），〈自序〉，頁2。

子》的注者和研究者共有七十八家，而其身分則有儒家學者、道家學者、道士、僧人、普通官吏、政治家、當朝皇帝、臣子、文人、思想家等等❾。嚴靈峯輯校《老子宋注叢殘》〈自序〉中則說：「宋人之解《老子》者，百三十餘家。上自帝王、卿相，下逮釋氏、黃冠；相習成風，可謂盛矣！」❿，嚴氏所輯佚而出的書目資料，遠比《中國老學史》的七十八家多出五十餘家，對於老學研究者身分多樣化的論點則是一致的。元代張與材在《道德玄經原旨‧序》中所提出的數量則相當驚人，他說：「《道德》八十一章，註者三千餘家。」⓫，此三千餘家乃指元代以前的注本，數目相當龐大。劉固盛據此曾合理推測說：

> 儘管張與材所言未免有誇大之辭，但宋元時期的《老子》注本數量應比以前多得多。雖然很多注本或因影響甚微，或因流傳不廣，在得以著錄以前就亡佚了（這也是我們現在能考見的《老子》注本書目與張與材所云相差如此之巨的重要原因），但我們仍可以斷定，宋元之解《老》者，實際數量遠不止百餘、二百家。⓬

❾ 《中國老學史》第六章〈宋元時期的老學〉第二節「老學研究的概況」，頁316-331。
❿ 嚴靈峯輯校：《老子宋注叢殘‧自序》（臺北：臺灣學生書局，1979年4月），頁1。
⓫ 杜道堅：《道德玄經原旨》（《正統道藏》第二十一冊）張與材〈序〉，卷之一〈序〉第二，頁0396。
⓬ 劉固盛：《宋元老學研究》第二章〈宋元老學的傳衍與發展〉，頁30。

劉氏的判斷乃根據唐末道士杜光庭《道德真經廣聖義·序》中所著錄，漢、唐以來《老子》注疏總計六十餘家，其中唐代注釋《老子》則有三十餘家❸。因此，其以為大體上可以想像，宋元時期《老子》注本在數量上的輝煌成就，理當更勝於漢、唐一代。目前，內容完整保存下來的估計有二十五家❹。細察此二十五家的研究走向，學者所採取的研究方式，最大宗的還是對《老子》一書的注解詮釋，包含有自下己意的自注方式，以及廣泛徵引匯集他人的集注、集解方式。此外，針對老子思想發表議論的專文，採取詩頌以及評點形式發表老學見解的亦大有人在。自注體的代表，諸如：王安石《老子注》、蘇轍《老子解》、王雱《老子注》、林希逸《老子鬳齋口義》、程大昌《易老通言》、宋徽宗《御解道德真經》等等；集注體的代表，則有范應元《老子道德經古本集注》、董思靖《道德真經集解》、彭耜《道德真經集註》等等；專論體的代表，有王安石《論老子》、程俱《老子論》等等；詩頌體的代表，則有宋鸞《道德篇章玄頌》、蔣融庵《道德真經頌》等等；而評點體可見者亦有劉辰翁《老子道德經評點》之類❺。凡此眾多的研究對象當中，其注釋方法可謂形式多樣化、觀點多元化，有自注體、集注體、專論體、評點體、詩頌體，種種研究、閱讀《老子》的方式與角度，在在說明了宋代老子學研究百家爭鳴、熱鬧非凡的

---

❸　杜光庭：《道德真經廣聖義》（《正統道藏》第二十四冊），卷之一〈序〉第二—第四，頁 0130-0131。

❹　同註❷。

❺　關此，亦可參見《中國老學史》第六章〈宋元時期的老學〉第二節「老學研究的概況」，頁 330。

景況。

　　形式上「量」的賅博浩繁，必然相對影響、成就了內容上「質」的深度理蘊。此期既然上自帝王、卿相，下至僧人、道士，研習《老子》蔚然成風。因此，其間不僅詮釋方法各自有別，閱讀角度亦不拘一格，可以想見詮解的義理向度相當分歧，如此多元觀點的自由展放，真可謂呈現百花齊放、眾聲喧嘩的局面。從「質」上來看，因著詮釋者身分、學術背景及其詮解向度的殊別，在文本與詮釋者視域融合的義理發揮底下，必然能沖創出一種不同於以往的新思維，此乃是文本經過與詮釋者的充分對話，以及和新時代交相叩問之後，所重新激盪構織出的思想風貌。以宋代老子學的發展而言，其間最重要的特徵，便是儒、釋、道三家思想與《老子》一書的融攝與會通❶⑥。有宋一代正值新儒家性理之學流行蔓衍的階段，同時也是佛教禪宗思想極為鼎盛傳播的時期，如此的學術氛圍，同樣也在老子學中如火如荼地上演，透過各式各樣的詮解模式，儒、釋兩家的思想觀點不時地潤澤滲透到老子學的領域之內。若我們能仔細檢別出此期老子學中儒、釋、道三家思想與《老子》一書交互關涉的狀況，必能對宋代老子學的整體面貌提供更具體的觀察角度，而這些資料的提出，也同時拓展了宋代理學與佛禪研究的視野。因此，本書重點乃針對宋代老子學解讀向度各方面的省察與思考，其用心之處即在於析理出此期老學研究者種種詮釋思路與思想體系的發展與變化，更重要的是極力彰顯出他們詮釋方法的一致性與普遍性，以期更加完整而周詳地抉發出宋代老子學多元詮解

---

❶⑥　劉固盛：《宋元老學研究》〈引言〉中亦持此說，頁10。

的義理方向與角度。凡此，蓋為問題意識之所以形成的主要理路。

第二節　研究的方向與進路

　　《老子》是歷代被注解詮釋最多的著作之一，解讀它的文字份量遠遠超過文本自身，老子思想透過各個時代的諸家解釋，不曾缺席地繼續在學術舞臺上展露鋒芒，通過一代代學人的再詮釋，構築出各個不同時代特徵的老子學圖象。因此，注重歷代學者對《老子》所作的闡釋發揮，展開斷代式專家、專題的研究，當是全面性理解老子思想史一個至關重要的起點。因此，本書即以宋代老子學作為考察核心，其間所關注的議題焦點與研究對象，有專家式的微觀論述，也有專題式的宏觀探索，期能透過幾個研究的通孔，一窺宋代老子學多元詮解的義理向度。對於其間各式各樣的詮解取向及其思想底蘊，或能描繪出更具體的輪廓與析理出更完整的義理架構。

　　針對研究的主要方向而言，整體歸納有四個延伸的觸角，分別是：「以儒解《老》」、「以佛解《老子》」、「以《莊》《老》解《老》」以及「君臣解《老》」等四個詮解的義理向度。此四個解讀視域的探究，蓋以「以儒解《老》」著墨最多。此儒、道交涉的開展形式，主要有兩個詮解的基本模式：一是援引儒家經典文獻、思想觀點詮解《老子》；二是以儒家心性思想詮解《老子》。此中相關資料的爬梳，蓋能更加凸顯出「以儒解《老》」是宋代老子學最主要的詮釋進路，而足以作為此期老學思想的主要表徵。其次，「以佛解《老》」的詮解路向，則是佛、道交涉的一種觀察。此間開展的普遍基型亦有二：其一是直接以摘句、節錄的方式，援

引佛典文獻詮解《老子》；其二則是徵引佛教概念命題、專用術語
與老子學說交相訓釋。此中相關資料的點掇分析，蓋能對宋代老子
學中佛、老的融攝統一，進行思路上的廓清。而「以《莊》《老》
解《老》」，則主要是就學者援用《莊子》文句、概念術語，又或
者以《老子》各章句互訓的方式詮釋《老子》的進路，藉此勾勒出
「以道解道」的義理向度。此詮解的範型，是以道家之言還之道
家，在老、莊係屬同一學譜的義理脈絡底下，最能闡揚老子思想的
內在底蘊。最後，則是「君臣解《老》」的整體觀察，分別以宋徽
宗御注《老子》以及江澂的疏解御注《老子》為論述核心。之於宋
徽宗的君王身分而言，從現實政治條件、處境出發的新視域，對於
《老子》文本的解讀，概能得到一番新的發揮與應用。御注《老
子》頒示天下之後，太學生江澂曾為之疏解，他雖然標榜御注為
「神解」，然而對於御注《老子》的義理闡發，實非亦步亦趨。其
一方面多所承繼發揚，另一方面也自下己意，在御注的「神解」之
外，充分發揮了一些不同於君王的看法。因此，江澂《疏義》既是
針對御注《老子》而來，將兩書吸納成為一個有機聯繫的整體而加
以闡幽發微，進行相關學術論題的種種反省，當是一個值得認真勾
稽的議題。以下，即具體論述各章「研究進路」的相關細節：

　　首先，針對宋代老子學最主要的詮釋進路——「以儒解
《老》」的義理向度而言，本書擬以第二、三、四章加以闡述。第
二、三章的申論內容，以援引儒家經典文獻、義理思想詮解《老
子》為關注焦點。在「援儒入《老》」的詮解趨向中，直接以摘
章、摘句的方式，徵引節錄儒家經典以詮註《老子》的方式，是一
個相當普遍的共識。根據統計，在援引的眾多儒典中，《易傳》、

《論語》、《孟子》被徵引的頻率最為常見。因此,第二章〈援引《易傳》詮解《老子》的義理向度〉,是全面性省察儒、道交涉的首要重心。在詮解的義理脈絡方面,抉發老子思想中的「性命哲理」,以「道性合一」為理論前提,進而以「天道性命相貫通」的理路來思考,是解讀上側重的焦點。此主要透過〈說卦傳〉「窮理盡性以至於命」進行詮釋的義理轉化,將老子學說中的「道德性命之學」彰顯出來。除此之外,〈繫辭傳〉中最常被援引解讀《老子》的其中三章——「形而上者謂之道,形而下者謂之器。」、「一陰一陽之謂道,繼之者善也,成之者性也。」、「易,無思也、無為也。寂然不動,感而遂通天下之故。」亦逐一列出討論,並分析與《老子》文本交相訓釋之下,其間理論或得或失之處。原本《易傳》中關於天道易體「體用」、「動靜」的關係以及「形上之道」、「形下之器」的相關論述,在注《老》解《老》中皆被應用,以此加強闡釋老子學說的內在底蘊。此一方面豐富老子思想的內容,另一方面也回應儒、道融攝的時代課題,而這些實際上也都是理學家們平時議論的主題。《易傳》中的形上思維原本就比較容易與老子思想相會通,因此,以《易傳》詮解《老子》的義理向度,可說是當時最普遍而習常的一種詮解範型。

第三章〈援引《論語》、《孟子》詮解《老子》的義理向度〉,論題的切入點就在於宏觀老學研究者如何將孔、孟思想與老子學說交相證解。《論語》、《孟子》的思想基調畢竟與《易傳》濃厚的形上思維不同,他們如何能與老子思想相互發明,進而達到一個新的理論高度,或者創造性的賦予新義,或者造成與原意違離的現象發生,都是值得進一步探究的。在研究進路上,首先疏理以

《論語》、《老子》兩書相類似的字辭概念交相比附的部分。諸如：以「仁者必有勇」（〈憲問〉）釋「慈故能勇」；以「其身正，不令而行」（〈子路〉）釋「行不言之教」；以「一以貫之」（〈衛靈公〉）釋「知者不博」等等，不一而足。而在援引《論語》篇章詮解《老子》方面，則以「天何言哉？」一章最為常見，因為此章別具形上況味，學者特喜徵引以加強發揮《老子》「道」的義蘊。又因「無言」字辭的使用，遂多將其與《老子》「多言數窮」、「不言而善應」、「不言之教」相指涉。其次，則是「朝聞道」一章的援引，學者以此章闡釋《老子》「死而不亡者壽」、「上士聞道」的意義。除此之外，亦以孔門弟子為老子學說的代言人。眾多弟子之中，顏回形象最受青睞，言其能「以退為進」、「大智若愚」、「專氣致柔」的人格修養都是玄化下的結果。凡此，是為援引《論語》詮解《老子》的主要論述方向。而在徵引《孟子》詮解《老子》方面，亦首先申明以相類的字辭概念相附會的部分。諸如：以「正己而物正」（〈盡心上〉）釋「我好靜而民自正」；以「以德服人」（〈公孫丑上〉）釋「善為士者不武」；以「王者之民，皞皞如也。」（〈盡心上〉）釋「其政悶悶」；以「仁者無敵」（〈梁惠王上〉）釋「不爭而勝」等等，不一而足。其次，在援用孟子哲學概念與老子思想互訓者，則主要以孟子「養浩然之氣」、「大人者不失其赤子之心」、「存心養性事天」、「養心莫善於寡欲」最多見，據此分別與老子「專氣致柔」、「含德之厚，比於赤子」、「治人事天，莫若嗇」、「不見可欲，使心不亂」等概念相證說，藉以達到孟、老思想的交融互攝。凡此，對於儒典及其思想在老子學中的應用發揮，理當能有一個全面性的體認與證成。

　　第四章〈援引心性思想詮解《老子》的義理向度〉，研究對象則鎖定在蘇轍、王雱兩位儒者身上，主要目的在透視宋代老子學中憑依注《老》解《老》的方式，擬欲建立的心性理論架構。因為可以提出的例證實在太多，故以蘇、王二人為例，詳細爬梳其老學思想中的心性觀點作為論述的焦點。蘇轍《老子解》中一再出現「復性」之說，而「復性」最直接的途徑，就是「去妄」一路。因此，「如何能去妄復性？」蓋為其《老子解》的基源問題，所有理論的提出皆指向這個意旨的中心。這使得原本形上學況味甚濃的《老子》，活轉為一種心性之學的抒發。在研究進路上，首先點明蘇轍解《老》中「復性歸道」的宗趣旨歸，此當與理學家們所重視「道性合一」、「天道性命相貫通」的思路，有著一脈相承的深密關係。其次，則是點明「『妄』之所從出」，指出人心之所以迷妄的緣由，即在於以軀殼起念、純依耳目感官行事，因而使心向外攀緣執取，隨而墮入迷妄困惑的深淵。凡此種種，皆起因於「有身」之危機，一般人因為執迷「貴身」、「厚身」、「愛身」之故，遂以形軀假我當家作主，生命流放在外物的奔競追逐之中，於是產生「緣物而動」、「以身殉物」、「徇物忘道」的危機。蘇轍乃以聖人的「忘身而患不生」、「涉世而無累」、「廓然自得」、「復歸於性」來作為一般人學習的典範與目標。因此，在表明人心迷妄的根源之後，對於如何能夠「除妄以復性」，以歸向「體道」之路，子由提出的對應之道，主要就在於「抱神載魄」、「神虛氣柔」、「歸根能靜」的工夫上，如此便能達到「復性歸道」的宗趣旨歸，最後亦得以脫俗而成聖。凡此，是為闡釋蘇轍老學心性思想的主要進路。而王雱則更進一步，在其《老子注》中大量申述性理學說的

內涵。其理論脈絡乃首先說明「『性』之本質」，並提出導致「失性」的種種可能。同樣在「道性為一」的思想前提之下，鋪排出「復性」、「盡性」、「定性」、「澄性」等主張，作為對峙「失性」一問題的實踐方向。而「足性」、「暢性」的提舉，則是復盡、澄定人性之後的最高理境。此詮解的義理趨向亦確實使得重視形上思想的老子學說，轉變成為心性思想的建構，同時也回應學術思潮中合會儒、道兩家的時代課題。王雱從不同的角度提點「復性」、「盡性」、「定性」、「澄性」等工夫入路之後，面對欲望隨時妄作的形軀生命，也就有了對峙的力量與方向。因此，若能時時「復其本根」、「盡其本蘊」，專注用力於「凝定」、「澄治」之功，則能於動靜俯仰之間自適快意，從心所欲而不失其本性之真。通觀《老子》五千言，並無一「性」字出現，蘇、王兩人在解《老》注《老》中，極力發揚性理思想，側顯出宋代理學對老子學的潤澤與影響，同時也說明心性理論在老子學史中發展成熟的概況。

　　第五章〈援引佛教觀點詮解《老子》的義理向度〉，則是以佛、老的交相關涉作為探究的焦點，主要在抉發宋代老子學中援引佛典文獻與應用其教義詮解《老子》的部分。就時代學術氣圍而言，此期亦正是佛禪思想風行流衍的階段，若能仔細檢別出「以佛解《老》」的老學觀點，蓋能對宋代老子學中以釋教合會《老子》的詮解面向有更深入的了解。而這些資料的提出，不僅能更清楚地勾勒出宋代老學史的理脈，同時也開擴研究宋代佛學的視窗，對於當期學術思想的建立當能更加周備。因此，繼「儒道交涉」之後，續以「佛道交涉」為議題，企圖析理出「援佛入《老》」的詮解基

型，作為當期老子學中佛、道相激相盪最直接的一種表現，此實可謂為此期老子學中另一個明晰的詮釋路徑。對於「以佛解《老》」的向度，主要表現在兩個方面：其一是直接以摘句的方式，節錄佛典文獻詮解《老子》。被援引的典籍諸如：《首楞嚴經》、《金剛般若波羅蜜經》、《六祖壇經》、《般若波羅蜜多心經》等等。其間如何互訓、互釋，藉以達到佛、老會通的目的，頗值得關注。其二則是運用佛教概念命題、專用術語與老子學說相附會。茲以「空」、「真空」；「妄想」、「分別」等佛教概念為代表，說明其如何與老子思想相證解。此外，零星使用的辭彙更是不勝枚舉，諸如：「無我」、「真常」、「無相」、「六入」、「中道」、「不二法門」、「生滅」、「無著」、「無念」、「無染」、「無住」、「法界」等佛教用語在《老子》注文中不時出現。凡此，乃足以彰顯出「以佛解《老》」的重要老學特徵。

　　第六章〈援引《莊子》詮解《老子》的義理向度〉，是以莊、老互訓的範疇作為觀察論述的核心。主要以王安石學派作為考察的對象，在文獻資料方面，擬以《老子崇寧五注》與呂惠卿的《道德真經傳》作為一個封閉系統的觀察範圍。根據全面考察，王安石學派在將《莊子》嫁接到《老子》的過程中，大致歸納出有三個詮解的進路：其一是學者習慣在注解《老子》章句時，直接摘錄《莊子》書中的一大段文字或幾句話，與老子學說相合觀，以此作為理論上的呼應或論點的總結；其二是以《老子》某章與《莊子》某篇意旨或某寓言之寓意相況喻，〈齊物論〉、〈養生主〉、〈胠篋〉、〈應帝王〉等各篇中的思想宗趣，以及〈天地〉、〈山木〉中的寓言故事，皆被運用來詮釋《老子》各章意旨而達到互相參照

的效果。其三，則是徵引莊子學說中的重要術語與老子思想相互訓。諸如：「真宰」、「真君」、「無我」、「喪我」、「至人」、「神人」、「以人滅天」、「以故滅命」、「物物不物於物」等皆被引用與老子學說相證解，藉此達到莊、老會通的目地。此種種下注腳的方式，在老、莊同屬為一條義理血脈的思維架構底下，多數能更加凸顯出老子思想的內在底蘊。凡此，蓋能針對宋代老子學中「以《莊》解《老》」的義理向度，提供一個可能的觀察角度。

　　第七、八章是以「君臣解《老》」的整體省察為注目的焦點，分別以宋徽宗御注《老子》以及江澂疏解御注《老子》為論述的核心。第七章〈宋徽宗詮解《老子》的義理向度〉，主要在彰顯御注《老子》的特殊性。君王注《老》特別引人關注的是，可以憑資注文以了解老子思想與當時政治之間的縮合關係，其真正意義乃在於觀察君王如何將老子的政治理念，實踐到其所統領的國家百姓之上。因此，本章即就政治思想的角度加以闡釋，企圖抉發徽宗的政治傾向與治國之道，申述其如何在注解《老子》的同時，將先秦老子思想轉化成為自己的理國統治之術。以徽宗一國之尊的身分來說，面對現實政局的強烈感受與多方壓力，確實迫使他對《老子》進行一些不同於以往的新詮。在「義理宗趣的旨向」中，徽宗特別強調「儒、道合流互動的政治訴求」，以及「因其固然，付之自爾」中君德偏向「無為」一邊的理國之道，並且有將「無為」理解成「無所作為」的傾向，此即帶有強烈的個人色彩。其一方面重視儒家仁義之教，另一方面又有濃烈的黃老治術的基調，這是與時代政治問題深刻對話之後，面對自我處境所激盪出的老學思維。其

次，則是以「御注《老子》詮解方式的趨向」為論述重心，主要著墨於「以《老》解《老》」、「以《莊》解《老》」兩個向度，此是在道家思想的整體視域底下，所進行的一種義理融合，以道家之言還之道家，最能揭示出徽宗貼近《老子》原意的用心。相較於同一時期其他注《老》解《老》者而言，徽宗的「以《莊》《老》解《老》」，充分凸顯出其嘗試客觀還原《老子》的企圖。有趣的是，此與其「義理宗趣的旨向」中濃厚的主觀詮解的意味，頗有矛盾之處。本章一方面說明徽宗主觀地透過對《老子》的再詮釋，將其思想轉化成為自己理國之術的思維傾向；另一方面又客觀地有回歸《老子》原意的用心，兩個詮解定向之間所引發的相關問題，頗有值得思考與反省之處。

　　第八章的安排，則以〈江澂《道德真經疏義》對御注《老子》的闡發〉為重心，企圖就君注、臣疏《老子》進行一個整體的觀察與反省。在宋代老子學的學術舞臺上，《老子》文本，經由徽宗「注解」，再到江澂「疏義」，君臣之間的推廣衍義，確實達到一個新的巔峰時期。因此，本章焦點即在於析理江澂如何閱讀徽宗的注解《老子》，擬以兩條進路作為探究的切入點：其一是就《疏義》「深化御注《老子》中的儒家意識」而言，申說江澂更為強烈鮮明的儒家取向。疏文中，他熱切期盼徽宗能以堯、舜作為理想君王的傚仿楷模；以孔子、顏回等儒者形象作為老子相關學說的代言人；特別喜歡將儒家的仁政之說與老子政治思想相扣合；又大量援引儒典文獻或其哲學命題來證解《老子》。凡此，在在說明江澂更為深刻的儒家意識；其二則是就《疏義》「轉化御注《老子》偏重『無為』的傾向」而言，深入剖析江澂所理解的「無為」，並非如

御注所言「不立一物」、「不廢一物」，終至於有消極守成、無所
作為的傾向。江澂的重點在於極力縮合「無為」、「有為」的
「體」、「用」關係，深刻論證彼此相依相須、缺一不可的義理架
構，以轉化御注偏執「無為」一邊的義理趨向。此君臣注《老》的
整體性觀察，打破傳統上「疏不破注」的觀念，對於江澂的老學思
想當能有更進一步的認識，也同時說明《疏義》絕非僅是御注《老
子》的傳聲筒而已。

最後，第九章〈結論〉，則擬就中國傳統哲學經典在詮釋方面
所引發的相關問題進行多向度的思索。茲利用西方詮釋學發展中的
理論內涵與之交相對照，進一步檢討宋代老子學的詮釋問題，期能
激盪出幾個反省的面向。綜觀宋代老子學發展的整體走向，其實不
難發現，有關《老子》的注解詮釋，大體呈現出相當明顯的主觀詮
解傾向，雖然多數詮註者一致認為自己的詮釋是在發明、回歸老子
真意，然而，他們的自我發揮卻也是不爭的事實。中國注疏傳統中
所謂「六經皆我注腳」❶的經注特色，確實在宋代老子學中得到相
當的印證。因此，針對宋代老子學「《老子》注我」與「我注《老
子》」兩個詮解定向加以釐析闡述，當是首要面對的問題焦點。其
次，則主要以西方詮釋學的理論主張，深入剖析宋代老子學中
「《老子》注我」一現象，實足以作為中國詮釋學的主要特色所
在。此蓋緣於中國哲學史的發展進程中，思想家多憑藉注疏經典的

---

❶ 〔元〕脫脫等撰：《宋史·陸九淵傳》（臺北：鼎文書局，1987 年 9 月），
卷四百三十四中載：「或勸九淵著書，曰：『六經注我，我注六經。』又
曰：『學苟知道，六經皆我注腳。』」，頁 12881。本文所言「六經皆我注
腳」，主要是指「主觀注解」的意思。

方式以建立個人的思想體系，在自下己意的情況之下，很難避免專屬於個人自身的體會與領悟，因此鮮明的個人化色彩可以想見。因此，擬在〈結論〉之處，採取方法論詮釋學與哲學詮釋學的理論視角，針對宋代老子學的詮註特色逐一提出相關問題的討論與省思。最後，則是「研究的回顧與展望」，乃藉以說明筆者一系列研究的初衷與亟欲達成的學術目標。

第三節　研究的概況與成果

　　在臺灣，老子學史的相關書籍並不多見。陳鼓應有〈歷代老子註書評介〉⓭、魏元珪有〈歷代來釋老解老的重要派別〉⓮，但皆僅止於概論式的簡單介紹而已，對於各個時期老學發展的特色，及其義理思想的內容、體系的建構，並沒有系統性的著墨與發揮。相較之下，中國大陸學者的關注則明顯較多。一九九一年四月出版，由黃釗主編的《道家思想史綱》（湖南：湖南師範大學出版社），當可說是一個起步，對於歷代道家思想發展流變的圖象，初步建立了基礎的輪廓。然而，也因為同時闡釋莊子學史與道教學史的發展狀況，有關老子學史的論述就顯得粗淺單薄，足見可以再發揮的空間很大。一九九五年七月出版，由熊鐵基、馬良懷、劉韶軍三位先生共同合寫的《中國老學史》（福州：福建人民出版社），則是第一部老

⓭　《老子今註今譯及評介》（臺北：臺灣商務印書館，2000年3月），頁328-368。

⓮　魏元珪：《老子思想體系探索·上》，第十四章〈歷代來釋老解老的重要派別〉，頁205-236。

子學史的專著，其成書馬上填補這方面的空白。此書對於每個階段老學思想的內蘊有了更進一步的闡述，對於老子學史各個時期的發展脈絡及其詮註取向與特徵，也有著極其精當扼要的抉發，對於研究老子學的人來說，無疑有著重要的啟迪與影響，也得到了繼續開展下去的軌跡與方向。此外，本書另有一項不可抹滅的價值，即在於其所歸納整理的一些表格資料與線索，例如：各個時期《老子》研究者及其著作的「研究狀況簡表」，表格中清楚明示出作者籍貫、身分、流派、存佚狀況及其注書之主旨與詮解方式等等，相當便利後學者再從各個斷代中去進行細部研治與強力探索，對於想一窺老子學史奧堂的人而言，此書當是入門之鑰。然而，熊鐵基在〈前言〉中，仍認為本書嚴格說來只是拋磚引玉，盡到一份心力與責任而已，對於「後老子」時期所累積下來的龐大注文及其深邃長遠的發展而言，全面而完整的研析尚顯不足。熊先生說：

> 歷代注釋《老子》的著作甚多，今人嚴靈峯的《無求備齋老子集成初編》就收有明以前的著作140種，續編收錄清代、民國時期及日本、韓國的196種，加上較易見到的《道藏》中所收諸種《老子》注本，其數量是很大的。將這些材料加以系統地研究，是一個不小的工程。我們盡力而為，對各個時期的老學代表人物和著作都多多少少提出了自己的一孔之見。盡管難以令人滿意，但卻為老學的研究拋了一塊引玉之磚，盡了一份自己的責任。❷⓿

---

❷⓿　《中國老學史》〈前言〉，頁2。

雖說是「一孔之見」，但是之於拓荒之作而言，還是有其學術上無可取代的貢獻與價值。以筆者所關注的第六章〈宋元時期的老學〉而言，「宋代部分」以王安石、蘇轍、朱熹三人作為此期的老學代表，論述焦點主要就老子「道論」加強發揮，此中固然有其種種拘限，但是披荊斬棘之功，實不可沒。因為是歷代老子學的宏觀研究，精細度當然不如斷代式專家、專題的考察，此實不能、也不必苛責，它留給後學者發揮的餘韻雖然還很大，但是後續研究的方向與路徑卻也相當清楚地揭示而出，此對於促進老學研究的繁榮景況而言，功勞自然不容忽視❹。

於是，就有了二〇〇一年九月出版，劉固盛所撰寫的《宋元老學研究》（成都：巴蜀書社），它是繼《中國老學史》之後，進一步以斷代研究的方式，深入解讀文獻資料，從哲學、解釋學的角度闡揚老子學在宋元時期的創新，總結出宋元老學發展的基本特徵。書中對於宋元老學與儒、釋、道三教之間的互動關係，有細緻縝密的分析論證，最後得出儒、道、釋思想在老學中融攝與統一的結論，此對於宋代老子學三教合會的思想文化特徵以及老子學在中國傳統文化中的歷史地位，都具有一定的價值與意義。針對宋代老子學部分，此書確實惠我良多，諸如：提出宋代老子學對道教神學發生偏離的觀點，同時揭示出「以儒解《老》」以及「佛老會通」的新發

---

❹ 關於本書的評論，張京華：〈世紀之交的道家研究——讀《中國老學史》與《近現代的先秦道家研究》〉（《學術界》總第 84 期，2000 年 5 月）曾就「體例」和「內容」兩方面加以負面批評，也引發了熊鐵基撰寫：〈感謝與說明——對《中國老學史》批評的回應〉（《中國哲學史》，2001 年第 1 期）一文加以反駁與回應。

展，更具體點出老子哲學思想解釋的三次突破，而其中的第三次突破即是宋元時期以心性理論詮解《老子》的義理趨向。凡此，更充分展現出宋代老子學獨特的新風貌。

在義理思想的闡發方面，《宋元老學研究》採取專題論述的方式予以貫串推衍，如第三章〈治世之道〉，主要是對老子政治學說的發揮，關涉的對象有王安石學派、宋徽宗御注和江澂疏義以及元代的杜道堅，重點在發明以儒家政治道德學說詮解《老子》的面向；第四章〈性理之道〉，則是就老學與理學的交融互攝進行探索，注意到陳景元、王安石學派、司馬光、蘇轍、董思靖以及元代張嗣成、吳澄等人老學思想中的道德性命之說，都與二程理學的形成有著密切的關係；第五章〈虛寂之道〉，以申述老學中的佛禪旨趣為主，涉入的人物個案有蘇轍、邵若愚、李道純等人，文中以蘇轍解《老》申述「佛老不為二」的思想，並論述邵、李兩位道士借禪宗手法，通過《老子》闡發明心見性之道，彰顯「以佛禪解《老》」的老學特點；第六章〈金丹之道〉，則是闡揚老學與道教內丹心性論的關係，涉及的人物有范應元、白玉蟾等人，對於白玉蟾以道教內丹心性學說解《老》的內容，作了比較細緻的分析與論證。凡此，當可具體歸納出幾個宋代老子學詮解的面向。從《中國老學史》延展出來，《宋元老學研究》在既有的研究成果上，開發出新的規模與氣象，但因以宏觀視野為準，涉獵的人物個案仍有限，可以發揮的縫隙還是有的。筆者的研究聚焦於宋代老子學，劉氏所提供的一些成果與結論，對於本書的促成幫助極大。在他的基礎點上，或有針對舊議題繼續深入發揮之處，或有提出新議題並嘗試以新的研究進路加以解決，其間問題意識的形成，多數在閱讀劉

氏一書中得自的靈感與發想。除此之外，二〇〇八年十二月，劉先
生又撰寫了《道教老學史》（武漢：華中師範大學出版社）一書，對於
老子學中有關宗教範疇的研析，繼續加碼討論。道教老學乃指道教
人士對《老子》的注解與闡釋，此不僅是中國老學史的一個重要環
節，同時也是道教思想文化中十分重要的內容。而關於宋代道士詮
解《老子》的部分，此書集中討論了陳景元、白玉蟾、李道純、鄧
錡、邵若愚、呂知常、范應元、杜道堅等道士的老學思想與特點
㉒。對於道教老學史而言，這是第一部專著的問世，其開疆闢土之
功，自不在話下。唯此道教方面的研究，並非筆者關注的重點，故
暫時不予以討論評析。

　　二〇〇四年十一月出版，尹志華《北宋《老子注》研究》（成
都：巴蜀書社），則縮小研治範圍，集中心力於北宋一期老學思想的
分析與考察，在一些論題上有了新的推進，也嘗試開發了幾個新的
研究向度。其書以〈道論〉、〈有無論〉、〈性命論〉、〈無為
論〉、〈三教融通論〉等五個專題作為各章的論說焦點，研究對象
以北宋注家為主，揭示出北宋老學具有「儒道融通」、「有無並
重」，突出「心性」和對「理」的重視等理論特徵，並指出這些特
徵正是此期時代精神在經典詮釋中的具體展現。其間論述了王安石
父子、蘇轍、陳景元、司馬光、宋徽宗等人的老學思想，並把他們
的《老子》注及其政治主張、思想信仰聯繫起來考察，指出各種老
學思想背後不同的社會意義。此乃說明了研究每一個時期的《老

㉒　參見《道教老學史》第四章〈宋元道教老學（上）〉以及第五章〈宋元道教
　　老學（下）〉。

子》詮釋，都不能離開當時的現實政治和學術思想發展的時代特徵，而孤立地去做文字訓詁和章句之學的工作。本書最後又另立兩章，分別申述〈詮釋方法論〉以及〈從西方詮釋學看北宋《老子》注〉兩個論題，其間以西方詮釋學的理論內涵來省析北宋注《老》的相關問題，頗得要義。雖然葛榮晉為此書所寫的〈序〉中，認為作者在這方面的探討還顯得比較簡略，但這種注重從斷代經典詮釋中探討普遍的詮釋方法論的問題意識還是值得充分肯定的❷。若我們將此書與《宋元老學研究》一併合觀，主要論點雖然難免重疊互見，但是在文獻資料的處理與運用方面，仍可見作者努力扎實與用心細密之處。例如：指出前輩學者所輯王安石《老子注》所遺漏的一大段注文，以及書後所「附錄」〈輯校王雱《老子注》〉，皆可見作者對文獻資料考證的學養與功力。而其借用西方詮釋學的理論觀點對北宋《老子注》的種種檢討與思索，雖然不夠深入，但亦足以發人省思❷，此對於後學者而言，實亦多所助益與收穫。

　　面對這些已然完成的研究成果，筆者所能做的當是立足於前人的基礎之上，將此項研究繼續往前推進、延伸、擴展。在逐一檢視各項成果之後，嘗試就其間所忽略的面向，開發新的、可能的研究路徑。或者，也依循舊有的軌跡再次省視，針對已提出的論題，繼續擴大、深化，以此作為接下去努力的目標與方向。剋就宋代「以儒解《老》」的老學特徵而言，雖然已得到多數學者的著墨，而本

---

❷　參見葛榮晉：《北宋《老子注》研究》〈序〉，頁 1-3。

❷　關此，亦可參見尹志華：〈從老學史看「六經注我」的詮釋方法〉一文，收入劉笑敢主編《中國哲學與文化》（桂林：廣西師範大學出版社，2009 年 6 月）第五輯：「六經注我」還是「我注六經」，頁 61-74。

書的關注焦點，則轉移至援引儒家經典文獻詮解《老子》一面向的勾勒，此是宋代詮解《老子》的普遍模式之一，卻未曾有系統性的觀察與分析，筆者曾製作「援儒入《老》」對照表，經過整理歸納之後，得出最常被徵引的儒典為《易傳》、《論語》與《孟子》❷⑤。因此，本書中即以〈援引《易傳》詮解《老子》的義理向度〉以及〈援引《論語》、《孟子》詮解《老子》的義理向度〉兩章，作為「以儒解《老》」另一個關注的視角，藉此亦得以更進一步加強論證「以儒解《老》」的詮解特色。其次，心性之學的建立亦是宋代儒、釋、道三家共同的時代課題。就新儒家性理之學的發展內容而言，心性思想是其理論建構的重點之一，而佛禪的談心論性以及道教內丹心性之學的成熟都代表著此一議題生發活絡的景況。就宋代老子學來說，即便五千言中鮮少談心論性，但卻無妨詮解者將心性思想移植嫁接到老子學說當中，沖創出一種以心性思想詮解《老子》的義理面向。《宋元老學研究》、《北宋《老子注》研究》皆曾關注此項議題，但是他們著墨較多的是佛禪、道教心性學說對老子學的一些影響。本書用心處理的，則是新儒家性理之學對老子學的潤澤與影響，故以儒者身分的蘇轍、王雱作為觀察的核心，企圖以其注《老》解《老》中的心性觀點釐析宋代理學與老學發展的深密關係。因此，便有了〈援引心性思想詮解《老子》的義

---

❷⑤ 筆者所執行行政院國家科學委員會 2001-2002 年研究計畫案：「宋代老子學研究──論『儒道交涉』的老學視域 I」（編號 NSC90-2411-H-031-005），以及 2002-2003 年研究計畫案：「宋代老子學研究──論『儒道交涉』的老學視域 II」（編號 NSC91-2411-H-031-012），曾與助理合製「援儒入《老》對照表」，全面析理宋代注《老》解《老》者援引儒典詮解《老子》的概況。

理向度〉一章，除了回應劉固盛所言宋代老子學以心性學說詮解
《老子》，是老子思想解釋的一大突破之外，另一方面亦能使「以
儒解《老》」的觀察視域更加寬廣。

　　此外，對於〈援引佛教觀點詮解《老子》的義理向度〉、〈援
引《莊子》詮解《老子》的義理向度〉兩章，也著實下了一些歸納
整理與分析演繹的工夫，企圖更全面地架構出「佛老交涉」以及
「莊老交涉」的具體輪廓❷，此一部分之論述，是劉、尹兩書較無
深入處理的。本書以宏觀的角度析理援引佛教觀點詮解《老子》的
面向；並以王安石學派為觀察的範圍，企圖建構北宋時期「以
《莊》解《老》」的義理趨向。凡此，皆是在前人研究的縫隙之中
進行議題深化的工作。最後，則是「君注臣疏」老學思想的整體性
觀察，此乃將「君注臣疏」視為一個有機聯繫的整體，進行種種相
關問題的反思，是劉、尹兩書皆無深入闡釋的部分。於是有了〈宋
徽宗詮解《老子》的義理向度〉以及〈江澂《道德真經疏義》對御

---

❷　筆者所執行行政院國家科學委員會 2003-2004 年研究計畫案：「宋代老子學
　研究——論『佛道交涉』的老學視域 I」（編號 NSC92-2411-H-031-017），
　以及 2004-2005 年研究計畫案：「宋代老子學研究——論『佛道交涉』的老
　學視域 II」（編號 NSC93-2411-H-003-076），曾與助理合製「援佛入《老》
　對照表」，全面析理宋代注《老》解《老》者援引佛典詮解《老子》的概
　況。此外，臺灣師範大學學術發展處 2005 年「新任教師專題研究案」：
　「《老子崇寧五注》『引《莊》解《老》之研究」（編號：93091006），以
　及 2006 年「新任教師專題研究案」：「宋代老子學研究——論『莊老交涉』
　的老學視域」（編號：94091007），亦曾與助理合製「援《莊》入《老》對
　照表」，全面析理宋代注《老》解《老》者援引《莊子》文獻詮解《老子》
　的概況。

注《老子》的闡發〉兩章,希望能對御注《老子》本身,以及臣子的疏解御注,能有更一步統合性的觀察與省思❷。以上所述,除了大致疏理截至目前為止的各項研究概況與成果之外,亦進一步說明如何將宋代老子學的研究繼續往前推進、延伸與擴展的主要方向所在。

第四節　研究的方法與步驟

對於中國經典的注疏問題,劉笑敢以為詮解古代經典必然會面臨兩個解讀的定向,他說:

> 這是兩個方向的解讀:一方面是面向歷史和古代文本的回溯的探尋,另一方面是面向現實和未來而產生的感受和思考。從理論上、邏輯上來講,這兩種定向顯然是有矛盾和衝突的;但是從實際的詮釋過程來說,這兩種定向或過程是難以剝離的,也很少有詮釋者自覺地討論這兩種定向之間的關係問題。❷

---

❷　筆者所執行行政院國家科學委員會 2006-2007 年研究計畫案:「宋徽宗《御解道德真經》探述」(編號 NSC95-2411-H-003-031),以及臺灣師範大學學術發展處 2007 年「新任教師專題研究案」:「江澂《道德真經疏義》對徽宗御注的闡發」(編號:95091016),對於宋徽宗與江澂老學觀點的不同,曾與助理合製「理論殊異對照表」以方便釐清君、臣兩人老學見解的差別。

❷　劉笑敢:《老子古今‧上卷》(北京:中國社會科學出版社,2006 年 5 月),導論二〈回歸歷史與面向現實〉,頁 44。

言下之意，即以為詮解的兩個定向：一個是走近原典的核心，客觀詮釋經典的原意，也就是所謂「我注六經」的解讀方向；另一個則是與原典初衷漸行漸遠，主觀建立詮釋者自身的哲學體系與想法，也就是所謂「六經注我」的解讀方向。表面看來，這兩個解讀方向似乎存在著撕裂性的矛盾與衝突，但就傳統經典的注釋而言，在實際操作過程當中，卻又是難以割裂分離而能同時並存的。

　　從「接受理論」❷的觀點來說，「文本」自身是否有其客觀、不可移易的原創性意義，是被質疑的。「接受理論」認為「文本」的意義當該來自於詮釋者的賦予，也就是所謂「讀者的反應」。若將此種說法放在中國經典的注疏傳統中來看，「文本」的意義當該來自於詮註者（也就是讀者），在注解時所添加或變造上去的一些想法，因此也就有了「六經皆我注腳」的可能。針對老子學而言，此實可有兩個面向的不同思考：其一面向是，若就《老子》文本、注解者的理解思路以及當時流行的學術思潮交相伴合的角度立論，可謂在多重視域融合底下所進行的一種詮釋，此不僅豐富老子思想的內在底蘊，也煥發《老子》一書的生機，連帶的也活潑了老子學流衍發展的內容，因而得以有被重視與肯定的價值；但是，從另一面向來說，如此帶有強烈時代特色而又立基於個人主觀詮解的方式，

---

❷　所謂「接受理論」，是考察讀者在文學中的作用，其認為文學作品的「文本」不是放在書架上的，他們是顯現作品含義的過程，只有在閱讀的實踐中才能實現。對於文學的實現說來，讀者與作者是同等重要的。因此，「接受理論」乃主張將「讀者的反應」視為「文本」的一部分。參見　T·伊格頓（Terry Eagleton）著、鍾嘉文譯：《當代文學理論》（臺北：南方叢書出版社，1988 年 1 月）〈接受理論〉部分，頁 99-115。

則有可能導致《老子》文本客觀意義的日漸模糊，並且極可能遭受到程度不等的歪曲與誤解，如此所引發與原意悖離割裂的危機，則又似乎應該加以指謫與批評的。這其實就是劉笑敢所提出詮解的兩個定向，也就是「回歸原意」與「力求創新」之間如何銜接轉化的問題，其間的輕重、先後關係如何？是否衝突與矛盾？都是要再細細思考與深入斟酌的。

對於以上相關問題的提出，確實很適合資藉西方詮釋學發展中的理論主張進行多面向的後設反省。因此，在研究方法的運用方面，即擬借用方法論詮釋學與哲學詮釋學中幾個不同角度的觀點，針對宋代老子學多元化詮釋的特徵進行思考與論說。據此，深入闡釋其間種種詮解的義理向度，並進一步檢討在「回歸原意」與「力求創新」之間如何取得諧調與平衡的問題，各章之中雖已或多或少有所論及，但在本書〈結論〉之處，則擬予以集中討論發揮。此外，在書寫過程中，亦間而有運用勞思光所提出的「基源問題研究法」，希望能為本書在資料文獻的解讀方面與理論體系的鋪排上，提供一條更清晰、捷便的觀察路徑。因此，研究的幾個重要步驟如下：⑴逐一檢別並搜尋出宋代老子學文獻資料的存佚狀況。⑵相關文獻資料的初步整理與閱讀。⑶針對儒、釋、道三家思想與《老子》一書交融互攝的主要詮解特徵，找出幾個最具普遍性的詮釋範型及其問題意識，並進行理論的歸納整理與演繹分析。⑷全面性的理論建構，系統性地間架出宋代老子學各個詮解向度的具體輪廓及其義理思維。⑸細部析理各個詮解面向，說明其見解是否能調適上遂地應合《老子》原始精神，進而達到一種創造性的詮釋？抑是產生義理滑失、歪曲打混的現象？對於詮釋不足、過度詮釋或者粗暴

詮釋之下所產生依違老子思想的現象，進行適當的批評與反省。(6)資藉西方詮釋學的理論觀點，後設反省宋代老子學詮解的義理趨向中，所含涉種種相關詮釋問題的探索與思考。(7)釐析中國詮釋學與西方詮釋學的不同之處，藉以鑒別出中國傳統哲學經典注疏的主要特色所在。

　　最後，要進一步說明的是關於研究範圍的貞定。大體而言，本書所欲處理宋代老子學的詮解向度包括有：「以儒解《老》」、「以佛解《老》」、「以《莊》《老》解《老》」以及「君臣解《老》」等面向。此中有以專家、學派的微觀為主，諸如以蘇轍、王雱、宋徽宗、江澂以及王安石學派等個人的老學著作為觀察對象；亦有以專題方式進行相關議題的爬梳研析，其間關涉範圍則以宋代注《老》解《老》論《老》的專著、專文為主，係屬於宏觀視野的考察分析。這些文獻資料大多收錄在《正統道藏》與《無求備齋老子集成·初編》中，此外尚有一些輯佚的相關資料，如：嚴靈峯輯校《老子宋注叢殘》與《老子崇寧五注》亦一併吸納作為研治的對象。其後，元、明、清三代注《老》解《老》專家對於宋代老子學的相關評述與議論亦將予以蒐羅結集，作為研究的輔助性參考資料。凡此，期能對宋代老子學各式各樣的詮解取向及其義理內涵的多元化面貌，描繪出更具體的輪廓，並析理出更完整的義理間架，俾使當期專題、專家的研究更為詳實周備。

第二章 援引《易傳》詮解 《老子》的義理向度

第一節 問題的提出

　　在整體老子學流衍發展的過程當中，宋代老子學的具體圖象之一，當以儒、道之間的交融互攝作為最重要的觀察核心。其時之注《老》解《老》者，不僅運用儒家義理思想的視窗進行《老子》一書的相關解釋，甚至直接節錄援引儒家經典《周易》、《論語》、《孟子》、《大學》、《中庸》、《詩經》、《尚書》、《左傳》、《禮記》、《孝經》等文獻中的文句交相比附。以儒家的觀點解讀《老子》，明顯與兩宋時期流行理學思想的學術氛圍有著密切的關係。此期出現研究者身分多樣化的傾向，帝王將相、僧人道士、儒者文士都研習《老子》，其中最突出的一點，就是注釋《老子》的道士與唐代相較明顯減少，儒家士大夫則有增多的趨勢。根據劉固盛《宋元老學研究》中所作的統計，兩宋保留下來完整的二十五家《老子》注本中，即以儒家士大夫居多。此與其時士大夫在社會上占據重要地位有關，他們不僅參與朝政，而且領導時代文化

潮流的走向，因此，他們對《老子》的重視和研究，大大促進了老學的繁榮與發展❶。而以儒者的身分與知識背景閱讀《老子》，難免會有「援儒入《老》」的情況發生，這是可以想見的。

　　然而，在眾多援引儒家經典文獻詮解《老子》的現象之中，《易傳》❷出現的次數最多見。因此，本章即聚焦於以《易傳》詮解《老子》的觀點。當時注解家援引《易傳》詮釋《老子》的風氣極盛，幾乎可說是一種集體共識。尤其在《易傳》各傳中哲學意味最濃厚的〈繫辭傳〉被引用得最為頻繁。根據筆者的觀察，援引《易經》經文訓解《老子》的情形較為少見，因為經文本身原為占筮之辭，義理思維的深度遠不如《易傳》來得縝密。而《易傳》的思想性較強，其將《易經》這部卜筮之書哲理化之後，對於天道思

---

❶　《宋元老學研究》第二章〈宋元老學的傳衍與發展〉，頁 32。《中國老學史》第六章〈宋元時期的老學〉第二節「老學研究概況」中，有「宋金元時期《老子》研究狀況簡表」，亦可看出以儒者身分注解《老子》的學者佔有多數的傾向，頁 318-323。

❷　關於《易傳》的哲學內涵，究竟歸屬於儒家或道家，曾引發相當熱烈的討論。陳鼓應在《老莊新論》（臺北：五南圖書出版有限公司，1995 年 4 月）第三部分：〈易傳與老莊〉一文，與《易傳與道家思想》（臺北：臺灣商務印書館，1994 年 9 月）一書中，提出《易傳》的哲學思想屬於道家，而非儒家的新說。此見解陸續引發學界的質疑與討論。筆者以《易傳》解釋《老子》為「援儒入《老》」，乃依循舊有之觀點，以《易傳》的思想淵源為儒學之傳統。此在徐復觀：《中國人性論史・先秦篇》（臺北：臺灣商務印書館，1987 年 3 月）第七章〈陰陽觀念的介入──《易傳》的性命思想〉、戴璉璋：《易傳之形成及其思想》（臺北：文津出版社，1997 年 2 月）第二章〈思想的淵源〉、吳怡：《易經繫辭傳解義》（臺北：三民書局，1991 年 4 月）導言〈孔子思想對易經的貢獻〉中皆有精闢的闡述。其中相關的論點與爭議，受限於篇幅，此處不予以討論。

想又多所發揮，故最易與《老子》的形上理路相發明。關於《易傳》、《老子》的互訓，不管是以《易傳》解釋《老子》，或是以《老子》解釋《易傳》，在當時皆能為學者普遍接受。至於本章所關注的以《易傳》詮解《老子》的觀點，注解家如：司馬光、王安石、蘇轍、王雱、葉夢得、程大昌、呂惠卿、宋徽宗、江澂等等，皆可見此思維向度。而在這些學者當中，又以程大昌《易老通言》的專著，最可作為代表，此於文後將有論述。

《易傳》實際上也是宋代理學家平時立論的重要依據之一，彼等時有《易》、《老》互通的見解。邵伯溫《邵氏聞見錄》中即載：「（康節先公）以老子為知《易》之體；以孟子為知《易》之用。」❸。而在宋代老子學中，《易》、《老》相協、相為終始的觀念亦所在多有，例如：

　　老子之言，可謂協於《易》矣。❹

---

❸　《邵氏聞見錄》（北京：中華書局，1997 年 12 月），卷第十九，頁 215。理學家朱熹曾批評這樣的說法。〔宋〕黎靖德編：《朱子語類·八》（北京：中華書局，1999 年 6 月），卷第一百二十五中載：「康節嘗言『老氏得《易》之體，孟子得《易》之用』，非也。老子自有老子之體用，孟子自有孟子之體用。『將欲取之，必固與之』此老子之體用也；存心養性，充廣其四端，此孟子之體用也。」，頁 2986。

❹　王雱：《老子注》，〈道可道〉章第一，頁 86。收入嚴靈峯輯校《老子崇寧五注》（臺北：成文出版社，1979 年）。案：《老子崇寧五注》收錄有王安石、王雱、陸佃、劉槩、劉涇之注文，本書所援引五家注文皆依此本，其後所標示之頁數，以總頁數為準。

老語皆《易》出也，而獨變其名稱，以示無所師承，而求別成一家焉耳。❺

百物之所以昌，皆妙也，而皆出於玄，故曰：眾妙之門。孔子作易至說卦，然後言妙，而老氏以此首篇，聖人之言相為終始。❻

《易》託象、數以示神，老氏同有、無以示玄。言雖不同，而相為終始。雖設教不倫，其揆一也。❼

《易》，無思也、無為也。寂然不動，感而遂通天下之故，非天下之至神，孰能與於此？然後知伏羲、神農、黃帝至於堯舜，世而相傳者，皆不出乎《易》。退而質諸老氏，則與《易》異者無幾。……又曰：老氏之書，其與孔子異者皆矯世之辭；而所同者，皆合於《易》。❽

從引言文意來看，其中說「老子之言協於《易》矣」、「老語皆

---

❺　劉惟永編集：《道德真經集義大旨》（《正統道藏》第二十三冊），卷下第十八，程大昌〈意總〉「本易」，頁0607。

❻　《宋徽宗御解道德真經》（《正統道藏》第十九冊），卷一第三，頁0784。

❼　江澂：《道德真經疏義》（《正統道藏》第二十冊），卷一第十一〈道可道〉章第一，頁0741。

❽　焦竑：《老子翼》（臺北：廣文書局，1962年7月），卷之七〈附錄〉引葉夢得語，頁33-34。

《易》出也」、「易、老言雖不同而相為終始」、「老氏與《易》異者無幾」等等，揭示出時人「易老會通」的思考模式。宋代老學研究者正是透過《易》、《老》交相訓釋的方式，企圖達到一種視域融合的理論高度。對於兩宋理學家而言，無論是心學或是理學的立場，皆喜點掇《易傳》中的文字作為論述天道思想的理論依據。其時解《易》注《易》者頗多，思想的源頭都來自《易傳》，藉此以建構儒家形上學的義理規模，並以之與釋、老相抗衡，觀濂溪、橫渠的論述，伊川、朱子的闡釋，皆可作為例證❾。職是之故，在宋代老子學各式詮解面向之中，援引《易傳》詮解《老子》的現象頗值得關注，尤其是特具儒家形上思維的〈繫辭傳〉被引用得最為頻繁❿，此殆與老子思想特重形上學有關。

在詮解的義理脈絡方面，抉發老子思想中的「性命哲理」，以「道性合一」為理論前提，進而以「天道性命相貫通」的理路來思考，是解讀上側重的焦點。此主要透過〈說卦傳〉「窮理盡性以至於命」一命題來進行詮釋的義理轉化，將老子學說中的「道德性命之學」彰顯出來。除此之外，〈繫辭傳〉中最常被援引來解讀《老

---

❾　參見戴璉璋：《易傳之形成及其思想·序言》，頁 1。理學家講《易》之說，如：邵雍有《皇極經世》；周濂溪有《太極圖說》、《通書》；張載有《正蒙》、《易說》；程頤有《伊川易傳》；朱熹則有《周易本義》、《易學啟蒙》等等。凡此，對於易學思想頗能有所論述闡發，而彼等思想之依據亦多立足於此。

❿　程大昌說：「今通攷老氏一書，凡其說理率不能外乎〈繫辭〉，而別立一撫也。」，此即以《老子》與〈繫辭傳〉無異。同註❺書，卷下第十六，程大昌〈意總〉「孔老」，頁 0606。通觀宋代老子學，確實以〈繫辭傳〉與《老子》的互通最為多見。

子》的其中三章——「形而上者謂之道，形而下者謂之器。」、「一陰一陽之謂道，繼之者善也，成之者性也。」、「易，無思也、無為也。寂然不動，感而遂通天下之故。」亦逐一列出討論，並且分析其間理論或得或失之處。原本《易傳》中關於天道易體「體用」、「動靜」的關係以及「形上之道」與「形下之器」的相關論述，在注《老》解《老》中皆被援引運用，以加強闡釋老子思想的內在底蘊。這些實際上也都是理學家議論的主題，不僅一方面豐富老子思想的內容，另一方面也適時回應儒、道融攝的時代課題。因此，宋代老子學以《易傳》詮解《老子》的風尚，蓋與理學家擬由《易傳》以建立儒家形上學的義理規模，有著深密的關係。以下即列舉出以〈說卦傳〉、〈繫辭傳〉闡釋老子思想的幾個例子，明示出其時「援引《易傳》解《老》」的普遍基型，並嘗試進一步反省其間義理得失之處。

第二節　以〈說卦傳〉詮解《老子》的面向

　　《周易・說卦傳》中所言：「窮理盡性以至於命」**⓫**，是宋時理學家普遍關注的議論命題。據《河南程氏遺書・洛陽議論》中記載，熙寧十年橫渠先生經過洛陽時，曾就此與二程先生提出論辯，詳細內容如下所錄：

⓫　〔魏〕王弼〔晉〕韓康伯注〔唐〕孔穎達疏：《周易正義》（十三經注疏本，臺北：藝文印書館，1989 年 1 月），卷第九〈說卦〉第九，頁 183。

二程解「窮理盡性以至於命」：「只窮理便是至於命。」子厚謂：「亦是失於太快，此義儘有次序。須是窮理，便能盡得己之性，則推類又盡人之性；既盡得人之性，須是并萬物之性一齊盡得，如此然後至於天道也。其間煞有事，豈有當下理會了？學者須是窮理為先，如此則方有學。今言知命與至於命，儘有近遠，豈可以知便謂之至也？」⓬

橫渠在「窮理」、「盡性」、「至命」之間分出次序，強調「學者須是窮理為先，如此則方有學。」的觀點，並與二程所謂「只窮理便是至於命」之說進行討論，由此議論內容可以看出「窮理盡性以至於命」蓋為理學家所重視⓭。有趣的是，宋代注《老》解《老》的專家學者，同樣亦多以此觀念來比附老子思想。蘇轍《老子解》中，即以此解讀十六章「歸根復命」一說。其云：

⓬ 參見《河南程氏遺書》，卷第十，頁 115。收入《二程集》（臺北：漢京文化事業有限公司，1983 年 9 月）。《河南程氏遺書》，卷第十一中明道即說：「『窮理盡性以至於命』，一物也。」，頁 121。張載在《橫渠易說》（臺北：廣文書局，1974 年 9 月），卷第三〈說卦〉中則說：「窮理亦當有漸，見物多，窮理多，從此就約，盡人之性，盡物之性。天下之理無窮，立天理乃各有區處，窮盡性，言性已是近人言也。既窮理又盡性，然後能至於命，命則又就已而言之也。」，頁 283。

⓭ 李周龍：《易學拾遺》（臺北：文津出版社，1992 年 3 月），〈周易說卦傳蠡測〉一文中說：「宋人多以易傳作為理學的根據（間或亦引孟子與中庸），而這篇說卦傳，更是宋儒所樂以引申闡發的。假如捨棄它，則宋人理學即失去了骨幹，恐怕難以留存。因此，它的價值自不待言了。」，頁 24。此文中亦闡發邵康節、張載、程顥等理學家如何據此傳以立論，從時人引〈說卦傳〉解釋《老子》，正可見理學對老學的影響。

　　命者，性之妙也。性，猶可言。至於命，則不可言矣。
《易》曰：「窮理盡性，以至於命。」聖人之學道，必始於
窮理，中於盡性，終於復命。仁義禮樂，聖人之所以接物
也。而仁義禮樂之用，必有所以然者。不知其所以然，尚其
名而為之，世俗之士也。知其所以然而後行之，君子也。此
之謂窮理。雖然，盡心以窮理而後得之，不求則不得也。事
物日搆於前，必求而後能應，則其為力也勞，而為功也少。
聖人不為物所蔽，其性湛然。不思而得，不勉而中，物至而
能應，此之謂盡性。雖然，此吾性也，猶有物我之辨焉，則
幾于妄矣。君之命曰命，天之命曰命，以性接物而不知其為
我，是以寄之命也，此之謂復命。❹

　　子由以為聖人學道的進程有三：始於窮理、中於盡性、終於復命。
《老子》中本無「窮理盡性」之說，子由藉此申述「歸根復命」，
又以「復命」為「復性」，是以〈說卦傳〉重新賦予《老子》新
義。觀子由言下之意，乃以為聖人以仁義禮樂應接外物，而仁義禮
樂之所以能發揮作用，必有其所以如此的道理。若能理解此道理，
而後努力實踐之，便是「窮理」，反觀世俗之士便是不知仁義禮樂
所以然之理，故僅崇尚其虛名而行之。「窮理」之後，事物雖日日
交搆於前，亦能不被蒙蔽干擾，對於真樸無妄的湛然本性而言，便

---

❹　蘇轍：《老子解》，卷一，頁 22A-22B。收入嚴靈峯編輯：《無求備齋老子
　　集成·初編》（臺北：藝文印書館，1962 年 4 月）。

能時時「不思而得，不勉而中」❶，物至而應，不耗損心神，此即是「盡性」。最後，以湛然本性應接外物，不知有物、我之分別，達到本性之神妙，即是「復命」。因此，「復命」即「復性」，也就是在紛然雜陳的現象世界之中，永保澄澈空靈的樸質自性。此中主要以〈說卦傳〉「窮理盡性以至於命」會通《老子》「歸根復命」之說，以「性之妙」言「命」，故「復命」實即「復性」。然而，〈說卦傳〉中所言「窮理」之「理」，其文意脈絡與子由所謂仁義禮樂所以然之「理」，以及道家形上天道之「理」，是否可以相提並論，當再仔細斟酌考量；且以「窮理」為「體道復性」的工夫路徑，與老子所謂「為道日損」的入道方式是否矛盾衝突，亦值得再商榷。因此，蘇轍援引《易傳》「窮理盡性以至於命」談老子「歸根復性」的思想，截取儒家經典中的文句予以附會，割裂原有經典文本的脈絡意義，以配合個人解《老》的需要，充其量也只是「儒皮道骨」而已，是採「外儒內道」的方式重新包裝《老子》。然而，這只是形式上的牽引縐合，只要涉及到理論內容的意義，便可自覺地意識到這樣的比附並非十分恰當，而其間使得儒、道界限愈加模糊的缺失與罅漏，也是應該加以批評的。

　　王安石《老子注》中，也以「窮理盡性以至於命」解讀《老子》四十八章「為學日益，為道日損」，他說：

---

❶　語出《中庸》，其中云：「誠者不勉而中，不思而得，從容中道，聖人也。」，參見朱熹：《四書章句集注·中庸章句》（臺北：大安出版社，2005 年 8 月），頁 38。本書以下所引《大學章句》、《論語集注》、《孟子集注》皆依此本。

> 為學者，窮理也；為道者，盡性也。性在物謂之理，則天下
> 之理無不得。故曰：日益。天下之理宜存之於無，故曰：日
> 損。窮理盡性，必至於復命，故損之又損之，以至於無為
> 者，復命也。然命不亟復也，必至於消之，復之，然後至於
> 命。故曰：損之又損之，以至於無為。然無為也，亦未嘗不
> 為。故曰：無為而無不為。❶⑥

介甫以為「為學」應「窮理」，「窮理」是日日增益，是「有
為」；「為道」應「盡性」，「盡性」是日日減損，是「無為」。
聖人一方面「有為」，一方面「無為」，此即是「窮理盡性」，是
「為學」與「為道」工夫修養的兩條入路。所謂「理」，是指「性
在物之理」，是所謂性理、物理。「天下之理無不得」，所以日日
增益；「天下之理宜存之於無」，所以日日減損。這是說對於性
理、物理的體認有所增益之後（為學日益），同時也要對於蒙蔽性理
真樸之事有所減損（為道日損），然後損之又損以至於無為，最後在
不斷地窮理與盡性之中，達到「復命」的境界，這就是「然無為
也，亦未嘗不為」。此中以「窮理盡性以至於命」解釋老子「為學
日益，為道日損」，並配合其「無為而無不為」之說，可謂是對老
子思想的一種新解。介甫之子──王雱，在其《老子注》中，亦以
「窮理盡性以至於命」解讀《老子》十六章「靜曰復命」的內涵，
他說：

---

❶⑥　王安石：《老子注》，〈為學日益〉章第四十八，頁64。

有生曰性，性稟於命，命者在生之先，道之全體也。《易》曰：「窮理盡性，以至於命」。觀復窮理也，歸根盡性也，復命至於命也；至於命極矣，而不離於性也。❿

此中提出性命之說，以「性稟於命」，而「命在生之先」，乃「道之全體」，頗有道、命、性通為一貫的意味。其間並以「窮理」為「觀復」，「盡性」為「歸根」，以「至於命」為「復命」。達至「命」之極處，即能不離於「性」，不離於「性」即能不離於「道」，此是「天道性命相貫通」的哲學思路與理境。這樣的詮解路徑，是屬於摘句式的直接比附，忽略《易傳》整體思想中的文理脈絡，而僅在形式上進行一種合觀而已❿。〈說卦傳〉中所謂「窮

---

❿　王雱：《老子注》，〈致虛極〉章第十六，頁124。

❿　王雱在其《南華真經新傳》中亦頻頻援用「窮理盡性以至於命」來詮解莊子學說。《南華真經新傳》中即說：「不龜手之藥，或用而為洴澼絖，或用而得裂地之封，此明物雖一，而用適其材，則各有所當，而免疑累，此『窮理盡性』之意也。」，卷之一〈逍遙遊篇〉，頁 26；「夫子于不生不死，則寂然忘形而與化為一，雖窮壞傾側而豈有遺喪，故曰：『雖天地覆墜，亦將不與之遺』，此言『窮理』之妙也。至于審乎無假而不與物遷，所謂『盡性』之奧也。命物之化而守其宗，所謂『至于命』也。」，卷之五〈德充符篇〉，頁 132；「夫所謂『天之戮民』者，安天之命而以禮自拘也。夫安天之命則『至命』也。以禮自拘則『盡性』也。此仲尼之所以聖者歟！」，卷之六〈大宗師篇〉，頁 205；「夫莊子作〈大宗師〉之篇而始言其知天，次言其知人，而終言委命者，蓋明能知天則所謂『窮理』也，能知人則所謂『盡性』也，能委命則所謂『至命』也，『窮理盡性而至於命』此所以為〈大宗師〉也。」，卷之六〈大宗師篇〉，頁 218-219；「然而達生所謂『窮理』也，達性所謂『盡性』也，達命所謂『至命』也。」，卷之十九〈漁父篇〉，頁 668。收入嚴靈峯編輯《無求備齋莊子集成·初編》（臺北：藝文

理」是「窮盡天理」，「天理」是性命所以然之理，即是道德仁義
之理。「盡性」，是由道德仁義的實踐，去體證、領悟性命所以然
之理。天道必須具體而落實，它內在於人就是人的性命。因此，天
道、人道乃是通而為一的。只有自強不息、健行不已的盡己之性、
盡物之性，才能體悟性命根源的天理義蘊。因此，「窮理」是在
「盡性」中窮，「盡性」是在「窮理」中盡，彼此沒有知行的界
限，沒有先後的程序，而是在實踐的當下一體呈現。而所謂「至於
命」，就是要人立「命」之所在，得生命之正道而立，便能彰顯天
理，進而與天理互相契應。因此，「窮理盡性」的終極目標便是達
到「至於命」理境❶。此是儒者「天道性命相貫通」之理，亦是
〈說卦傳〉中所謂「和順於道德而理於義，窮理盡性以至於命」的
主要理蘊，實有類於孟子所言「盡心知性知天」、「存心養性事
天」❷的思想境域。此顯然與老子思想的義理血脈不同，而王雱以
此命題釋解《老子》，則是其儒、道會通的一種調合與企圖。

　　江澂在《道德真經疏義》中，亦將「窮理盡性以至於命」與
《老子》「歸根復命」之說相比附。他說：

　　　　《易》之為書，自窮理盡性以至於命，蓋以言入道之序，攝

印書館，1972 年）。

❶　關於「窮理盡性以至於命」的義理架構，參見戴璉璋：《易傳之形成及其思
　　想》，頁 177-180。

❷　〈盡心上〉中說：「盡其心者，知其性也。知其性，則知天矣。存其心，養
　　其性，所以事天也。殀壽不貳，修身以俟之，所以立命也。」，參見《四書
　　章句集注·孟子集注》，卷十三，頁 489。

　　用歸體也；老氏之書以歸根復命為先，蓋以言行道之頓，從
　　體起用也。❷

此中以理學家熱衷討論的「體」、「用」範疇，企圖融通「窮理盡
性以至於命」與「歸根復命」之說。前者言「入道之序」，是「攝
用歸體」；後者言「行道之頓」，是「從體起用」，此間雖有所不
同，但皆為入道要徑。而葉夢得《老子解》中，亦以「盡性至命」
解《老子》三十七章「不欲以靜，天下將自正」，他說：

　　靜者，盡性而至於命者也。夫然天下不期而自正矣！莊周
　　曰：正正者不失其性命之情，其知靜哉！❷

葉氏以老子學說所言「靜」即為「盡性至命」的最高理境。「知
靜」便能各任其性而自正，亦即所謂「不失其性命之情」，同樣是
在闡發老子的性命哲理❷。事實上，此種「天道性命相貫通」的理
論架構，即是理學家所言「道性為一」❷的天人思想，可謂宋代老
學與理學交融互攝的一種表現。

---

❷　江澂：《道德真經疏義》，卷一第十一〈道可道〉章第一，頁 0741。

❷　葉德輝輯：《葉夢得老子解》（《無求備齋老子集成·初編》），卷上〈道
　　無常〉章第三十七，頁 12B。

❷　注文中所徵引之《莊子》文獻，語出〈駢拇〉篇。參見〔清〕郭慶藩編、王
　　孝魚整理：《莊子集釋》（臺北：木鐸出版社，1988 年元月），卷四上〈駢
　　拇〉第八，頁 317。

❷　《河南程氏遺書》卷第一中即記載明道說：「道即性也。若道外尋性，性外
　　尋道，便不是。聖賢論天德，蓋謂自家元是天然完全自足之物。」，頁 1。

　　根據以上論述，明顯看出注解家將老子思想與性命之學加以縮合的義理趨向，此是宋代老學者特有的詮釋進路。而當時理學家的思想課題之一，也是為儒家性命學說的重點，予以再度的解釋與深化。亦即將性命、心性的問題，提升到形上道體的位置，並視之為天理、天道，進一步談論「天道性命相貫通」的意義。盧國龍在《道教哲學》中就說：「援引《老子》的哲學思想而談性命修養之事，在唐宋時更是一種普遍的現象。」❷ 然而，盧氏以為，唐代的老學研究者借《老子》談性命之學，尚處於一種初始階段，理論建樹還比較簡單。將性命之說與《老子》聯繫起來並成為一種十分普遍的現象，主要還是出現在宋代以後。我們從以上的申論來看，確實可以印證這個說法，而其中最主要的仲介就是透過〈說卦傳〉「窮理盡性以至於命」做為溝通的橋樑。王安石的弟子陸佃，在其《老子注》中就說：

　　　　自秦以來，性命之學不講於世，而道德之裂久矣。世之學者
　　　　不幸蔽於不該不偏一曲之書，而日汨於傳注之卑，以自失其
　　　　性命之情，不復知天地之大醇、古人之大體也。予深悲之，
　　　　以為道德者，關尹之所以誠心而問，老子之所以誠意而言，

---

❷　《道教哲學》（北京：華夏出版社，1998 年 1 月），頁 570。唐代陸希聲：
　　《道德真經傳·序第二》（《正統道藏》第二十冊）中曾云：「昔伏羲畫八
　　卦象萬物，窮性命之理，順道德之和。老氏亦先天地本陰陽，推性命之極，
　　原道德之奧，此與伏羲同其元也。」，頁 0302。此中即有以《易》「窮性命
　　之理，順道德之和」與《老子》「推性命之極，原道德之奧」同出一源之
　　說。

精微之義，要妙之理多有之，而可以啟學之蔽，使之復性命
之情。不幸亂於傳注之卑，千有餘年尚昧，故為作傳，以發
其既昧之意。**㉖**

陸氏以為《老子》一書原是闡發性命之學的，其「精微之義，要妙
之理多有之」，而其間可以「啟學之蔽」的，就在使人時時「復性
命之情」。然而，自秦以來，由於道德分裂已久，性命之學不傳，
注《老》解《老》專家無法深刻發掘其中性命之理，而後來的學者
亦囿限於傳統傳注之文，又不敢有所突破，遂使老子思想中的性命
哲理蒙昧不發。較陸佃稍後的李霖也說：

（《老子》）言不踰於五千，義實貫於三教。內則修心養命，
外則治國安民，為群言之首，萬物之宗。大無不該，細無不
偏，其辭簡，其義豐，洋洋乎大哉！自有書籍已來，未有如
斯經之妙也。後之解者甚多，得其全者至寡。各隨所見，互
有得失。通性者造全神之妙道，於命或有未至；達命者得養
生之要訣，於性或有未盡。殊不知性命兼全，道德一致爾。**㉗**

李氏所言亦以為老子思想之精髓就在於「性命兼全，道德一致」，
若能「盡性至命」，也就能夠得到老子義理思想的全貌，同時亦能

㉖　彭耜：《道德真經集註雜說》（《正統道藏》第二十二冊），卷上第十六，
　　頁 0168。案：陸佃此段文字在《老子崇寧五注》中未被輯錄。

㉗　《道德真經取善集》（《正統道藏》第二十三冊），〈序〉第二，頁 0295-
　　0296。

展現《老子》一書之妙處。此說與陸佃看法一致。元符元年（1098），前權英州軍事判官梁迴在王雱《老子注·後序》中說：

> （《老子》）其言微，其旨遠，而莫能極。學者非明白勤達，窮道德性命之理，未易測其津涯也。……近世王雱，深於道德性命之學，而老氏之書，復訓厥旨，明微燭隱，自成一家之說；則八十一章愈顯於世。❷❽

此序文的寫作時間，距離王雱卒年約二十二年，與王氏應為同時代人。其以「道德性命之學」為《老子》一書的要旨，認為只有在窮盡道德性命之理後，方能蠡測《老子》一書之津涯。梁氏以「道德性命之學」為老子學說之要義，並評論王雱就是深明「道德性命之學」者，故能「復訓厥旨，明微燭飲，自成一家之說。」，是給予王雱一書極高之評價。綜合以上各家說法，可見得憑藉《老子》文本以談論道德性命之理，確實是宋代老學研究者的集體共識。因此，我們可以如此斷言，蘇轍、王安石、王雱、江澂、葉夢得等人以〈說卦傳〉「窮理盡性以至於命」一命題闡釋老子思想中的諸多概念，使老子之學發展出性命哲理的思維，正是時代精神在宋代老學發展中的具體反映與發揮❷❾。據此，實可見理學對老學的潤澤與影響，蓋亦自不待言。

---

❷❽　王雱：《老子注》，頁 257-258。

❷❾　關此，劉固盛：《宋元老學研究》，第四章〈性理之道：宋元老學與理學的交融互攝〉中亦有詳盡的發揮，頁 106-172。

第三節 以〈繫辭傳〉詮解《老子》的面向

除了透過〈說卦傳〉「窮理盡性以至於命」進行詮釋上的義理轉化，企圖將老子學說中所隱含的「道德性命之理」顯題化之外，以下將進一步討論〈繫辭傳〉中最常被徵引以解讀《老子》的其中三章：「形而上者謂之道，形而下者謂之器。」、「一陰一陽之謂道，繼之者善也，成之者性也。」、「易，無思也、無為也。寂然不動，感而遂通天下之故。」以詮構出更完整的《易》、《老》會通的圖象。原本《易傳》中關於天道易體「體用」、「動靜」的關係以及「形上之道」與「形下之器」的相關論述，皆在注《老》解《老》中被援引運用，以加強發揮老子思想的內在底蘊。此即以下文逐一加以分析說明之。

一、引用「形而上者謂之道，形而下者謂之器。」

〈繫辭上傳〉第十二章說：「形而上者謂之道，形而下者謂之器。」❸，此章被徵引解讀《老子》的頻率相當高。關於「形上之道」與「形下之器」關係的討論，也是理學家平時議論的焦點，以程顥為例，即可一窺學者對此論題的基本看法。明道曾說：「形而上為道，形而下為器，須著如此說。器亦道，道亦器。」❸。「道」主要從「形而上」的特性來說，既是「形而上」，則為人的耳目感官所不能聽、不能見、不能觸、不能聞。因此，「道」非現

---

❸ 《周易正義》，卷第七〈繫辭上〉第七，頁158。

❸ 〔清〕黃宗羲：《宋元學案》（臺北：文津出版社，1987年9月），卷十三〈明道學案上〉，頁549。

象世界具體存在的事物，它綱紀一切卻又超越一切，為形下事物之
所以存在的形上依據。然而，形上的「道」又必須藉著形下的
「器」來表現自己、完成自己，若是「器」無「道」的潤澤，
「器」只是形下空虛的物質存在，而「道」若無具體的「器」以顯
現自己，也只是掛空的抽象存在，只有「道」、「器」互為成就彼
此，才是圓融之境。明道便曾說：「灑掃應對便是形而上者。」
❸，灑掃應對分明是日常生活中瑣屑的事物，而明道卻說它便是形
上之理。這是說，若能將這些形下的事物融攝於形上之理中，使形
上之理流行於事事物物間，那麼一舉手、一投足，一事一物，皆有
天理的被澤涵養。於是，理、事渾淪一片，理事無礙，事事亦無礙
❸。然而，此並非說形上、形下不分，明道自己也很清楚的分開形
上為「道」、形下為「器」，對於張載在論及天道思想時「道」、
「器」不分的情況他就曾加以批駁。明道說：「『形而上者謂之
道，形而下者謂之器。』若如或者以清虛一大為天道，則以器言而
非道也。」❸，此中所謂「或者」即指橫渠而言，可見得明道一方
面釐清「道」、「器」的不同，一方面又以為兩者是不離的。此亦

---

❸ 參見《河南程氏遺書》，卷第十三，頁139。

❸ 此處亦可借用華嚴宗「四法界」中「理事無礙法界」來說明「道」、「器」
之間的圓融關係。唯「理」之所指儒、釋不同，儒家指的是「道德義理」，
而釋家則是「真如空理」。參見嚴北溟：《中國佛教哲學簡史》（臺北：木
鐸出版社，1987年3月），頁143。

❸ 參見《河南程氏遺書》，卷第十一，頁118。《粹言》，卷第一〈論道篇〉
中也說：「子厚以清虛一大名天道，是以器言，非形而上者。」，收入《二
程集》，頁1174。

即朱子所謂：「器亦道，道亦器，有分別而不相離也。」❸，這就是「詭譎的相即」❸。在相即中，「道」、「器」不離又不失其各自獨立的意義。若以理學家的體用觀而論，就是程頤在《易程傳·易傳序》中所說：「體用一源，顯微无間。」❸。「體用一源」即是「體用不二」，以本體義與作用義來解釋「道」、「器」不即不離的關係，可說是理學家的一種共識。

而在宋代老子學的詮註方面，蘇轍解《老子》十九章「絕聖棄智」，即藉著「形上之道」與「形下之器」的討論來安頓儒、道之間的互補關係，他說：

> 然孔子之仁義禮樂治天下，老子絕而棄之，或者以為不同。
> 《易》曰：「形而上者謂之道，形而下者謂之器。」孔子之
> 慮後世也深，故示人以器而晦其道，使中人以下守其器不為
> 道之所眩，以不失為君子。而中人以上，自是而上達也。老
> 子則不然，志於明道而急於開人心，故示人以道而薄於器。
> 以為學者惟器之知，則道隱矣。故絕仁義、棄禮樂以明

---

❸ 《朱子語類·五》，卷第七十五〈易十一〉「上繫下」中說：「問『形而上下』，如何以形言？」曰：「此言最的當。設若以『有形、無形』言之，便是物與理相間斷了。所以謂『截得分明』者，只是上下之間，分別得一箇界止分明。器亦道、道亦器，有分別而不相離也。」，頁1935。

❸ 牟宗三在其《圓善論》（臺北：臺灣學生書局，1985年7月）中論「福」、「德」之關係時，即以「詭譎的相即」來形容，頁304-305。筆者以為借此來說明「道」、「器」二分卻又不離的特性亦甚貼切。

❸ 程頤：《易程傳》，《叢書集成新編》（臺北：新文豐出版公司，1985）第十五冊，總頁236上。

道。……二聖人者皆不得已也。全於此必略於彼矣。❸

子由以孔子、老聃並稱聖人，孔子是「示人以器而晦其道」，老子則是「志於明道而急於開人心」，此中乃欲以「道」、「器」之說闡明孔、老學說各自的重點。其以為老子重視「形上之道」，孔子重視「形下之器」，以仁義禮樂為「形下之器」，與老子的「形上之道」分殊為二。而孔、老的治世方法，乃各執一端，老子重「道」，孔子重「器」，將兩家界限先予以劃出。然後，子由謂老子「示人以道而薄於器」，孔子「惟器之知則道隱矣」，分別說明兩家理論側重點的不同，而老子的「薄於器」與孔子的「道隱」皆是出於不得已的。接著又以老子之道，為中人以上所體悟，孔子之道為中人以下所持守，兩者各於「道」、「器」取得擅長之處。子由認為若執持一端以治世，「全於此必略於彼矣」，言下之意，乃主張可以在儒、道之間各取所長，將老子的「道」與孔子的「器」加以融攝統合，以達到治國安家的效果，這就是子由所說的「天下固無二道，而所以治人則異。」❸。此注解中所言儒家「道」、「器」兩離最為朱子非議，其曾評論說：「道器一也，示人以器，則道在其中，聖人安得而晦之！」❹，朱子乃以為「道」是仁義禮

---

❸ 蘇轍：《老子解》，卷二，頁 3A-4A。

❸ 蘇轍：《老子解》，卷四附錄後序，頁 24B。

❹ 《朱子文集·柒》（臺北：財團法人德富文教基金會，2000 年 2 月），卷第七十二〈蘇黃門老子解〉一文中，對蘇轍此章注解之失當處批評最多。朱子說：「道器之名雖異，然其實一物也，故曰『吾道一以貫之』。此聖人之道所以為大中至正之極，互萬世而無弊者也。……道器一也，示人以器，則道

樂的總名，而仁義禮樂本身，即是「道」的體用。因此，聖人的脩
制仁義禮樂，皆是為了「明道」的緣故❹。此即明示出儒家「道器
兩具」的義理思維，實乃依著仁義禮樂之「器」以言「道」，並非
單向落入「器」之一端，此與老子思想向來欲割離仁義禮樂以言
「道」，而僅守「道」之一端，義理宗趣畢竟不同。針對子由欲將
孔、老融攝為一的立場來說，以道家重視「形上之道」，儒家重視
「形下之器」，直以形上、形下二分道、儒學說的重點，觀點未免
偏頗。對於兩家思想的義理血脈，尤其是對「形上之道」的體認，
以及「道」、「器」體用關係的理解，根本上無法相應的缺失，也
是極其明顯。實際上，儒者自有其「道」、「器」的體用觀，對於
形上天道的論述，也是多所強調與重視的，其中天道的義理內涵與
道家「自然無為」的內容迥異。儒家乃以「道德形上學」❷為其形

在其中，聖人安得而晦之！……大抵蘇氏所謂道者，皆離器而言，不知其指
何物而名之也。……道者，仁義禮樂之總名，而仁義禮樂，皆道之體用也。
聖人之脩仁義，制禮樂，凡以明道故也。今曰『絕仁義、棄禮樂以明道』，
則是舍二五而求十也，豈不悖哉！」，頁3604-3605。

❹　參見前註引文。

❷　所謂「道德形上學」是指依道德之實踐為進路所體悟的形上學。從西方哲學
史來看，在休謨、康德以前，形上學為一種知識，概不成問題。唯懷疑論
者，亦嘗懷疑形上學知識的有效性。在休謨、康德之後，頗多不以形上學為
一般知識。休謨明主形上學非知識，並無知識價值。而康德則主依純粹理性
而建立的形上學皆不能成為知識，其由實踐理性另闢一形上學之門，此即
「道德形上學」。孔子的「踐仁以知天」、孟子的「盡心知性知天」即涵有
一成德的進向，上達而通契於天。透過存心養性的工夫實踐來呈顯形上天
道，進而天人合一，即是「道德形上學」。宋明儒者即依此配合《中庸》、
《易傳》來建構其形上理路。唐君毅：《哲學概論·下冊》（臺北：臺灣學

上學說的主要基調，通觀理學家建構形上理論的基石也確實多立足
於此。因此，蘇轍此處詮解《老子》之說所造成義理滑失的現象，
乃是不爭的事實。

程大昌在其《易老通言》中，也經常以「形上之道」與「形下
之器」來比附《老子》思想中的「無」與「有」，並進一步討論他
們不即不離的關係。茲大致列舉其說如下：

> 故其形見而上者，則名之曰道；形見而下者，則名之曰器。
> 上下云者，猶曰一物之內有升而在上，降而在下者，且非可
> 析升、降以為兩體也。火之在薪也，其上騰而虛者為焰，下
> 著而實者為炭。焰炭也者，正從一火而分升沉焉。若曰上騰
> 而焰者為火，其著下而炭者不得為火，則人人知其謬誤也。
> 此於道、器上下之喻最其切近而易見者也。老子祖《易》以
> 言道，而皆變其稱謂。故道、器之名轉為有、無；而上、下
> 之名，轉為妙、徼。此特欲自立己則，以示無所師承焉耳。
> 其理則無彼此之異也。妙、徼云者，亦並上下之語而借一物
> 之表之裏，以分諭器、道焉耳也。❸
>
> 無，名天地之始，即太極能生天地，而未肯為物者也。常
> 無、常有，可觀妙、徼，則又道、器之形而上下者也。❹

生書局，1989 年 10 月），頁 5-6。
❸ 同註❺書，卷下第四，程大昌〈意總〉「有無」，頁 0600。
❹ 同註❺書，卷下第十八，程大昌〈意總〉「本易」，頁 0607。

《易》曰：「形而上者謂之道，形而下者謂之器。」道即器也，器即道也。特所形有上下，而非判然二物也。此之妙、徼，即《易》之上、下矣。其舍上、下而明妙、徼者，正欲自成一家，而其指歸未嘗少有不同也。天下之物，安有下無載承而能空立其上者耶？亦安有有裏而無其表者也。此道器、有無之相須而明白易曉者也。故借之以喻，使人知其談妙之中未嘗遺徼也。㊺

就引文分析，程氏以「道」為「無」、「上」、「虛」，以「器」為「有」、「下」、「實」，形上、形下互為表裏，彼此相依相須、缺一不可，故言「道即器也，器即道也。特所形有上下，而非判然二物也。」。其進一步以「火」為喻，以「上騰而虛者為焰，下著而實者為炭，正從一火而分升沉焉。」，來說明「道」、「器」之間的關係，「道」是火升之虛焰，而「器」則是火沉之實炭，兩者是「一火而分升沉」，關係密不可分。程氏以為老子言「道」根源於《易》，為了自成一家之說，其改變《易》中「道」、「器」之名，轉而為「無」、「有」之說；改變《易》中「上」、「下」之名，轉而為「妙」、「徼」之說。上述引文中所謂：「常無、常有，可觀妙、徼，則有道、器之形而上下者也」、「此之妙、徼，即《易》之上、下矣。其舍上、下而明妙、徼者，正欲自成一家，而其指歸未嘗少有不同也。」即是此意。對於「道

㊺　《易老通言》（《無求備齋老子集成・初編》），上卷解〈道可道〉章第一，頁5B。

器」、「無有」關係的爬梳，程氏以為「天下之物，安有下無載承而能空立其上者耶？亦安有有裏而無其表者也。此道器、有無之相須而明白易曉者。」，此即將「道器」、「無有」不即不離的關係說得非常清楚。然而，程氏將「形上之道」與「形下之器」與老子首章「無」、「有」交相比附，此中所造成詮解的謬誤，也是極其明顯的。因為就《易》而言，「道」是宇宙萬物存在的形上依據，是形的向上提昇；「器」則是現象世界的形下事物，是形的向下落實，一是形而上，一是形而下。而《老子》首章所言「無，名天地之始；有，名萬物之母」，則是闡釋形上之道「無」、「有」的雙重特性，「無」是天地的本始，「有」是萬物的根源。「無」、「有」皆是指謂「形上之道」的，是表明「道」由無形質落實向有形質的一種活動過程❹⑥。此中程氏以「形上之道」、「形下之器」附會《老子》首章「無」、「有」的關係，是理解上的疏失。再觀〈繫辭傳〉中，並不談論「無」、「有」，亦不以「無」為「道」的內容，這樣的互訓只是《易》、《老》表面上的應合而已，並未能顧及到其間義理內蘊的殊別。

除此之外，呂惠卿《道德真經傳》中亦以此「道」、「器」關係，談治國之道。他說：

---

❹⑥　就《老子》首章句讀而言，有以「無」、「有」為讀，亦有以「無欲」、「有欲」為讀，自從王弼以「無欲」、「有欲」作解釋，後人多依從之。王安石《老子注》最早以「無」、「有」為讀，其注《老》中說：「道之本出於無，故常無，以自觀其妙；道之用常歸於有，故常有，得以自觀其徼。」，頁 24。程大昌的句讀乃依循王安石思路，相關細節的諸多討論，參見陳鼓應：《老子今註今譯及評介》，頁 47-53。

形而上者謂之道，形而下者謂之器。天下之為器，神器也。
唯神道可以御神器。神，無思也，無為也。而為之，則御
之，非其道矣！❹

其以天下為「神器」，只有「神道」方可統御「神器」，而所謂
「神道」即是無思、無為之道，當是闡發自然無為的政治理念。
「唯神道可以御神器」，即以「道」、「器」關係說明統治管理天
下之「神器」，實當以「神道」之自然無為方可。《宋徽宗道德真
經解義》解《老子》二十八章「樸散則為器」亦依傍此傳文來詮
解，他說：

形而上者謂之道，形而下者謂之器。其形名焉有分，守焉道
則全，天與人合而為一。器則散，天與人離而為二。❹

由「道」、「器」進而談天人關係的或合或離，可謂豐富了老子思
想的理蘊。凡此，可見得時人以〈繫辭傳〉此章訓釋《老子》的流
行概況。

二、引用「一陰一陽之謂道，繼之者善也，成之者性也。」

〈繫辭上傳〉第五章說：「一陰一陽之謂道，繼之者善也，成
之者性也。」❹，所謂「一陰一陽」並不是指一個陰、一個陽，因

---

❹　呂惠卿：《道德真經傳》（《正統道藏》第二十冊），卷二第十六〈將欲〉
　　章第二十九，頁 0371。

❹　《宋徽宗御解道德真經》，卷二第二十，頁 0809。

❹　《周易正義》，卷第七〈繫辭上〉第七，頁 148。

為陰、陽不是可數實體的物質存在，不能以數字來區分。吳怡以為「一」兼有兩層意思：一是指陰陽的對立，如「分陰分陽」（〈說卦〉第二章），即一面陰、一面陽；二是指陰陽的交感，如「陰陽合德」（〈繫辭下傳〉六章），即一次陽、一次陰[50]。「道」即是在此陰了又陽、陽了又陰，陰陽交感調和的功能作用之下，有了生生不息的變化。繼此天道之流行，承陰陽之和諧以生，則能展現易道理體中以生為德、為善的生機，是所謂「繼之者善也」，亦即〈繫辭下傳〉首章所說：「天地之大德曰生」[51]。而天道的發展，最後則完成於善性的建立，是「成之者性也」。此中精神以儒家德善為主，是從功能與作用的觀念上來談陰陽。天道以創生為德為善，它既超越又內在，而天道之德善內在於人，即是人之善性，人效法承繼天道之德善，就能與天道相契應，達至「天人合一」的理境。此亦呼應了此傳下文所說：「仁者見之謂之仁，知者見之謂之知」的仁智之性。「性」與「道」是一，從善性、仁智中即可見陰陽、見道。因此，〈繫辭傳〉中的陰、陽並非指質實的「氣」的概念，而是儒家本體宇宙論中的詞語[52]。

司馬光《道德真經論》中，即曾援用「一陰一陽之謂道」的觀念來訓釋《老子》四十章的「反者道之動」[53]。其以「道」對立轉化的運動規律，與陰、陽的對立交感相合觀，說明其間相反相成的

---

[50] 《易經繫辭傳解義》，頁 57。

[51] 《周易正義》，卷第八〈繫辭下〉第八，頁 166。

[52] 參見戴璉璋：《易傳之形成及其思想》第二章〈思想的淵源〉「陰陽觀念的發展」，頁 68。

[53] 司馬光：《道德真經論》（《正統道藏》第二十冊），卷三第二，頁 0535。

道理。而王安石《老子注》中，亦以此陰陽交感的「沖和之氣」淵源於「道」的說法，解釋宇宙萬物的創生。他說：

> 一陰一陽之謂道，而陰陽之中有沖氣。沖氣生於道，道者，天也。萬物之所自生，故為天下母。❺

五十二章「天下有始，以為天下母；既得其母，以知其子；既知其子，復守其母。」，原是老子立論天地萬物的本始乃根源於「道」，並要人從萬象中去追溯持守「道」的原則。王氏此處則以陰陽之說來加強闡釋宇宙萬物的生成與變化，實與《老子》四十二章所言「萬物負陰而抱陽，沖氣以為和。」文意較為接近。葉夢得《老子解》中，亦以此傳文解釋《老子》三十四章「大道汎兮，其可左右」，他說：

> 《易》曰：「一陰一陽之謂道。」《易》之言道以陰陽，而老氏之獨曰萬物負陰而抱陽，則為之陰陽者，誰乎？故於此持以左右見之。左，陽也；右，陰也。❺❺

因為承〈繫辭傳〉陰陽之說，故將大道的廣泛流行、無所不在解釋成「左陽右陰」，同樣也是借「《易》之言道以陰陽」發揮《老子》的奧義。以陰陽之說來闡釋「道」的論調，在《易傳》中經常

---

❺ 王安石：《老子注》，〈天下有始〉章第五十二，頁66。
❺❺ 葉夢得：《老子解》，〈大道汎兮〉章第三十四，卷上，頁11A。

可見，《老子》文本中則未可見。通觀《老子》全文，除了四十二章出現的「負陰抱陽」之外，陰陽之辭從未他見❺❻。且將陰陽的概念，抽象化而為二氣，用以說明宇宙創生的過程，乃流行於戰國中期以後，而陰陽的本來意義，乃是就日光照得到、照不到來分的❺❼。宋代老學者以「一陰一陽之謂道」闡釋《老子》的形上思想，蓋與時代風氣有關，是以後來的觀念解釋《老子》的觀念。因此，我們可以說以「一陰一陽之謂道」論說《老子》的「道」，藉以說明宇宙萬物的創生與發展，是時人論述《老子》「天道觀」的模式之一。

　　呂惠卿、蘇轍、宋徽宗也分別節錄「一陰一陽之謂道，繼之者善也，成之者性也。」中的文句，詮解《老子》第八章「上善若水」的內涵：

　　　　「一陰一陽之謂道，繼之者善也。」謂之繼，則已離道，而
　　　　非道之體矣。上善者，道之所謂善也，非天下皆知善之為善
　　　　者也，故若水焉。❺❽

　　　　《易》曰：「一陰一陽之謂道，繼之者善也，成之者性

---

❺❻　今本老子雖有「萬物負陰而抱陽」一句，但帛書甲、乙本此句皆殘缺，郭店楚簡《老子》節選本，本章則未選。因此，此句亦有可能為後人所妄增，而非老子原有的觀念。

❺❼　參見徐復觀：《中國人性論史·先秦篇》第十一章〈文化新理念之開創——老子的道德思想之成立〉，頁334-335。

❺❽　呂惠卿：《道德真經傳》，卷一第十〈上善若水〉章第八，頁0357。

也。」又曰:「天以一生水。」蓋道運而為善,猶氣運而生水也。故曰:「上善若水。」二者皆自無而始成形,故其理同。道無所不在,無所不利,而水亦然。然而既已麗於形,則於道有間矣!故曰:「幾於道。」然而可名之善,未有若此者也,故曰:上善。❺❾

《易》曰:「一陰一陽之謂道,繼之者善也。」莊子曰:「離道以善,善名既立,則道之體虧。」然天一生水,離道未遠,淵而虛,靜而明,是謂天下之至精,故曰:「上善若水」。❻⓪

《老子》此章原是以水的種種特性來比喻上德者完善的人格形象。呂惠卿則以「上善」為易體所展現的生生之善,此乃是絕對之善而非相對之善,故以幾近於「道」的「水」為譬,稱「上善者,道之所謂善也。」而子由則以易理中「道運而為善,氣運而生水」闡釋「上善若水」,並以為「二者皆自無而始成形,故其理同。」,進一步以「道無所不在,無所不利,而水亦然。」說明「上善若水」之意。而宋徽宗則以「天一生水,離道未遠」,以「水」之「淵而靜,靜而明,是謂天下之至精。」來闡釋「上善若水」。此藉《易傳》「一陰一陽之謂道,繼之者善也」訓解「上善若水」,使《老子》「上善若水」的意義更具有形上思維的況味,可謂《易》、

❺❾ 蘇轍:《老子解》,卷一,頁9B。

❻⓪ 《宋徽宗御解道德真經》,卷一第十四,頁0790。

《老》會通的結果。

三、引用「易，無思也、無為也。寂然不動，感而遂通天下之故。」

〈繫辭上傳〉第十章中說：「易，無思也、無為也，寂然不動，感而遂通天下之故。」⑥，此章是就形上易體的「體用」來說。孔穎達《周易正義·疏》中有云：「任運自然不關心慮，是無思也；任運自動不須營造，是無為也。寂然不動感而遂通天下之故者，既無思無為，故寂然不動。有感必應，萬事皆通，是感而遂通天下之故也。」⑥，從本體來看，易體本身是無思無為、任運自然的。雖然從理體上說它是寂然不動，然而一旦陰陽相感而生，在動用上便能通達天下萬事萬物發展的原委。理學家亦喜以「寂然不動，感而遂通天下之故」言道體的體用關係。「寂然不動」是言道體的靜，但道體不能僅僅偏於靜，否則只是存有之理而不能有活動的作用義，因此才接著說「感而遂通天下之故」。朱子在《周易本義》中便說：「寂然者，感之體；感通者，寂之用。」⑥，在創生化育的流行過程之中，固然以易理為本體，然而理體一旦呈露出來，亦隨即見得活動之大用，此是「即體見用」、「即用顯體」、

---

⑥　《周易正義》，卷第七〈繫辭上〉第七，頁 154。

⑥　同前註書，頁 155。

⑥　田中慶太郎校定《周易本義》（影印國子監刊本，臺北：五洲出版社），卷之三，頁 3 之 13A。值得注意的是，朱子在此雖然明白了易體的體用關係，但是當他在建構道體的內蘊時，卻仍然偏重在「寂然不動」的理體上。對於「感而遂通」的活動義，則已然從道體上脫落，牟宗三稱此為「即存有而不活動」。參見《心體與性體·一》（臺北：正中書局，1987 年 5 月），第一部綜論第四節「宋明儒之分系」，頁 42-60。

「體用不二」的義蘊。宋代老子學中，亦可見以此觀念闡發老子道體的內涵。程大昌《易老通言》中，即以〈繫辭傳〉此章論述老子道體的內蘊，他說：

> 橐籥非太虛也，以其虛而有受，受而不留者，有萬物出機入機之象，故此機不息，則作復無已也。是故寂然不動者，乃能感而遂通也。[64]

> 《易》曰：「無思也，無為也。寂然不動，感而遂通天下之故。」夫其無思無為，而又寂然未動，則谷虛無感之象也。或以感來，即以通應，是其出響應聲而不測以神者也。[65]

《老子》以「橐籥」比喻道體，當「橐籥」不被人鼓動時，正象徵著「虛靜無為」的道體，而「橐籥」一旦被鼓動，亦能因其虛空之狀而使鼓動之風永不窮竭，其發動而起的風乃是生生不息、無窮無盡的，此是《老子》五章所言「虛而不屈，動而愈出」之意。程氏此處言《老子》以「橐籥」喻道體，在其「虛而有受，受而不留者，有萬物出機入機之象。」最後以〈繫辭傳〉所言「寂然不動，感而遂通」釋「此機不息，則作復無已也。」之象，概亦能契合老子之旨。對於道體，老子第六章亦以「谷神」為喻，「谷」即象徵虛而能受的情狀，「神」即象徵因應無窮、不測的變化。程氏同樣

---

[64]　程大昌：《易老通言》，卷上〈天地不仁〉章第五，頁 19B。

[65]　程大昌：《易老通言》，卷上〈谷神不死〉章第六，頁 21A。

以「寂然不動」釋「谷虛無感之象」；以「感而遂通」釋「或以感來，即以通應，是其出響應聲而不測以神者也」。凡此，皆是援用〈繫辭傳〉以發明《老子》道體的本體義與作用義。

然而，對於道體「體用」、「動靜」的微妙關係，子由在《老子解》中，卻將其轉化為心性問題的焦點，他說：

> 今知濁之亂性也，則靜之。靜之而徐自清矣；知滅性之非道也，則動之。動之而徐自生矣。《易》曰：「寂然不動，感而遂通天下之故。」今所謂動者，亦若是耳。(66)

> 復性則靜矣，然其寂然不動、感而遂通天下之故，則動之所自起也。(67)

此處資藉道體「動靜不二」的特性，闡釋「定性」、「復性」的內在意義，是在「道性合一」的理論前提之下，發揮老子思想的內容。「濁之亂性」是「動」，必須「靜之而徐自清」，但是「靜之」亦非「滅性」而死絕，故說「動亦靜，靜亦動」，方是合於道的「動靜不二」，此即是「寂然不動，感而遂通天下之故。」。「復性」之「動靜義」亦如是。「復性」雖是歸根於「靜」，然亦非只是「靜」，其對應外物則是「動之所自起」，此即是「感而遂通天下之故」。因此，所謂「定性」、「復性」皆非只是「定

---

(66) 蘇轍：《老子解》，卷一，頁 20A。

(67) 蘇轍：《老子解》，卷三，頁 5A。

靜」、「復靜」而已，其間乃是一個「由動而靜」、「由靜而動」的活動歷程，故此絕對之「靜」，乃是「靜而能動」，有著「寂然不動，感而遂通天下之故。」的深刻意涵。此是將易道的體用觀念轉化成為人性的本體義與活動義。王安石《老子注》中，則以此「寂然不動，感而遂通天下之故」解《老子》首章「常無，欲以觀其妙；常有，欲以觀其徼。」他說：

> 蓋有、無者，若東、西之相反而不可以相無。故非有則無以見無，而無無則無以出有。有、無之變，更出迭入，而未離乎道；此則聖人所謂神者矣！《易》曰：「無思也，無為也，寂然不動，感而遂通天下之故」此之謂也。蓋昔者聖人常以其無思、無為，以觀其妙；常以感而遂通天下之故，以觀其徼。徼、妙並得，而無所偏取也。則非至神，其孰能與於此哉？[68]

介甫以「寂然不動，感而遂通天下之故」發明《老子》首章「有、無」——相反而又不可相無的關係，故言「非有則無以見無，而無無則無以出有。有、無之變，更出迭入，而未離乎道。」。此中以「有、無之變，更出迭入，而未離乎道。」與《易》中所言「無思也，無為也，寂然不動，感而遂通天下之故」相比附，並認為聖人以「無思無為，寂然不動」觀「道無」之奧妙，以「感而遂通天下之故」觀「道有」之端倪。萬物創生之機，即在此有無之變、徼妙

---

[68]　王安石：《老子注》，〈道可道〉章第一，頁25。

並得、無所偏取的情態中生生不息。此是以易道之體用論說《老子》首章形上道體有、無的密切關係。除此之外，員興宗、宋徽宗以「寂然不動，感而遂通天下之故」解老子思想中「無為而無不為」之意❻❾。呂惠卿則以此解《老子》五十二章「見小曰明」❼⓿。凡此，實可見此章被援引注解《老子》的頻率，可說是相當高的。

綜而言之，〈繫辭傳〉中即以前文所論三章被引用得最為頻繁。而零星援引〈繫辭傳〉其他各章以詮解《老子》者，亦時而可見。諸如：徵引〈繫辭上傳〉第十一章「易有太極，是生兩儀」❼❶以及第五章「顯諸仁，藏諸用，鼓萬物而不與聖人同憂，盛德大業至矣哉！」❼❷等等，限於篇幅，無法一一明示詳論。以宏觀的視野

---

❻❾ 員興宗：《老子解略》（《無求備齋老子集成・初編》）中說：「蓋至於無為，致其所自致也。然後無思也，無為也，感而遂通天下之故，則所謂無為而無不為歟！」，頁 13A。《宋徽宗御解道德真經》，卷二第二十四〈道常無為〉章第三十七解「道常無為而無不為」時也說：「寂然不動，感而遂通天下之故。」，頁 0815。

❼⓿ 呂惠卿：《道德真經傳》，卷三第十九〈天下有始〉章第五十二中說：「夫惟守其母者，每見其心於動之微，則寂然不動矣。寂然不動，感而遂通天下之故。故曰：『見小曰明』」，頁 0386。

❼❶ 葉夢得：《老子解》，卷上〈有物混成〉章第二十五中說：「《易》曰：『易有太極，是生兩儀。』則生兩儀者，易也。然不直言易，而設為太極於中者，蓋言易之生物不可以正名，故假太極以見，則易與太極固未之有分也。……故寄之曰有，則易為無也。」，頁 8B。

❼❷ 呂惠卿：《道德真經傳》，卷二第三解〈絕學無憂〉章第二十中說：「絕學則無為，無為則神。神也者，鼓萬物而不與聖人同憂者也。故曰：絕學無憂。」，頁 0365；程大昌：《易老通言》，上卷〈天下皆知〉章第二中云：「《易》之言曰：『顯諸仁，藏諸用。』顯者，有具可示之謂也；藏者，致用之本，深密難測之謂也。……故《易》之藏用，其極致遂至於入神

來說，宋代老學者援引《易傳》詮解《老子》，確實是一個相當普遍的現象，經過本文的論證分析之後，當是無庸置疑的！

第四節　結　語

實際上，除了援引《易傳》詮解《老子》之外，亦有引《老子》訓釋《易傳》的風氣。蘇軾的《東坡易傳》即是一例。《四庫全書總目提要》中稱此書之要旨大體近於王弼❼❸，以王弼易學為「玄學派的易學哲學」❼❹之代表而言，此評論實可見東坡「以《老》解《易》」的傾向。其解〈繫辭傳上〉「乾知大始，坤作成物；乾以易知，坤以簡能。」時說：「上而為陽，其漸必虛；下而為陰，其漸必實。至虛極於无，至實極於有。无為大始，有為成物。」❼❺此是承襲《老子》首章「無，名天地之始；有，名萬物之母」的思維；又解〈說卦傳〉說：「循萬物之理，无往而不自得，謂之順；執柔而不爭，無往而不見納，謂之人。」❼❻此中所言「自得」、「循順」、「執柔」、「不爭」等觀念，皆為老子思想所重視。除此之外，張載的《橫渠易說》也是援引《老子》解釋

也。」，頁 11B-12A。

❼❸　《四庫全書總目提要》（臺北：臺灣商務印書館，2001 年 2 月），「經部」第一冊中云：「（《東坡易傳》）蓋大體近於王弼，而弼之說惟暢玄風，軾之說多切人事，其文辭博辨，足資啟發，又烏可一概屏斥耶！」，頁 1166。

❼❹　朱伯崑：《易學哲學史》（臺北：藍燈文化事業股份有限公司，1991 年 9 月），第一卷中即稱王弼易學為「玄學派的易學哲學」，頁 274。

❼❺　《蘇氏易傳》，卷之七。收入《叢書集成新編》第十五冊，總頁 224 上。

❼❻　《蘇氏易傳》，卷之九。總頁 233 下。

《周易》的一個重要代表。張載在闡發〈繫辭上傳〉「唯幾也，故能成天下之務；唯神也，故不疾而速，不行而至」時，便借用《老子》第十一章「三十輻，共一轂，當其無，有車之用。」的概念❼；在說明《周易·乾卦》卦辭：「元亨利貞」時，張載說：「乾之四德終始萬物，迎之不見其首，隨之不見其後。然推本而言，當父母萬物。」❽，此中所謂「迎之不見其首，隨之不見其後」語出《老子》第十四章，原是形容道體無形、無狀、無象，恍惚不可致詰的樣態。而橫渠則以此來描述乾卦元、亨、利、貞四德終始萬物，為父母萬物之本體，其不可見、不可狀的情形，此合《易》、《老》為一，亦極明顯❾。因此，《易》、《老》彼此互訓互釋的情形，在宋代易學史以及老學史的發展流衍中，確實都是值得加以關注的學術課題。

　　職是之故，針對宋代老子學詮解的義理向度而言，其間以《易傳》詮解《老子》的型範，當是值得加以闡述發揚的主題。注解家司馬光、王安石、蘇轍、王雱、葉夢得、程大昌、呂惠卿、宋徽宗、江澂等等，皆可見此思維向度。在詮解的義理脈絡中，企圖抉發老子思想的「性命哲理」，首先以「道性合一」為前提，進而以

---

❼　張載：《橫渠易說》，卷第三中言：「物形乃有小大精麤，神則無精麤，神即神而已，不必言作用。譬之三十輻共一轂則為車，若無轂與輻，亦何以見車之用？」，頁235。

❽　《橫渠易說》，卷第一〈上經·乾〉，頁1。

❾　《四庫全書總目提要》，「經部」第一冊中針對橫渠之「引《老》解《易》」，曾評論說：「其（橫渠）說〈乾象〉用『迎之不見其首，隨之不見其後』；說〈文言〉用『谷神』字；說『鼓萬物而不與聖人同憂』用『天地不仁以萬物為芻狗』，語皆借《老子》之言，而實異其義。」，頁1165。

「天道性命相貫通」的思路來發揮。其中乃透過〈說卦傳〉「窮理盡性以至於命」一命題來進行詮釋上的義理轉化，將老子學說中的「道德性命之理」顯題化。除此之外，〈繫辭傳〉中最常被援引解讀《老子》的其中三章有：「形而上者謂之道，形而下者謂之器。」、「一陰一陽之謂道，繼之者善也，成之者性也。」、「易，無思也、無為也。寂然不動，感而遂通天下之故。」，亦逐一列出討論，並分析其間理論或得或失之處。原本《易傳》中天道易體的「體用」、「動靜」關係，以及「形上之道」、「形下之器」的相關論述，皆被用來闡釋老學義蘊。此一方面豐富老子思想的內容，另一方面也與儒、道融攝的時代課題充分進行對話，而這些實際上也都是理學家們平時聚焦的議題。因此，宋代老子學中以《易傳》訓解《老子》的義理趨向，蓋是與理學相互激盪的結果，是為當時詮解《老子》的一個重要面向。儒、道的交融互攝是中國傳統文化格局中的一個主要特徵，理學家雖然同時表現儒、道、佛三家思想并立互補的局面，但是其中儒、道思想的交涉更是明顯❸⓪。以宋代老子學而言，全面觀察其間儒、道交涉的實況，確實以《易傳》與《老子》的互通最常見。這也就代表在宋代老子學的發展中，眾多再詮釋的視野角度裏，《易傳》與《老子》的視域融合，可說是一條清晰而重要的理脈。《易傳》不僅為當時理學家所

---

❸⓪ 陳鼓應、白奚：《老子評傳》（南京：南京大學出版社，2001 年 7 月），第十二章〈老子思想在中國文化中的地位〉中說：「儒道兩家的互補可以說是中國傳統思想文化的一個主要特徵。自魏晉乃至宋明，中國傳統思想文化逐漸形成了儒道佛三家并立互補的格局，然而在這多元互補的文化格局中，實以儒道互補為其最主要的和基礎的方面。」，頁348。

重視，在注《老》解《老》的學術領域裏，同樣也有重視《易傳》
的傾向，故注文中多有援引《易傳》以詮解《老子》的現象，此應
是面對《易》、《老》會通的學術課題所作的一種回應。值得注意
的是，這些文獻資料一旦被抉發而出，對於擴大宋代理學與易學研
究的視窗而言，當亦有實質性的助益。

第三章
援引《論語》、《孟子》詮解《老子》的義理向度

第一節　問題的提出

　　有宋一代堪稱為老子學的巔峰，上自帝王卿相，下至僧人道士、儒者文士，研習《老子》蔚然成風，其中最突出的一個特點就是注釋《老子》的儒家士大夫有明顯增多的趨勢。就詮解的義理方向與角度而言，以儒家觀點進行《老子》的解讀，當是該期老子學發展的主要特徵之一。根據全面的觀察統計，在援引眾多儒家經典解讀《老子》的現象之中，《易傳》被徵引的頻率最高。其次，則以《論語》、《孟子》被引用的次數最多見。實際上，《易傳》中的形上思維原本就比較容易與老子思想相會通，因此援引《易傳》解讀《老子》幾乎可說是當時老學研究者的集體共識，此於本書第二章已有詳細的闡釋發揮。然而，《論語》、《孟子》的思想基調畢竟與《易傳》濃厚的形上思維迥異，其僅次於《易傳》，在宋代

老子學的學術舞臺上，與《老子》一書交相共舞，其間如何能與《老子》一書進行充分對話？是否能夠創造性的賦予《老子》新義，進而達到一種新的哲學理論的高度？還是造成與原意悖離割裂的現象？皆有待加以釐清。因此，宋代老學研究者如何以《論語》、《孟子》合會《老子》，為《老子》一書的儒家詮釋展開一個新的解讀系統，是為本章聚焦的重點所在。

王雱《老子注》中，即曾以孔、孟合會《老子》。〈載營魄〉章第十，解「專氣致柔，能如嬰兒乎？」王氏注說：

> 人生有三：曰精、曰神、曰氣；精全則神全，神全則能帥氣矣。神衰而不足以帥氣，則氣作不常；使人陷於非道。孟子曰：「志者，氣之帥也。」……孔子所謂三戒，皆防氣也。門人獨顏回能專氣，故曰：「不遷怒。」氣之暴在陽，而陽之發者，莫暴於怒，於怒可以無遷，則非專氣而何？❶

引文中徵引孟子「以志帥氣」、孔子「三戒」之說比附老子「專氣」的概念，並且特別標舉顏子「不遷怒」的形象為「專氣」（氣不妄作）的代表❷，此即明顯以《論語》、《孟子》縮合老子學說❸。

---

❶ 王雱：《老子注》，〈載營魄〉章第十，頁 108。本章以下所引皆依此本，僅於引文後標示頁數，不另作註。

❷ 語出《孟子·公孫丑上》，其云：「夫志，氣之帥也；氣，體之充也。夫志至焉，氣次焉。故曰：『持其志，無暴其氣。』」，《四書章句集注·孟子集注》，卷三，頁 318；《論語·季氏》：「孔子曰：『君子有三戒：少之時，血氣未定，戒之在色；及其壯也，血氣方剛，戒之在鬥；及其老也，血

《宋徽宗御解道德真經》中也有這樣的例子：

> 至於聖人者，不就利、不違害、不樂壽、不哀夭、不榮通、不醜窮，則孰為可欲？欲慮不萌，吾心湛然，有感斯應，止而無所礙，動而無所逐也。孰能亂之？孔子：「四十而不惑」，孟子曰：「我四十不動心」。❹

> 人之生也，百骸、九竅、六臟，賅而存焉。吾誰能為親認而有之？皆惑也。體道者解乎此，故孔子曰：「朝聞道，夕死可矣。」孟子曰：「天壽不貳。」顏子曰：「回坐忘矣。」
> （卷一第二十五〈寵辱若驚〉章第十三，頁0795）

御注解釋《老子》「不見可欲，使心不亂」，首先凝塑聖人「欲慮不萌」的形象，乃在於「不就利、不違害、不樂壽、不哀夭、不榮

氣既衰，戒之在得。」」，《四書章句集注·論語集注》，卷八，頁241；《論語·雍也》：「有顏回者好學，不遷怒，不貳過。不幸短命死矣！今也則亡，未聞好學者也。」，《四書章句集注·論語集注》，卷三，頁113。

❸ 有關王雱此則注文內容之闡釋，本章第三節「以孟子詮解《老子》的面向」將會有所發揮，此處暫不討論。參見頁99-100。

❹ 《宋徽宗御解道德真經》（《正統道藏》第十九冊），卷一第六〈不尚賢〉章第三，解「不見可欲，使心不亂」，頁0786；江澂《道德真經疏義》（《正統道藏》第二十冊），卷一第二十一疏解御注說：「吾心湛然，物莫能搖，感而遂通能定能應。止而無所礙，不膠於靜；動而無所逐，不流於動。負卻萬方陳乎前，不得以入其舍，孰能亂之哉？孔子之不惑，孟子之不動心，得此矣！」，頁0746。本章以下所引皆依此本，僅於引文後標示頁數，不另作註。

通、不醜窮」，因為能超越分別心的思量忖度，所以能達到「止而無所礙，動而無所逐」的境界。最後以孔子「四十而不惑」、孟子「四十不動心」❺，合之於《老子》所說的「不見可欲，使心不亂」；後則引文中，則以孔子「朝聞道，夕死可矣。」、孟子「夭壽不貳」、莊子「坐忘」❻合之於老子「體道者」解脫形骸的拘限，不以肉體繫累精神的生命理境，呼應《老子》所言「及吾無身，吾有何患？」的意旨。凡此種種，實可見「以儒證《老》」的一種注解趨勢❼。

---

❺ 語出《論語·為政》，其云：「吾十有五而志於學，三十而立，四十而不惑，五十而知天命，六十而耳順，七十而從心所欲，不踰矩。」，《四書章句集注·論語集注》，卷一，頁 70-71；《孟子·公孫丑上》：「公孫丑問曰：『夫子加齊之卿相，得行道焉，雖由此霸王不異矣。如此，則動心否乎？』孟子曰：『否，我四十不動心。』」，《四書章句集注·孟子集注》，卷三，頁 318。

❻ 語出《論語·里仁》，其云：「子曰：『朝聞道，夕死可矣！』」，《四書章句集注·論語集注》，卷二，頁 95；《孟子·盡心上》：「夭壽不貳，修身以俟之，所以立命也。」，《四書章句集注·孟子集注》，卷十三，頁 489；「坐忘」則見《莊子·大宗師》，《莊子集釋》，卷三上〈大宗師〉第六，頁 284。

❼ 以孔、孟合會《老子》的例子還有很多。如：劉辰翁：《老子道德經評點》（《無求備齋老子集成·初編》），卷下〈大國者下流〉章第六十一中說：「由孟子言之，為樂天；由老子言之，或不免為機事，豈非可使由之，不可使知之哉？」，頁 27B。《論語·泰伯》中說：「民可使由之，不可使知之。」，《四書章句集注·論語集注》，卷四，頁 141；《孟子·梁惠王下》中說：「以大事小者，樂天者也；以小事大者，畏天者也。樂天者保天下，畏天者保其國。」，《四書章句集注·孟子集注》，卷二，頁 298。此中即以孟子「樂天者保天下」、孔子「民可使由之，不可使知之」與老子思想互相參照而作出的評論；員興宗：《老子解略》（《無求備齋老子集成·

　　林希逸《老子鬳齋口義》、黃茂材《老子解序》中,皆曾就此「老子合之孔孟」的注解方式提出批評:

> 但讀莊老者,當以莊老字義觀之,若欲合之孔孟,則字多窒礙矣!❽

> 夫老子何取於雌、與牝、與母哉?皆寓言也。八十一章之中,如此類者,不一,乃欲合於孔、孟六經之文,宜乎其相悖也。余覃思此經有年矣,專探老子之意為之註解;意有未盡,則引《列》、《莊》及《易》與夫道家之書,庶幾鑿開混沌、剖判鴻濛,以示後學云爾。❾

林氏雖然提出「讀莊老者,當以莊老字義觀之」、「若欲合之孔孟,則字多窒礙矣!」的看法,但是他自己在注解《老子》時,並

初編》)中也說:「持凶器,行逆德,試其不祥之事,有道者不處也。孔子曰:『軍旅之事,未之學也。』、孟子曰:『焉用戰?』」,頁 6B。亦以《論語》、《孟子》反戰思想合觀《老子》。孔子之說出自《論語‧衛靈公》,孟子之說出自《孟子‧盡心下》,分見《四書章句集注‧論語集注》,卷八,頁 225;《四書章句集注‧孟子集注》,卷十四,頁 512。本章以下所引劉氏、員氏皆依此本,僅於引文後標示頁數,不另作註。

❽　《老子鬳齋口義上》(《無求備齋老子集成‧初編》),〈孔德之容〉章第二十一,頁 21A。本章以下所引皆依此本,僅於引文後標示頁數,不另作註。

❾　嚴靈峯輯校:《老子宋注叢殘》(臺北:臺灣學生書局,1979 年 7 月),頁137。

未能確實遵守此項原則，因此窒礙之處也是有的❿。黃氏亦主張以孔孟六經之文合會《老子》是不恰當的，故其專探《老子》之意而為之註解，意有未盡時，則援引《列》、《莊》、《易》或其他道家之書與《老子》合觀，藉此以啟示後學。這樣的批評，事實上也間接側顯出時人將孔孟合會於《老子》的一種風氣。我們暫且不論這樣的會通是否會造成義理內容的質變現象，但是若能就此解讀方向進行細部的探究剖析，蓋能對宋代老子學「以儒解《老》」的趨向，投入另一種面向的關注，因而展現出更為完整的輪廓。

因此，本章的切入點就在於援引《論語》、《孟子》解讀《老子》的面向，宏觀老學研究者如：司馬光、王安石、呂惠卿、蘇轍、王雱、葉夢得、員興宗、程大昌、邵若愚、宋徽宗、江澂、林希逸、范應元、劉辰翁、趙秉文、陳象古等等，如何以《論語》、《孟子》與《老子》相訓釋。由此亦得以論證推衍出其時注《老》解《老》者，必以為儒、道義理思想是可以相通的，故其解《老》時多徵引儒典進行義理的闡述發揮。事實上，《論語》、《孟子》也是當時理學新儒最喜歡據以立論的經典⓫，時代學術氛圍既以回

---

❿　簡光明〈林希逸《老子鬳齋口義》探義〉（《中國文化月刊》第 174 期，1994 年 4 月）一文中，即以為其註解《老子》，時時以孔、孟合之，因而常常顯出窒礙之處，頁 46。

⓫　宋初儒者特重形上學，蓋其時多致力於《中庸》、《易傳》的解析，而後漸漸回歸落實於《論語》、《孟子》，以此為基本的義理間架來疏通《中庸》、《易傳》，通過存心養性的工夫來體證形上天道。此是通過道德實踐，啟發道德創造的生命，進而溝通天、人兩界。因此，理學家經常以點掇《論語》、《孟子》的方式來發揮自己的論點。參見牟宗三：《心體與性體‧（一）》（臺北：正中書局，1987 年 5 月），第一部〈綜論〉第三節

歸先秦儒學精神為基調❶，學者特別援引《論語》、《孟子》與《老子》互訓，殆有可能是重視儒家學說的思潮影響所致。然而，《論語》、《孟子》與《老子》分屬不同的學術派別，在互訓互證的過程當中，是否能夠達到一種成功的詮釋效果，以實現儒、道之間的相互發明與印證？還是難免於牽強附會，歪曲打混了老子思想，乃至於與原意悖離的現象發生。以下的行文，即檢別出幾則最常被徵引應用的文獻，分別以《論語》、《孟子》闡發老子學說的部分，並後設反省其與老子思想依違之處。

第二節　以《論語》詮解《老子》的面向

葛次仲〈老子論〉中，曾明言孔、老是可以會通的，其以為孔、老立言，雖然對反之處所在多有，然而就其深層意涵並不衝突。他說：

> 孔子與老氏同時，皆著書以垂不朽，孔子曰：「我學不厭。」老氏則絕學。孔子曰：「必也聖乎！」老氏則絕聖。

「宋明儒之課題」，頁 19。理學新儒重視《論語》、《孟子》的風氣，對於當時老學研究者當有不小之影響。

❶ 勞思光：《新編中國哲學史·三上》（臺北：三民書局，1987 年 10 月），第二章〈宋明儒學總說〉中說：「宋明儒學作為一整體哲學運動者，歷時數百年；各家學說之殊異，若就細處言之，則可謂千門萬戶。但就其大處著眼，則首先不可否認者，是此一運動有一基本目的，即是要求歸向先秦儒學之本來方向。」，頁 46。

孔子貴仁義，老氏棄仁義。孔子舉賢才，老氏不尚賢。孔子曰：「智者不惑。」老氏曰：「以智治國國之賊。」其立言大率相反，是豈故相乖背耶！⓭

葛氏先以孔、老字辭語句的對反現象加以申說，其一正一反，可以說老子是就孔子的立論進行反向思考。諸如：孔子主張「學不厭」，老子就主張「絕學」；孔子主張「成聖」，老子就主張「絕聖」；孔子主張「貴仁義」，老子就主張「棄仁義」；孔子主張「舉賢才」，老子就主張「不尚賢」；孔子主張「智者不惑」，老子就主張「以智治國國之賊」等等。葛氏雖然就表面文字的對反現象，說明孔、老「立言大率相反」，但是並無據此得出孔、老背道而馳的結論。他接著說：

蓋孔子立道之常以經世變，老子明道之本以救時弊，其勢不得不然也。絕學則使己任其性命之情，而造坐忘日損之妙，絕聖則使人安其性命之情，而無驚愚明污之志，棄仁義，則無蹩躠踶跂之私，使天下不獨親其親、子其子，而同歸於孝慈，不尚賢，則無儒墨畢起之爭，使天下無夸跂相軋之心，以智治國，國之賊，言澆偽多而智愈困，孰若政悶悶而民淳淳哉？其所以立言不同者以此。⋯⋯是必有名異而實同者。

⓭ 陳景元：《道德經注》附葛次仲〈老子論〉。蒙文通：《道書輯校十種》（成都：巴蜀書社，2001 年 8 月），頁 727。本章以下所引皆依此本，僅於引文後標示頁數，不另作註。

（頁 727）

此中明示孔、老立論的對反現象只是表面而已，實際上，此正是他們「因勢用心」的不同所致。孔子是「立道之常以經世變」，老子則是「明道之本以救時弊」，各取立言的途徑。換言之，老子並非本質上否定儒家所倡言的仁義聖智，只是針對客觀情勢條件的需要，故以「若反」之言，提出個人的主張。他的「絕學」是為了「使己任其性命之情，而造坐忘日損之妙。」；他的「絕聖」是為了「使人安其性命之情，而無驚愚明污之志」；他的「棄仁義」則是要「使天下不獨親其親、子其子，而同歸于孝慈」；他的「不尚賢」是為了「使天下無夸跂相軋之心」；他的「不以智治國」則是為了避免「言澆偽多而智愈困」的弊端，故老子思想的終極關懷與儒家其實並不衝突。此論說的角度，使得老子思想理境更加圓融成熟，其並非在根本上與儒家對立，反而是一種企圖保住儒家聖智仁義的用心，故以「辯證的詭辭」❹進行表述。葛氏最終說孔、老並不衝突，彼等立言雖有不同，然而「名異而實同」，此即回應他在〈老子論〉一開始所說的：「得其意而不泥以言，則諸聖（孔老）之書相為終始。」❺，重點乃在於表述孔、老融通的可能。王霧

---

❹　牟宗三：《中國哲學十九講》（臺北：臺灣學生書局，1986 年 10 月），第七講〈道之「作用的表象」〉中說：「正言若反不是分析的方式，它是辯證的詭辭，詭辭代表智慧，它是詭辭的方式。因此照道家的看法，最好的方式是定在智慧層上的詭辭，是詭辭的方式，不是分析的方式。」，頁 140。

❺　〈老子論〉是這樣開啟論說的：「天下無二道，聖人無兩心，其著書所以傳道，其垂教所以救時，救時之弊不同，故迹之出亦異，其迹既異，故立言有

《老子注》中說：「明乎道，則孔老相為終始矣！」❶即持相同論點，觀林東《老子注序》中，亦曾強烈表明這樣的主張：

> 夫子與老氏垂教，蓋亦互相發明。夫子以仁、義、禮、樂，為治天下之具，老子以虛無、恬淡，明大道之所從出。要之仁、義、禮、樂，非出於大道而何？而虛無、恬淡乃大道之本旨也。特後世之不善用老氏者，或純尚清虛恬淡而至於廢務，有以累夫老氏也。且以道心惟微，無為而治，吾儒未嘗不用老子。如所謂我有三寶：一曰慈，二曰儉，三曰不敢為天下先；以道佐人主者，不以兵強天下。老子未嘗不用吾儒也。以是而推，則大道之與道一而已矣，特不無本末先後爾。蓋所以互相發明，俱為憂世而作也。❶

不同，使後世之士於此異觀而以孔、老為殊訓也。苟通其道而不窒，以時會其心而不拘以跡，得其意而不泥以言，則諸聖之書相為終始，固未嘗少戾也。」同註❸書，頁726。關於宋代老子學會通孔、老的課題，尚有其他溝通路徑。如將傳統儒學「道德政治」學說與老子「道論」結合起來，使老學為現實政治服務。以儒家道德政治學說解釋《老子》，首推王安石學派，他們提出協同孔、老，使老學為現實政治服務的主張。其後，宋徽宗、江澂都受到他們的影響。參見劉固盛：〈論宋元老學中的儒道合流思想〉（《華中師範大學學報》第39卷第1期，2000年1月）一文。關此，本書第七章「儒、道合流互動的政治訴求」中亦稍有論述，頁258-266。

❶ 王雱：《老子注》，〈絕聖棄知〉章第十九中說：「或曰：孔、孟明堯、舜之道，專以仁義。而子以老氏為正，何如？曰：夏以出生為功，而秋以收斂為德，一則使之榮華而去本，一則使之凋悴而反根；道，歲也，聖人，時也。明乎道，則孔老相為終始矣。」，頁130。

❶ 《老子宋注叢殘》，頁203。

此中申論孔、老之所以能相互發明，蓋因其著作「俱為憂世而作」。林氏以為「夫子以仁義禮樂為治天下之具，老子以虛無恬淡明大道之所從生。要之仁義禮樂，非出于大道而何？而虛無恬淡乃大道之本旨也。」，即是將孔子的仁義禮樂安放到老子「道」的理論內涵之中，以進行思想的融攝與統合。「吾儒未嘗不用老子」、「老子未嘗不用吾儒」，儒、道之間彼此互相發明輔助，可說是宋代老學研究者會通孔、老最主要的問題意識。

　　當然，直接援引載錄孔子言行學說的代表經典《論語》以訓解《老子》，蓋亦是溝通的基本模式之一。而在徵引《論語》解讀《老子》的面向之中，首先是就兩書相近的概念辭語交相比附。例如：司馬光《道德真經論》中，即以「仁者必有勇」（〈憲問〉）與「慈故能勇」❶❽相比附；以「其身正，不令而行。」（〈子路〉）的政教來解釋「行不言之教」（卷一第二，頁 0528）；以「人不知而不慍」（〈學而〉）比附「聖人自知不自見」（卷四第六，頁 0541）；以「一以貫之」（〈衛靈公〉）闡釋「知者不博」（卷四第八，頁 0542）等等。此是以摘句的方式，節錄相近的字辭概念做形式上的縮合，藉以達到互訓的目的。對於儒、道間的義理共法而言，或能達到一種融通的詮釋效果，但若關涉乎思想的不共法之處，則有可能造成比附上的謬誤❶❾。其次，根據筆者的觀察，徵引《論語》詮解《老

---

❶❽　《道德真經論》（《正統道藏》第二十冊），卷四第四，頁 0540。本章以下所引皆依此本，僅於引文後標示卷數、頁數，不另作註。

❶❾　〔明〕龔修默：《老子或問（一）》（《無求備齋老子集成・初編》）前附〈孔老略同〉一文中，亦曾就《論語》、《老子》語句概念雷同者交相比附，進而評斷孔、老乃同道中人。其以「不知不慍，莫我知也。」比附「知

子》的篇章中，以《論語·陽貨》中孔子說：「天何言哉？四時行
焉，百物生焉，天何言哉？」⑳最為常見，此章原是孔子回答子
貢：「子如不言，則小子何述焉？」的提問。孔子以為自己「不
言」，乃是效法天道流行、默然無言的表現。四季自然運轉遞行，
萬物自然滋生衍息，從來沒有一刻稍停、擔誤，天可曾說了什麼
嗎？因此，天道雖然「無言」，但其創生作用照樣生發不息，此是
不待言語而自然彰著的。同樣的，天道在聖人身上顯現，聖人一動
一靜皆是天理流行，固亦是不待言語而昭著的。因此，就算孔子不
說話，其傳述亦能彰顯。朱熹《論語集注》中所說：「四時行，百
物生，莫非天理發見流行之實，不待言而可見。聖人一動一靜，莫
非妙道精義之發，亦天而已，豈待言而顯哉？」㉑即是闡發此意。
此章因為別具形上況味，宋代老學研究者特別喜歡以此詮解《老
子》道體的觀念。王雱《老子注》中，即以此加強發揮《老子》道
的義蘊，他說：

我者希，則我者貴。」；以「節用而愛人」比附「慈儉不敢先」；以「繪事
後素」比附「見素抱樸」；以「巧言鮮仁、木訥近仁」比附「美言不信，信
言不美」；以「志道據德」比附「尊道貴德」；以「不可使知之」比附「明
民將以愚之」；以「智者樂水」比附「上善若水」等等，頁 1A-4B。此中以
「志道據德」比附「尊道貴德」，是忽略儒、道兩家「道德觀」的不同；以
「不可使知之」比附「明民將以愚之」亦有可能造成義理上的滑失。

⑳ 語出《論語·陽貨》，其載：「子曰：『予欲無言。』子貢曰：『子如不
言，則小子何述焉？』子曰：『天何言哉？四時行焉，百物生焉，天何言
哉？』」，《四書章句集注·論語集注》，卷九，頁 252。

㉑ 同前註書，頁 253。

> 君人體道以治，則因時乘理而無意於為；故雖無為，而不廢
> 天下之為；而吾實未嘗為也。天何言哉？四時行焉，萬物生
> 焉，侯王之道，天其盡之矣。（〈道常無為〉章第三十七，頁
> 169）

> 天何言哉？四時行焉，萬物生焉；體道者，天而已矣。
> （〈不出戶〉章第四十七，頁191）

前段引文，以「天何言哉？四時行焉，萬物生焉。」與《老子》
「道常無為而無不為」交相合觀。王雱以為君王要效法天道的「無
為而無不為」，雖為之時，未嘗有為，雖無為，然亦未嘗不為，此
即是「故雖無為，而不廢天下之為，而吾實未嘗為也」。君人「體
道以治」，就是實施「無為而無不為」的政教，也就是效法天道的
「無言而成」。後段則是以天的「無言而成」訓釋「不為而成」。
王雱說：「體道者，天而已矣。」，是說天的「無言而成」是體道
的最佳表現，聖王若要體道，就要效法天。此是王氏以「天何言
哉？四時行焉，萬物生焉。」與《老子》形上之道「無為而無不
為」、「不為而成」的特性加以會通。

　　《論語》此章因有「無言」之說，學者遂喜將其與《老子》
「多言數窮」、「不言而善應」、「不言之教」的概念相指涉。林
希逸《老子鬳齋口義》即以此詮釋《老子》「多言數窮，不如守
中。」，他說：

> 數，猶曰每每也。守中，默然閉其喙也。意謂天地之道不容

以言盡，多言則每每至於自窮，不如默然而忘言。子曰：
「予欲無言。天何言哉？四時行焉，萬物生焉。」亦此意
也。（〈天地不仁〉章第五，頁 8B。）

這樣的解釋，若以《老子》第五章前後的語意脈絡來進行判斷，雖
不至於造成嚴重的歪曲誤解，但亦非忠於原意。「多言數窮，不如
守中。」句前，老子乃言「天地之間，其猶橐籥乎？虛而不屈，動
而愈出。」㉒，此是以橐籥「虛空」的具象，說明其之所以能「虛
而不屈，動而愈出」，藉以況喻「道體」的生化萬物，何以能生生
不息、永不衰竭，進一步提示人君應當效法「道體」的此一特性，
推行「清靜無為」之政。因此，「守中」的「中」，即指橐籥中間
「中空」、「中虛」的樣子，而橐籥沒被人鼓動時的情狀，正是象
徵一個虛靜無為的「道體」㉓，若以此章政治思想的論述重點而
言，則有人君為政當「清靜無為」的隱喻之意。因此，「守中」即
是「守虛」、「守道」，主張人君應持守「清靜無為」之道㉔，強

㉒　第五章全文如下：「天地不仁，以萬物為芻狗；聖人不仁，以百姓為芻狗。
天地之間，其猶橐籥乎？虛而不屈，動而愈出。多言數窮，不如守中。」，
參見樓宇烈校釋：《老子周易王弼注校釋》（臺北：華正書局，1983 年 9
月），頁 13-14。

㉓　張默生：《老子章句新解》（臺北：樂天出版社，1972 年 10 月），第五章
中說：「儒家的『中』字，是不走極端，要和乎『中庸』的道理；老子則不
然，他說的『中』字，是有『中空』的意思，好比橐籥沒被人鼓動時的情
狀，正是象徵著一個虛靜無為的道體。」，頁 7。

㉔　蔣錫昌：《老子校詁》（臺北：東昇出版事業有限公司，1980 年 4 月）中
說：「此『中』乃老子自謂其中正之道，即無為之道也。三十七章，『道常

調的是心的「虛靜」工夫，此是一般理解的共識。細觀林氏注文，其以為「守中」即是「默然閉其喙」，因為「天地之道不容以言盡，多言則每每至於自窮，不如默然而忘言。」。其後，則援引《論語》中孔子的「予欲無言」加以比附應合，藉以論證推衍「守中」即是「默然而忘言」的意思。「守中」是老子思想中的重要命題，如此詮解實無法抉發出此一命題的深層底蘊。此章原是就人君為政之道應效法道體——「清靜無為」的特性而立論，言人君若是政令煩苛瑣屑，有為、有事則加速敗亡，不如持守「清靜無為」之道。因此，「多言」亦有學者指出是多聲教法令之義，以「言」為「號令教戒」❷，是有為、多事的象徵，故老子主張「行不言之教」（二章）、「悠兮其貴言」（十七章）、「希言自然」（二十三章），是以不輕易發號施令、少聲教法令比喻無為、無事的清靜之政，故以此與「多言數窮」對舉。林氏在此以《論語》的「天之無言」比附《老子》「守中」之義，以為「多言」即是「多說話」❷，「無言」、「忘言」為「默然閉其喙」，即少說話。此在義理內蘊上，只說出了文字表面的淺層意義，對於其中所承載的引申意涵，以及老子「清靜無為」的政治思想特色，都不能表述出來。而

無為而無不為，侯王若能守之，萬物將自化」。『守之』即『守道』，亦即此文『守中』。『多言數窮，不如守中』，言人君有為則窮，故不如守清靜之道之為愈也。」，頁37。

❷ 葉夢得：《老子解》（《無求備齋老子集成‧初編》），卷上解「太上」章第十七中說：「號令教戒，無非『言』也。」，頁5A。

❷ 江澂：《道德真經疏義》，卷二第十疏「多言數窮，不如守中」中說：「若孔子之欲無言，孟子以好辯為不得已者，為是故也。彼不能忘言之人。」，頁0754。此同樣是將「言」字解為「說話」之意。

其間猶可評議的是，本章重點殆在林氏援引《論語》詮解的同時，即由政治思想的陳述焦點轉移到形上天道的義理方向。其以「守中」為「默然閉其喙」、「默然而忘言」，主要原因乃在於「天地之道不容以言盡，多言則每每至於自窮」之故，此詮解的義理趨向是呼應老子首章「道可道，非常道」的主張，申說形上道體的不落入言詮。此解雖然不致於造成謬詮，但與老子原初想表達的思想重點是有著些許落差，當是林希逸側重老子形上思想而自我發揮的結果。

除此之外，《老子》七十三章言「道」的「不言而善應」，亦有學者援引此章來證解，諸如：

> 天不與物爭於一時，而要於終勝。不言而四時行、百物生，未有求而不應者也。（蘇轍《老子解》，卷四，頁 16B）

> 天何言哉？四時行焉，百物生焉，其行其生，未嘗差也。故曰：「不言而善應。」[27]

> 孔子曰：「天何言哉？」四時行焉，萬物生焉，未有求而不應者也。[28]

---

[27] 呂惠卿：《道德真經傳》（《正統道藏》第二十冊），卷四第十八〈勇於敢〉章第七十三，頁 0400。

[28] 趙秉文：《道德真經集解》（《無求備齋老子集成·初編》），卷四〈勇於敢〉章第七十三，頁 15B。

「不言而善應」是說道雖然無言，但卻是善於回應的，此是形容道永不衰竭的創生作用。學者以為，一如《論語》中所說，天雖一無所言，然而四時運行、萬物生化的作用，卻沒有一絲一毫稍減，這就是「不言而善應」。陳象古《道德真經解》中，則以此論《老子》的「不言之教」：

> 語曰：「天不言，而四時行焉，百物生焉。」故及者少也。㉙

陳氏以為人君之所以鮮少能夠實踐「不言之教」，進而體會到無為、無事的益處，乃是緣於這就像是「天無言而成」的道理一樣，很少有人能夠契應。此是將「天道無言而成」與「不言之教」合觀，認為此中道理很難讓一般人瞭解，故說「及者少也」。以《論語》「天何言哉？」章詮解《老子》「多言數窮」、「不言而善應」、「不言之教」，殆是因為「無言」、「多言」、「不言」字辭使用相近的種種聯想與合觀。這樣的縮合其實沒有考慮到孔、老天道觀義理內涵的殊異，並且忽略《老子》一書中對「言」字可能有的特殊用法。

　　此外，《論語·里仁》中言：「朝聞道，夕死可矣！」，亦是常被援引運用的文獻。朱子注此章說：「道者，事物當然之理。苟得聞之，則生順死安，無復遺恨矣。朝夕，所以甚言其時之近。」㉚，

㉙　陳象古：《道德真經解》（《正統道藏》第二十冊），卷下第五解四十三章「不言之教，無為之益，天下希及之」，頁175。

㉚　《四書章句集注·論語集注》，卷二，頁95。

是說一個人如果能夠得聞事物當然之理，就算當下死亡也了無遺恨。林希逸《老子鬳齋口義》中，則以此比附《老子》「死而不亡者壽」之意，他說：

> 孔子曰：「朝聞道，夕死可矣！」死而不亡者壽，亦此意也。（〈知人者智〉章第三十三，頁31B）

孔子以為得道與否更甚於形軀生命的存亡，這種「聞道重於身存」的看法應是儒、道之間的共法，只是對於所聞之「道」的理蘊有所不同而已。老子的「死而不亡者壽」，王弼亦注曰：「身沒而道猶存。」**③**，因此，林氏將兩者互訓，當無偏離主題。呂惠卿《道德真經傳》中則援用此章解「上士聞道」：

> 傳曰：「孔子曰：『朝聞道，夕死可矣！』則聞道者，死生固不足以累其心，豈苟知之而已哉？」（卷三第五〈上士聞道〉章第四十一，頁0379）

呂氏以「死生固不足以累其心」為上士聞道的境界，而孔子所謂「朝聞道，夕死可矣！」，亦正是超脫死生繫縛，故將兩者予以縮合。然而，呂氏特別強調聞道者超化死生繫累的重點，固然與老子思想無違，但已超出《老子》「上士聞道，勤而行之」文本中所承載的意涵，且與孔子原本強調「聞道與否」的問題，側重點有所不

---

③ 《老子周易王弼注校釋》，頁85。

同。

　　除此之外，零星援引《論語》以證解《老子》的例子還有很多，茲再大致臚列數例說明如下，以加強觀點的論證：

　　孔子曰：「苟志於仁矣，無惡也。」而況志於道者乎？（蘇轍《老子解》，卷二，頁11B）

　　善不善在彼，而我常以善待之，則善常在我。在我之善，我自得之，故曰：「得善矣。」子曰：「苟志於仁矣，無惡也。」與此意同。（林希逸《老子鬳齋口義下》，〈聖人無常心〉章第四十九，頁10A）

　　聖人從心所欲不踰矩，非有意於德，而德自足。（蘇轍《老子解》，卷三，頁1A）

　　不知道而務學，聞見日多而無以一之，不免為累也。孔子曰：「多聞，擇其善者而從之，多見而識之，知之次也。」（蘇轍《老子解》，卷三，頁13A）

　　苟一日知道，顧視萬物無一非妄，去妄以求復性，是之謂損。孔子謂子貢曰：「賜也，女以予為多學而識之者與？」曰：「然。非與？」曰：「非也，予一以貫之。」（蘇轍《老子解》卷三，頁13A）

民之盜，常出於欲利，知貨非上之所貴，則不為盜矣！故曰：「苟子之不欲，雖賞之不竊。」（呂惠卿《道德真經傳》，卷一第五〈不尚賢〉章第三，頁0355）

老子先明寵貴之累，而寵貴之累，皆緣有身而生。故因譬貴之若身，遂及無身之妙。……而孔子毋我，理與是同。（王雱《老子注》，〈寵辱〉章第十三，頁116）

其儉乎！若孔子曰：「禮與其奢也，寧儉」。蓋聖人制禮，將以為儉；而方其為禮也，不得獨儉，非禮則無末。（王雱《老子注》，〈天下皆謂〉章第六十七，頁151）

且古之以此道為貴者，何也？求則得之，道本在我。「為仁由己，由人乎哉」？（林希逸《老子鬳齋口義下》，〈道者萬物之奧〉章第六二，頁22B）

如是則民之淳厚自全，而袄異不作，又奚以察察為善政哉？故孔子曰：「為政以德，譬如北辰，居其所，而眾星共之。」❷

季康子問：「如殺無道以就有道？」孔子告之曰：「子為

---

❷ 范應元：《老子道德經古本集註》（《無求備齋老子集成·初編》），下卷〈其政悶悶〉章第五十八，頁42。

政，焉用殺？」夫雖無道，而亦不可殺，戰勝而處以喪禮，宜也。（葉夢得《老子解》，卷上〈夫佳兵〉章第三十一，頁 10A）

善道者在行，不在辯說。滯於辯者，則不為善。《論語》云：「君子欲訥於言，而敏於行。」❸❸

知者，明心識本不在多聞廣博。務廣博者有所大，不知。孔子曰：「賜也，汝以予為多學而識之者與？」對曰：「然。非與？」曰：「非也，予一以貫之。」（邵若愚《道德真經直解》，卷四第十八－十九〈信言不美〉章，頁 0522-0523）

是以聖人被褐懷玉。此孔子所謂「二三子以我為隱乎？吾無隱乎爾」者也。（程大昌《易老通言》，卷下〈吾言甚易知〉章第七十，頁 6A）

引文中蘇轍以「志於仁」（〈里仁〉）與「從事於道者，同於道。」相比況，一個人若能真心向仁，就不至於做出壞事來，這是孔子期許人立志行仁，子由乃以《老子》強調「志於道」，與孔子的「志於仁」合觀。而林希逸則以為此與「善者，吾善之；不善者，吾亦善之；得善。」意旨相同；「聖人從心所欲不踰矩」（〈為政〉）是孔子論為學進德的最高境界，蘇轍以之比況「上德不德，是以有

---

❸❸　邵若愚：《道德真經直解》（《正統道藏》第二十冊），卷四第十八，頁0522。本章以下所引皆依此本，僅於引文後標示頁數，不另作註。

德」的化境；又以「多聞，擇其善者而從之，多見而識之，知之次也。」（〈季氏〉）與「為學日益」相證解；接著又以孔子「一以貫之」（〈衛靈公〉）詮解「為道日損」。呂惠卿以「苟子之不欲，雖賞之不竊。」（〈顏淵〉）與「不貴難得之貨，使民不為盜。」互訓；「毋我」（〈子罕〉）是不侷限自我中心、不自以為是，王雱以之解「及吾無身，吾有何患？」，以「毋我」、「無身」道理相同；而「林放問禮之本」，孔子答以「禮，與其奢也，寧儉」（〈八佾〉），王雱亦以之訓解老子「儉」的思想；「為仁由己，由人乎哉」（〈顏淵〉）是強調實踐仁德在於一己，非憑他力，林希逸以之解《老子》「求以得」；政治思想上的會通則更多見：老子「為政悶悶」下的善政，范應元以為就是「為政以德」（〈為政〉）下的施化，皆能得到百姓的認同歸順；葉夢得以為「子為政，焉用殺」（〈顏淵〉）與「戰勝以喪禮處之」同具人道精神，理皆得宜；邵若愚以「君子欲訥於言，而敏於行。」（〈里仁〉）比況「善道者在行，不在辯說」，申論實踐勝於言說；又以「一以貫之」（〈衛靈公〉）解「知者不博，博者不知」，強調為學博雜不如會通而歸於一貫；程大昌則以「二三子以我為隱乎？吾無隱乎爾」（〈述而〉）與「聖人被褐懷玉」的形象互訓；凡此，是以摘章摘句《論語》的方式以進行《老子》一書的相關詮解。

　　除此之外，學者也喜歡提舉孔門弟子為奉行老子學說者，眾多弟子之中，以顏回形象最受青睞。《宋徽宗御解道德真經》即以其為實踐老子學說的最佳典範，御解中說：

　　　孔子曰：「吾與回言終日，不違如愚。」純純兮，天機不

張，而默與道契，茲謂大智。（《宋徽宗御解道德真經》，卷一第四十〈絕學無憂〉章第二十，頁 0803）❸❹

學以致其道，始乎為士，終乎為聖。日加益，而道積于厥躬。孔子謂顏回，曰：「吾見其進也。」（《宋徽宗御解道德真經》，卷三第十六〈為學日益〉章第四十八，頁 0824）❸❺

前段引文解《老子》「我愚人之心也哉！純純兮！」，特別以顏子在《論語》中「不違如愚」的形象與「天機不張，而默與道契」的「大智」相比附。「不違如愚」正應合「大智若愚」的純純形象❸❻。後段引文則解釋《老子》「為學日益」，以顏子努力不懈、從不怠惰，不斷進德修業以求進步的形象，為「為學日益」的最佳典

---

❸❹　語出《論語‧為政》，其云：「子曰：『吾與回言終日，不違如愚。退而省其私，亦足以發。回也不愚。』」，《四書章句集注‧論語集注》，卷二，頁 73。孔子講學，顏回從不反對問難，就像愚者。私底下觀察他與別人討論，卻又能將孔子所說的道理發揮出來，所以顏子並不愚笨。此章是讚美顏淵之德。

❸❺　語出《論語‧子罕》，其云：「子謂顏淵，曰：『惜乎！吾見其進也，未見其止也。』」，《四書章句集注‧論語集注》，卷五，頁 154。此章是孔子追惜顏子生前不斷進德修業求進步，從不懈息。

❸❻　江澂：《道德真經疏義》，卷五第十六疏義說：「君子盛德，容貌若愚，顏回之謂歟？觀其悟心齋之說，進坐忘之妙，聖人因其深造默識，則曰：『吾與回言終日，不違如愚。』所謂容貌若愚也。」，頁 0805。此實是莊子筆下的顏子形象，是玄化的結果，而非儒家的顏回。

範❸。蘇轍《老子解》中，也曾讚美顏子說：

> 孔子曰：「語之而不惰者，其回也與？」斯所謂上士也哉！
> （卷三，頁 6A）❸

此以顏子孜孜矻矻努力進德為學的態度，為老子所謂「上士聞道，勤而行之」的代表。這樣的比附，給予顏子相當高的評價。員興宗《老子解略》中也特別關注顏子，其解「不失其所者久」、「進道若退」時說：

> 顏氏之子，其殆庶幾乎？不遷怒，不貳過，終日不違，不失其所矣。若夫三月不違仁，何其久也！（頁7A）❸

> 眾人以進為退，孟子謂「其進銳，其退速」是也。顏淵以退

---

❸ 御注中以顏回為「為學日益」的代表。而「為道日損」的代表則是蘧伯玉。其注解「為道日損」中說：「致道者，墮肢體，黜聰明，離形去智，而萬事銷忘，故日損。蘧伯玉所以行年六十而六十化。」，頁 0824。

❸ 語出《論語·子罕》，《四書章句集注·論語集注》，卷五，頁 154。

❸ 語出《論語·雍也》，其云：「哀公問：『弟子孰為好學？』孔子對曰：『有顏回者好學，不遷怒，不貳過。不幸短命死矣！今也則亡，未聞好學者也。』」，《四書章句集注·論語集注》，卷三，頁 113；《論語·雍也》：「子曰：『回也，其心三月不違仁。其餘，則日月至焉而已矣。』」，《四書章句集注·論語集注》，卷三，頁 115；「終日不違」參見《論語·為政》，《四書章句集注·論語集注》，卷二，頁 73。

為進，孔子謂「終日不違如愚」是也。（頁11B）❹

此顏子形象亦以道家思想重新包裝，顏子之所以能達到《老子》所說「不失其所者久」，乃在於「不遷怒」、「不貳過」、「終日不違」的生命修養，「不失其所」（生命不離失根基），故能「三月不違仁」。而眾人的「以進為退」，是孟子說「其進銳，其退速」。獨顏子的「不違如愚」，是「以退為進」的表現，應證了《老子》「進道若退」的思想。王雱也特別表彰顏回，他說：

> 孔子所謂三戒，皆防氣也。門人獨顏回能專氣，故曰：「不遷怒。」氣之暴在陽，而陽之發者，莫暴於怒，於怒可以無遷，則非專氣而何？（〈載營魄〉章第十，頁108）

> 故顏子之賢，而孔子之所稱，乃在乎樂陋巷之簞瓢；然則君子之所養，蓋可知矣。今之士非乏聰明之資，而志徇其外，外重而內輕，察其天機已在肝膈之上，面目之間；去本遠矣。（〈名與身〉章第四十四，頁186）

王雱以孔子門人中，獨顏子有「專氣」的道家工夫，故能「不遷怒」。顏子的賢明在於能存察天機，而不徇志於外。輕外重內，故

---

❹　語出《孟子・盡心上》，其云：「孟子曰：『於不可已而已者，無所不已；於所厚者薄，無所不薄也；其進銳者，其退速。』」，《四書章句集注・孟子集注》，卷十三，頁509。

為「守本」之君子，此是老子修身要務，卻在顏子身上如實展現。以顏子的生命境界來說，固然可以有此氣象，但是並不能以此全面涵蓋他的生命特質。其人活潑潑的德性生命，剛健不息、純亦不已的儒者風範才是重點。或許是顏子「一簞食，一瓢飲，在陋巷。人不堪其憂，回也不改其樂。」❹的形象，較接近道家逍遙自適、自在自得的生命情調，故學者喜以其樹立範型。彼等尊顏子為「上士」、「大智」，其生命底蘊中「以退為進」、「大智若愚」、「專氣致柔」的人格修養，是道家化的結果❹。以儒家人物為老子學說的實踐者，蓋亦是孔、老會通的可能途徑之一。

第三節　以《孟子》詮解《老子》的面向

在徵引《孟子》解讀《老子》方面，首先亦是以兩書相類的字辭概念交相比附。司馬光《道德真經論》中，以「正己而物正」（〈盡心上〉）釋「我好靜而民自正」（卷三第八，頁0538）；以「畏天

---

❹　語出《論語・雍也》，《四書章句集注・論語集注》，卷三，頁117。

❹　除了顏回，司馬光：《道德真經論》解「輕諾必寡信」亦以子路為喻，他說：「故子路無宿諾。」，卷四第三，頁0540。即以子路「無宿諾」為重諾言的代表，是對子路形象的正面肯定。然而，亦有以孔門弟子為負面之形象者，如王雱：《老子注》，〈知人者智〉章第三十三中說：「自勝者，克己從道，能專氣者也。孔子曰：『根也欲，焉得剛？』不能自勝者也。」，頁162。此以孔子弟子申根為《老子》言「不能自勝者」（即不能專氣者）的形象。語出《論語・公冶長》：「子曰：『吾未見剛者！』或對曰：『申根。』子曰：『根也欲，焉得剛？』」，《四書章句集注・論語集注》，卷三，頁105。

者保其國,樂天者保天下」（〈梁惠王下〉）釋「故大者宜為下」
（卷四第二,頁 0539）❸;以「以德服人」（〈公孫丑上〉）釋「善為士
者不武」（卷四第四,頁 0540）。江澂《道德真經疏義》亦以「王者
之民,皞皞如也。」（〈盡心上〉）釋「其政悶悶」（卷十一第十二,頁
0059）;以「仁者無敵」（〈梁惠王上〉）釋「不爭而勝」（卷十三第
八,頁 0091）;林希逸《老子鬳齋口義下》以「得百里之地,可以
朝諸侯、一天下」（〈公孫丑上〉）釋「小國寡民」（〈小國寡民〉章第
八十,頁 35A）等等。凡此,皆是屬於孟、老政治思想的比附。至於
援用孟子哲學概念與老子思想互訓者,主要則是以孟子「養氣」、
「大人者不失其赤子之心」、「存心養性事天」、「養心莫善於寡
欲」與老子「專氣致柔」、「復歸於嬰兒」、「含德之厚,比於赤
子。」、「治人事天,莫若嗇。」、「不見可欲,使心不亂。」的
說法相證解。以下即就此分別加以闡述。

　　「養氣」是老子哲學中的重要概念。「養氣」是涵養精氣,使
精神充實飽滿。《老子》以赤子為例,五十五章說:「含德之厚,
比於赤子。……骨弱筋柔而握固。未知牝牡之合而脧作,精之至
也。」,赤子含有淳厚的自然之德,他雖然筋骨柔弱,拳頭卻能握
得牢固。雖然不知男女交媾之事,生殖器官卻自然勃起,這是因為
他精充氣足的緣故。精氣有助於養生,是以老子特別重視「養
氣」,在「養氣」方面,老子提出「專氣致柔」的主張。「專氣」

---

❸　邵若愚:《道德真經直解》,卷四第五中也說:「大國不過欲兼畜人,是樂
　　天者也。小國不過欲入事人,是畏天者也。孟子曰:『樂天者保天下,畏天
　　者保其國。』兩者各得其宜,故所欲居大者,不可恃強,宜為下之也。」,
　　頁 0516。此亦以《孟》、《老》合觀。

一方面是持養精氣；一方面是凝聚精氣。「專氣致柔」是養氣、集氣到最柔和、順暢的境地，如此也就能夠影響心，使心靈處在一種靜定平和的狀態。假使我們要像嬰兒赤子般的精柔氣暢，就必須有持養的工夫才行。老子學說中強調以「嗇」、「儉」的方式來保養精氣。五十九章說：「治人事天，莫若嗇。」，養身之道就在於護養精氣，「嗇」就是愛惜精力，蓄養生命能量，此實有類於《老子》「儉」❹的概念。「嗇」與「儉」皆非專指財物上的節儉，亦有不浪費、耗損精氣的意思，故引申有含藏內斂、固守能量、不肆為、不外放的義蘊❺。

　　宋代老學者輒以孟子「養氣」之說與《老子》「專氣致柔」合觀，並嘗試加以會通。王安石《老子注》說：

> 孟子言「其氣則至大至剛，塞乎天地之間。」老子乃謂「專氣致柔」，何也？孟子立本者也，老子反本者也；故言之所以異。❻

孟子言氣，以「至大至剛，塞乎天地之間。」為準，而老子又為什麼說「專氣致柔」呢？一求氣的至大剛強，一求氣的細微柔弱，好似對反矛盾。介甫乃以為孟子「養氣」乃為鞏固建立生命之大本，

---

❹　《老子》六十七章說：「我有三寶，持而保之。一曰慈，二曰儉，三曰不敢為天下先。」，《老子周易王弼注校釋》，頁170。

❺　參見陳鼓應：《老子今註今譯及評介》，分見頁266、289。

❻　〈載營魄〉章第十，頁40-41。收入《老子崇寧五注》。以下所引皆依此本，僅於引文後標示頁數，不另作註。

故求氣剛健不已的作用；而老子「專氣」則為返求回復生命之根本，故求氣柔順和暢的底蘊，兩者言論之殊異，即在於「立本」、「反本」思路之不同所致。此是將孟子「養氣」與老子「專氣」合觀，並以「立本」、「反本」的說法加以會通。其子王雱《老子注》中也說：「孟子曰：『以直養而無害，則塞于天地之間。』此則和氣也。在彼則稱其浩，在此則稱其和，所稱則異，而氣一也。」（〈含德之厚〉章第五十五，頁 206），更直接以赤子「淳和之氣」與孟子「浩然之氣」是一，故言「在彼則稱其浩，在此則稱其和，所稱則異，而氣一也。」。細觀王雱詮解「專氣致柔，能如嬰兒乎？」，更能清楚析理出其欲融攝孟、老論氣之說的心思，他說：

> 人生有三：曰精、曰神、曰氣；精全則神全，神全則能帥氣矣。神衰而不足以帥氣，則氣作不常；使人陷於非道。孟子曰：「志者，氣之帥也。」……神不能專氣，則喜怒哀樂唯氣所為，沉陷越佚，理固然也。（〈載營魄〉章第十，頁 28）

「專氣致柔」，是專注凝聚「氣」到最柔和平順的樣子，「氣柔」即是生命力極其寧靜安定，彷若嬰兒赤子一般，是保養回復到人初生時生理血氣柔和、不妄作的狀態，如此便能精充氣和。王雱在此主張「以神帥氣」，並引《孟子》來推衍其說。孟子所言：「以志帥氣」[47]，是以「志」來決定「氣」的方向，「志」是本，「氣」

---

[47]　《孟子·公孫丑上》說：「夫志，氣之帥也；氣，體之充也。夫志至焉，氣

是末，本末相互交養，所以當一面持其志，一面毋暴其氣。然而，就孟子而言，「志」是「心之所之」，其不僅在心上確立道德創造的方向，也更在「氣」上開出道德實踐的力量，此即是其所謂「浩然之氣」❹。此「浩然之氣」是「至大至剛」、「直養無害」、「配義與道」、「集義所生」，便宣示著此生命之氣的發動，並非盲目無根的蠢動，而是以「志」為決定的方向，而此「志」是道德的志向，是天地的正理。因此，孟子「養氣」之說顯然與老子「專氣致柔」的思路有著很大的殊異。葉夢得《巖下放言》中的一段話，也企圖調合孟、老論氣之說：

> 老氏論氣，欲專氣致柔如嬰兒；孟子論氣，以至大至剛，直養而無害，充塞乎天地之間。二者正相反。從老氏則廢孟子，從孟子則廢老氏。以吾觀之，二說正不相反。人氣散之則與物敵而剛，專之則反于己而柔。剛不可以勝剛，勝剛者必以柔，則專氣者乃所以為直也。直養而無害於外，則不惟持其志，毋暴其氣者，當如曾子之守約，約之至積而反於

次焉。故曰：『持其志，無暴其氣。』」，《四書章句集注·孟子集注》，卷三，頁318。

❹ 《孟子·公孫丑上》說：「『敢問夫子惡乎長？』曰：『我知言，我善養吾浩然之氣。』『敢問何謂浩然之氣？』曰：『難言也。其為氣也，至大至剛，以直養而無害，則塞于天地之閒。其為氣也，配義與道；無是，餒也。是集義所生者，非義襲而取之也；行有不慊於心，則餒矣。』」，《四書章句集注·孟子集注》，卷三，頁318-319。

微，則直養者乃所以為柔也。故知道之至者，本自無二。㊾

一般人以為孟、老論氣正相反，故「從老氏則廢孟子」、「從孟子則廢老氏」，葉氏看法與之不同，提出「二說正不相反」的觀點。首先以「人氣散之則與物敵而剛，專之則反于己而柔。」的說法，論述「氣剛」乃在於對應外物而與物為敵所致，此時氣散。若與外物無對，氣凝聚專注則能返己而柔，此時氣專。進一步以「剛不可以勝剛，勝剛者必以柔。」的論點來融攝剛、柔二氣，闡述「正反相合」、「剛柔相濟」的道理。最後圓融點出「則專氣者乃所以為直也」、「則直養者乃所以為柔也」。此以為老子「專氣致柔」，是孟子養氣的正當方法，以柔養便能使至剛之氣不暴亂妄作。故「至剛之氣」與「致柔之氣」相互依存、一體兩面，因此得出「道之至者，本自無二」的結論。細察孟子「養氣」之說的理脈，在「以志帥氣」、「直養無害」、「配義與道」、「集義所生」，最後養成一股浩然正氣。此與葉氏言「專氣者乃所以為直」、「直養者乃所以為柔」的說法是有一些差距，此間消融了孟子「養氣」說

㊾　焦竑：《老子翼》（臺北：廣文書局，1962 年 7 月），卷七〈附錄〉，頁 34A-34B。《嚴下放言》（文淵閣四庫全書。臺北：新文豐出版公司，1983 年 6 月）所載與焦竑所引文字稍異，但不影響文意，其言：「老氏論氣，欲專氣致柔如嬰兒；孟子論氣，以至大至剛，以直養而無害，則塞乎天地之間。二者正相反，老氏孟子俱可與，皆至于聖人之室也。從老氏則廢孟子，從孟子則廢老氏。以吾觀之，二說正不相妨。人氣散之則與物敵而剛，專之則反于己而柔。剛不可勝，勝剛者必以柔，則專氣者乃所以為直也。直養而無害于外，則所謂持其志，無暴其氣者，當能如曾子之守約，約之積而發于微，則直養者乃所以為柔也。故知道之至剛者，本自無二。」，頁 863-725。

的道德意涵而趨向老子學說的新解，也是葉氏企圖融通孟、老氣論的結果。

《宋徽宗御解道德真經》中也試著會通：

> 故氣專而致柔。孟子曰：「蹶者趨者是氣也，而反動其心。」心不足以專氣，則氣有蹶趨之不正，而心至於僨驕不可係。……孟子曰：「其為氣也，至大至剛，以直養而無害，則塞乎天地之間。」老氏之專氣則曰致柔，何也？剛以行義，致柔以復性，古之道術無乎不在。（卷一第十九〈載營魄〉章第十，頁0792）

御注以「剛以行義」、「致柔以復性」的說法，闡明孟、老何以各有「養氣」、「專氣」的主張。氣不能專，妄作暴亂就會影響到心，所以說「則氣有蹶趨之不正，而心至於僨驕不可係。」。因此，「剛以行義」就必須以「致柔復性」為本。江澂《道德真經疏義》中則更清楚地以「氣之本」、「氣之用」疏解御注此意，他說：

> 孟子言至剛，主行義，言之論，氣之用也；老氏言致柔，主復性，言之論，氣之本也。（卷三第六〈載營魄〉章第十，頁0768）

此是以「氣之本」、「氣之用」來安頓徽宗所說「柔以復性」、「剛以行義」的關係。江澂以為孟子至大至剛之氣，是屬於氣的發

用，生命一旦與外物交相接搆，乃是踐仁行義的不容已。因此，氣的生發是一股至大至剛、不能衰頹委縮的道德勇氣。而氣的本源質性則是柔順和諧的底蘊，「致柔以復性」即是返本，是回復生命本真的樣態。江澂以「氣之本」、「氣之用」來融通「專氣」、「養氣」，蓋是針對御注說法的進一步發揮。

除此之外，學者們又特喜以孟子「大人者，不失其赤子之心。」與老子「復歸於嬰兒」、「含德之厚，比於赤子」相證解，茲大致列舉如下：

> 嬰兒含和守一，欲慮不萌，性之本真，渾而未散。德厚之至，乃同於初。若然者，可名於大矣！孟子曰：「大人不失其赤子之心。」（王雱《老子注》，〈知其雄〉章第二十八，頁 152-153）

> 孟子曰：「大人者，不失其赤子之心者也。」言其雖已交物，而不忘其初也。（程大昌《易老通言》，卷上〈載營魄〉章第十，頁 30A）

> 若嬰兒之未孩，則孩也者，又嬰兒之稚者也。孟子曰：「大人不失赤子之心」者也。則赤子也者，取其方為嬰兒，而真淳猶為未散者也。百姓既注其耳目，而聖人遂求有以復其赤子之初。（程大昌《易老通言》，卷下〈聖人無常心〉章第四十九，頁 3A）

氣和而不暴,性醇而未散,嬰兒也。孟子曰:「大人者,不
失其赤子之心。」(《宋徽宗御解道德真經》,卷二第十一〈知其
雄〉章第二十八,頁 0809)

含德之厚,不遷於物,則氣專而志一。孟子曰:「大人不失
其赤子之心。」(《宋徽宗御解道德真經》,卷三第二十五〈含德之
厚〉章第五十五,頁 0828)

蓋嬰兒氣志專一,故和而不暴。欲慮未充,故醇而未散。惟
德與性合而不離,故復歸於嬰兒也。孟子所謂「大人不失其
赤子之心」與此意同。(江澂《道德真經疏義》,卷六第十九〈知
其雄〉章第二十八,頁 0823)

氣專志一,則常德不離,復歸於嬰兒矣。此孟子所以稱「大
人不失赤子之心。」(江澂《道德真經疏義》,卷十第二十九〈含德
之厚〉章第五十五,頁 0049)

「大人者,不失其赤子之心者也。」❺⓪,是說成德的君子,不可亡
失赤子純真的本心。大人之所以稱其為大,乃在於不為紛紜外物誘
引而放失其心,故能存全純一無偽、自然渾樸的本真❺①。學者往往

---

❺⓪ 語出《孟子·離婁下》,《四書章句集注·孟子集注》,卷八,頁 409。
❺① 朱子注文中即說:「大人之心,通達萬變;赤子之心,則純一無偽而已。然
大人之所以為大人,正以其不為物誘,而有以全其純一無偽之本然。是以擴
而充之,則無所不知,無所不能,而極其大也。」,《四書章句集注·孟子

以此與《老子》「復歸於嬰兒」、「含德之厚，比於赤子」文意相通。老子學說中以嬰兒、赤子為純真質樸的象徵，聖人具有深厚修養，其能含和守一、欲慮不萌，雖已交物，亦不忘其初。其能常德不離、不遷於物、氣專志一、和而不暴，時時歸純反素、見素抱樸，彷若赤子嬰兒。此乃是就孟老最高修養境域的融通，這樣的合觀，若不去考慮孟子「不失赤子之心如何可能？」的工夫路數問題，殆亦能達到彼此相互發明的效果。

除此之外，又有以《孟子》「存心養性事天」❺²一命題詮解《老子》者，蘇轍《老子解》中說：

> 孟子曰：存其心，養其性，所以事天也。以嗇治人，則可以有國者是也。以嗇事天，則深根固蒂者是也。古之聖人，保其性命之常，不以外耗內，則根深而不可拔，蒂固而不可脫，雖以長生久視可也。蓋治人事天，雖有內外之異，而莫若嗇，則一也。（卷四，頁3A-3B）

本章重點在論「嗇」為「治人事天之道」。子由說：「以嗇治人，則可以有國者是也。」、「以嗇事天，則深根固蒂者是也。」，前者主外是言治國之道，後者主內是言養生之道，以「治國養生」為「治人事天」，故說「蓋治人事天，雖有內外之異，而莫若嗇，則

集注》，卷八，頁409。

❺² 語出《孟子·盡心上》，其云：「盡其心者，知其性也。知其性，則知天矣。存其心，養其性，所以事天也。殀壽不貳，修身以俟之，所以立命也。」，《四書章句集注·孟子集注》，卷十三，頁489。

一也。」。可見得子由乃以「養生」詮解「事天」❺❸，故援引孟子「存其心，養其性，所以事天也。」發揮老子「事天」之意。實際上，孟子「存心養性事天」的義蘊，乃在於彰顯人的四端之心，充盡良知良能的本性，而至於道德心性主體的拔卓挺立。在日常生活裏，透過不間斷的道德實踐，剛健不息地由物欲追逐的感性放縱中超拔而出。進而能上體道德天理，嚮往超越的道體，冀望主體生命與之契應。道家的保養天賦本性，雖亦可從「存心養性」說，然其主要在於保存空靈明覺的本心，蓄養天賦自然純樸的本性。重要的是，需以「嗇」的方式來存養，故特別強調精神上的培蓄能量、厚藏根基，以及充實生命力。此中並無關涉乎仁義四端、良知良能等存養擴充的問題。故此互訓所造成的義理滑失，顯而易見。王雱亦引此說解《老》：

> 治人在乎正己，事天在乎盡性；此兩者，一於嗇而已。葆其精神，不以外耗，內者嗇也。……唯嗇也，故能全吾所受命於天，而不多費於妄作。然則，性其有不盡者乎！己其有不正者乎！孟子曰：「盡其心，知其性，所以事天也」。蓋全其初之所命，則天心得矣。人則與我同其所受者也，我誠

---

❺❸ 林希逸：《老子鬳齋口義下》解〈治人事天〉章第五十九中說：「治國者如此，養生者亦如此，養生而能嗇，則可以深其根固其柢，可以長生，可以久視。」，頁 19A。此亦是以「治國養生」釋「治人事天」。嚴靈峯：《老子達解》（臺北：華正書局，1983 年 8 月）解「治人事天，莫若嗇。」中說：「言治理人民，保養天賦，莫過於愛惜精氣。」，頁 313。其以「事天」為「保養天賦」，亦是以「養生」論「事天」。

全，則同者應矣。其於治也，何有哉！（王雱《老子注》，〈治
人事天〉章第五十九，頁216）

王雱直接以「正己盡性」為「治人事天」，是重視個人一己內在的
工夫修養。重點在於以「嗇」保養精神，不使其外耗，故不多費於
妄作。終極關懷是「全其初之所命」，也就是存全天賦的本性。故
王氏舉孟子「盡心知性事天」以加強「正己盡性」（治人事天）的意
義，最後則主張將個人修身之道推擴出去以治理天下。此直接以
「治人事天」為修養心性的意思，並與孟子「盡心知性事天」相比
況，與前述子由以「治人事天」為「治國養生」的說法雖稍有殊
異，然理路大致相同❺。
　　除此之外，又有以《孟子》「養心莫善與寡欲」（〈盡心下〉）
與《老子》「不見可欲，使心不亂」互訓：

> 世之言欲者有二焉：有可欲之欲，有不可欲之欲；若孟子
> 「可欲之謂善」，若目之於色，耳之於聲，鼻之於臭，是不
> 可欲之欲也。（王安石《老子注》〈不尚賢〉章第三，頁29）

---

❺ 宋徽宗解《老子》「夫物芸芸，各歸其根」時曾說：「盡性則至於命」。江
　澂則進一步引《孟子》「養性事天」、「修身立命」疏解御注「盡性則至於
　命」，並以此為老子「歸根」之意。《道德真經疏義》，卷四第十六解〈致
　虛極〉章第十六中即說：「孟子論盡心之道，始言養性事天，終言修身立
　命，則盡性至命可知也。能明乎此，其於達萬物之理，特觀復者之餘
　事。」，頁 0789。「歸根」即王雱所說「全其初之所命」，故理路實亦相
　近。

　　民失其性，不夸於名，則溺於利；尚賢名也，貴貨利也。孟
　　子曰：「養心莫善於寡欲。」故舉是二者，以見吾不示之所
　　欲得，則烏有亂其心者哉？（葉夢得《老子解》，卷上〈不尚賢〉
　　章第三，頁 2A-2B。）

　　多知為敗，故使民無知。「養心莫善於寡欲」，故使民無
　　欲。（江澂《道德真經疏義》，卷一第二十四－二十五〈不尚賢〉章第
　　三，頁 0748。）

王安石以「欲」分為「可欲之欲」與「不可欲之欲」。孟子的「可
欲之謂善」，屬於「可欲之欲」，「欲」而能說「可」，是良知的
認可，是道德規範下的認可，故言善。而「不可欲之欲」則是生理
感官之欲，如：「若目之於色，耳之於聲，鼻之於臭」等。以王氏
的說法，老子的「不見可欲」與孟子的「可欲之謂善」有別，是屬
於「不可欲之欲」，故應減損到最低。因此，老學者遂以孟子「養
心莫善於寡欲」與老子「不見可欲，使心不亂」合觀。葉氏以為人
民之所以失性，在於夸名、溺利，因為尚賢名、貴貨利，在欲望交
纏之中，心就會惑亂迷失，為了避免失性、亂心，因此要「寡
欲」。孟子「養心莫善與寡欲」，以減少欲念為修養心性最好的方
法，便得以在此與老子學說合觀。江澂則直接引此解老子「使民無
欲」之說。老子非禁欲者，以「無欲」為「寡欲」，蓋亦能回應其
十九章「少私寡欲」❺的說法。「寡欲」是儒道思想的共法，以此

---

❺　《老子周易王弼注校釋》，頁45。

會通並無問題。

第四節　結　語

在老子學發展的漫漫長河裏，唐末陸希聲《道德真經傳》中，即已提出孔老旨歸並行不悖的論點，對於儒道互補互證的學術範型，可謂為先例❺❻。其於《道德真經傳序》中說：

> 仲尼闡五代之文，以扶其衰；老氏據三皇之質，以救其亂，其揆一也。蓋仲尼之術興於文，文以治情；老氏之術本於質，質以復性。性情之極，聖人所不能異；文質之變，萬世不能一也。《易》曰：「顯諸仁」，以文為教之謂也。文之為教，其事彰，故坦然明白。坦然明白則雅言詳矣。《易》曰：「藏諸用」，以質為教之謂也。質之為教，其理微，故深不可識。深不可識則妄作者眾矣。❺❼

陸氏的看法，乃以為孔老道理是一致的。一者扶其衰，一者救其亂。仲尼重文教，文以治情；老氏重質教，質以復性。並以《易》

---

❺❻　盧國龍：《宋儒微言》（北京：華夏出版社，2001 年 4 月），附錄一〈陸希聲的《道德真經傳》〉中就說：「從陸希聲到北宋時的這些學派，間隔一個半世紀，未必有學術上的源流關係，北宋諸儒也不稱引其說，但就新型的儒道互補的學術範型而言，陸希聲確實可以作為北宋學術的一個先例。」，頁193。

❺❼　《道德真經傳》（《正統道藏》第二十冊），〈序〉第一，頁 0301。

「顯諸仁」、「藏諸用」分別孔老教義表現方式的不同。孔子重文教，其事彰，故坦然明白，雅言詳矣，是「顯諸仁」；老子重質教，其理幽微深奧，故深不可識，是「藏諸用」。陸氏老學思想中相當重要的一個問題意識，即是孔老並行、儒道為一❺❽。身處唐末之際，陸氏的思想對唐代老學者的影響較小。到了宋代，則以其孔老相合的觀點為注《老》的主要課題，此對於儒、道關係的再認識，可謂進入一個全新的階段❺❾。

因此，「援儒入《老》」以求儒道融攝的義理趨向，是兩宋老子學的一個重要解讀視域。蘇轍《老子解》跋文中，東坡說：「使漢初有此書，則孔老為一。」❻⓪；王安石〈論老子〉中也說：「如

---

❺❽ 《道德真經傳》卷一第十九中說：「學者能統會其旨，則孔老之術不相悖矣。」，頁 0312；卷一第二十：「可知老氏之術焉有不合於仲尼者。」，頁 0312。此以孔老並行、孔老相合，蓋是老子學中「儒道交涉」的重要發端。

❺❾ 關此，可參見《宋元老學研究》第二章第三節「孔老關係之再認識」，頁 39-45；何建民《道家思想的歷史轉折》（武昌：華中師範大學出版社，1997 年12 月），下編第九章〈孔老之術不相悖〉，頁 399-436。

❻⓪ 《老子解》卷四跋文中說：「政和元年冬，得姪邁等所編先公手澤，其一曰：子由寄《老子新解》，讀之不盡，廢卷而歎：使戰國有此書，則無商鞅；使漢初有此書，則孔子、老子為一；使晉宋間有此書，則佛、老不為二。」，頁 25B-26A。劉惟永：《道德真經集義》（《正統道藏》第二十三冊），卷一第一、第二引石潭語曰：「『《老子》之解多矣，以學儒者解之，多以儒之所謂道者言之，若程泰之、林竹溪之類是也。以學釋者解之，多以釋之所謂性者言之，如蘇穎濱（轍）、本来子之類是也。皆不得其本意。蓋儒者之所謂道，乃日用常行事物中之道，而老氏則以虛無自然者為道，豈可強以合之於儒。釋氏之所謂性者，乃露保保赤灑灑之性，老氏之所謂道者，乃形神俱妙之道，豈可強而合之於釋。』」，頁 0613-0614。此說透顯出時人「援儒入《老》」、「援佛入《老》」的詮解趨向。

其廢轂、輻於車,廢禮、樂、刑、政於天下,而坐求其無之為用也,則亦近於愚矣。」(頁 22),其以為治理天下不能只求道家「無」的作用,而放棄儒家的「禮樂刑政」。這就好比車子不能廢掉轂、輻一樣,儒道互濟互成的思維傾向,相當明顯;除此之外,程大昌《易老通言》,亦認為《老》語皆《易》所出,借《易》、《老》相通,言孔老不二,對儒道關係的理解達到一種新的理論高度。唐君毅《中國哲學原論·原道篇》中曾說:「然宋人如司馬光、王安石、蘇轍、呂惠卿之老子注,併以儒道之義,未嘗相妨。」❻,即清楚明示出宋代以儒家觀點詮釋老子思想的面向,蓋為其時老子學多元發展的鮮明特徵之一。

因此,本章在研究進路上,即首先彰明以《論語》、《老子》相類的字辭語句交相比附的部分,以達到孔老的相互發明。如以「仁者必有勇」釋「慈故能勇」;以「其身正,不令而行」釋「行不言之教」;以「一以貫之」釋「知者不博」等。而在援引《論語》篇章詮解《老子》方面,以孔子說:「天何言哉?四時行焉,百物生焉,天何言哉?」、「朝聞道,夕死可矣!」最多見。「天何言哉?」章因為別具形上況味,學者們特別喜歡援用以加強發揮《老子》道體的義理內蘊。又因「無言」字辭的使用,亦多將其與《老子》「多言數窮」、「不言而善應」、「不言之教」相指涉。「朝聞道」章,則用來闡釋《老子》「死而不亡者壽」、「上士聞道」的意義。除此之外,也喜歡提舉孔門弟子為奉行老子學說者。

---

❻ 《中國哲學原論·原道篇》(臺北:臺灣學生書局,1986 年 10 月),卷一,頁 290。

眾多弟子中，顏回形象最受青睞，其「以退為進」、「大智若愚」、「專氣致柔」的人格修養乃是玄化下的結果。以老子思想在顏子身上如實展現，蓋亦是儒道會通的途徑之一。徵引《孟子》詮釋《老子》方面，則首先亦以相類的字辭概念加以附會。如以「正己而物正」釋「我好靜而民自正」；以「以德服人」釋「善為士者不武」；以「仁者無敵」釋「不爭而勝」等。而在援引孟子哲學概念與老子思想互訓者，主要是以孟子「養浩然之氣」、「大人者不失其赤子之心」、「存心養性事天」、「養心莫善於寡欲」，分別與老子「專氣致柔」、「含德之厚，比於赤子」、「治人事天，莫若嗇」、「不見可欲，使心不亂」等說法相證解，藉以達到孟老思想的融攝貫通。凡此相關論述，蓋能對宋代老子學中「以儒解《老》」的整體輪廓，提供一條更清晰的觀察路徑。

第四章　援引心性思想詮解《老子》的義理向度

第一節　問題的提出

　　在構織宋代老子學「援儒入《老》」的具體圖象中，除了直接節錄儒家經典文獻以詮解《老子》的義理向度之外，宋代理學中的心性之學與老子學的交相關涉，當亦是一個值得注意的重要範疇，其間談心論性的議題，當是彼此相互溝通的一個重要橋樑。本章研究對象即鎖定在蘇轍、王雱的注《老》解《老》之上，蓋因兩人係屬同一時期的儒家學者❶，又具有理學家背景的特殊身分，故其在詮註《老子》的過程當中，很難不受到個人理學思維所影響。因此，主要論述焦點，乃在於用心勾勒兩人老學思想中心性學說的內涵，藉此細部微觀的視野，說明他們如何將心性之學植入老學中。

---

❶　蘇轍生卒年為公元 1039-1112 年，享年 74 歲；王雱生卒年則為公元 1044-1076 年，享年 33 歲。參見麥仲貴著：《宋元理學家著述生卒年表》（香港：新亞研究所專刊之三，1968 年 9 月）。蘇轍僅長王雱五歲，係屬同一時期之人。

而「心性之學本是宋代儒學復興中最新穎與最突出的一環」❷，故由此所觀察出宋代儒學與老學彼此交涉的情況，自無爭議的餘地。

蘇轍《老子解》中極言「復性」之說，而「復性」最直接的途徑，就是「去妄」一路。因此，「如何能去妄復性？」便成為其《老子解》的基源問題，所有理論的建立皆指向這個問題的中心，子由即藉此勾勒其老學思想中心性學說的大致輪廓。而王雱則更進一步，在其《老子注》中大量申述性理學說的觀點，其由不同角度提點了「復性」、「盡性」、「定性」、「澄性」種種工夫入路之後，面對欲望隨時妄作的形軀生命，就此也有了實踐用功的方向。因此，若能時時「復其本性」、「盡其本蘊」，專注於「凝定」之功，用力於「澄治」之效，則能於動靜俯仰之間自在自得，從心所欲而不失其真。王雱最後提出的「足性」、「暢性」之說，則是在人性得以安立之後的最高理境。蘇轍、王雱兩人面對「失性」的可能危機，皆能自覺地反省，並企圖針對人性的安立及其發用的種種問題，提出一些心主體的工夫修養之道。凡此，對於宋代老子學中援引心性思想詮解《老子》的義理方向與角度，當能開啟一個觀察的視窗，而有十足發揮的餘地。

因此，在宋代老子學「援儒入《老》」的解讀視域中，抉發蘇轍《老子解》、王雱《老子注》中的性理思想，當是不容忽略的學

---

❷　參見余英時：《歷史與思想》（臺北：聯經出版事業公司，1977 年 7 月），〈從宋明儒學的發展論清代思想史——宋明儒學中智識主義的傳統〉一文，頁 89-90。

術課題❸。種種性理思想的鋪排推衍，顯示出兩人以為老子學說論性之肯切，他們的解《老》注《老》，一方面明顯受到當時理學家性理思潮所波及，另一方面佛禪思想中談心論性的風行流衍，當然也是不能排除的因素之一。關於佛禪心性學說的影響部分，業已得到學者較多關注，累積不少研究成果❹，此處不擬再述，僅將重點收束在理學與老學的交涉面向上。通觀《老子》五千言，原無一「性」字出現，其學說的重點，多在形上旨趣的發揮，最後應用到現實政治、社會問題的解決，對於人性主體的自覺性關注明顯較少❺。然而，蘇轍、王雱解《老》注《老》之中，卻極力發揚性理學

---

❸ 《中國老學史》第六章〈宋元時期的老學〉，宋代部分僅專節論述王安石、蘇轍、朱熹三人。王雱《老子注》顯然沒被重視，而蘇轍《老子解》雖被提及，亦僅闡述「論道的性質」、「論對道的認識」兩個向度，因此他們解《老》注《老》中的性理思想仍有待開發。故本章以蘇、王二人為研究重心，亦是出於此詮解面向被忽略的一種動機。

❹ 尹志華：〈從老學史看「六經注我」的詮釋方法〉中即說：「詮釋者本人的知識結構，也是影響其理解《老子》主旨的重要因素。比如，《老子》原文無一『性』字，北宋王雱、蘇轍卻認為《老子》的主旨是『復性』。王雱說：『老子之言，專於復性。』蘇轍說：『道之大，復性而足。』他們之所以如此重視『復性』，與他們精通佛教有很大的關係。他們對『性』的認識，深受佛教禪宗影響。……王雱、蘇轍二人的觀點，與慧能的說法如出一轍。」，頁 63。收入劉笑敢主編：《中國哲學與文化》第五輯：「六經注我」還是「我注六經」；尹氏在其《北宋《老子》注研究》（成都：巴蜀書社，2004 年 11 月）第六章〈三教融通論〉中，亦有「性論中的佛教影響」一節，專門討論北宋一些《老子》注家論性之觀點，所受佛教的影響，頁 215-217；此外，劉固盛：《宋元老學研究》第五章〈虛寂之道：宋元老學中的佛禪旨趣〉中，對此議題亦多所涉獵，頁 178-181。

❺ 《老子》五千言中不言「性」，言「心」則有數處，「心」字出現如下：第

說，將《老子》一書轉化成為心性之學。事實上，談性理無可避免
的必然會關涉到心，因為對應外物的是心，主體的工夫實踐也是在
心上落實，故談性必然連帶論心，性理思想其實就是心性思想的內
容。本章對於心性思想的多方論述，顯示出儒家性理之學對於老子
學潤澤影響的痕跡，而針對兩位儒者注《老》解《老》中，心性思
想內涵的建立，當亦足以印證學者所說的，兩宋時期以心性學說詮
註《老子》，是老子哲學思想解釋的一大突破❻。以下的論述推
衍，即可透視出心性學說在宋代老子學中的精彩表現。

第二節　蘇轍《老子解》的性理思想

一、「復性歸道」的宗趣旨歸

　　勞思光以為一切個人或學派的思想理論，根本上必是對某一問
題的答覆或解答，理論上一步步的工作，不過是對那個問題提供解
答的過程。如果能找到這個問題，就可以掌握理論的總體脈絡，此
問題即是所謂「基源問題」。因此，透過理論的還原，從許多論證

三章「不見可欲，使民心不亂。」、「虛其心，實其腹。」；第八章「居善
地，心善淵，與善仁。」；第十二章「馳騁畋獵令人心發狂。」；第二十章
「我愚人之心也哉！」；第四十九章「聖人無常心，以百姓心為心。」、
「為天下渾其心」；第五十五章「心使氣曰強。」等等，《老子周易王弼注
校釋》，分見頁 8、20、28、47、129、146。

❻　劉固盛：〈《老子》哲學思想解釋的三次突破〉（《海南師範學院學報》第
　　13 卷總 47 期，2000 年第 1 期），頁 31-36。

中反溯其根本意向之所在，就可以明白「基源問題」應如何表述❼。以此方法為研究入路，當我們逐一檢視分析子由《老子解》中的理論脈絡時，可以清楚找到一個根本意向，那就是通篇一再出現的「復性」之說，而「復性」最直接的工夫實踐，就是「去妄」一路。因此，「如何能去妄復性？」這個問題意識，當可視作《老子解》的基源問題，所有理論的建構皆指向這個意旨的中心。誠如《老子解》中說：「妄盡而性復，雖欲指不善不可得也。」❽、「去妄以求復性，其性愈明。」（卷二，頁 16B）、「復性者也，諸妄已盡。」（卷二，頁 17A），可見得「去妄復性」乃是子由解《老》中所一再強調的根本意向。

　　蘇轍解《老》中極言「復性」❾，《老子》十四章：「視之不見名曰夷，聽之不聞名曰希，搏之不得名曰微，此三者不可致詰，故混而為一。」❿，原是描述渾淪一體的形上道體為感官知覺所不能經驗，其「視之不見」、「聽之不聞」、「搏之不得」，所以說

---

❼　所謂「基源問題研究法」，是以邏輯意義的理論還原為始點，逐步反溯其根本意向所在。根本意向發現了，配合一定材料，我們即可以明白基源問題應如何表述。參見勞思光：《新編中國哲學史（一）》，〈序言〉，頁 14-17。

❽　參見蘇轍：《老子解》（《無求備齋老子集成·初編》），卷四，頁 5B。本章以下所引皆依此本，僅於引文後標明卷數、頁數，不另作註。

❾　子由解《老》卷二中說：「見素抱樸，少私寡欲，而天下各復其性。」，頁 3A；卷一中說：「惟復於性而後湛然常存矣。」，頁 23A；卷一中說：「人偽已盡，復其性也。」，頁 20A；卷一中說：「不以復性為明，則皆世俗之智。」，頁 23A；卷二中說：「（聖人）蓋亦知復於性，是以乘萬物變而不殆也。」，頁 21B，此可見「復性」之說，是其解《老》中很重要的問題意識。

❿　《老子周易王弼注校釋》，頁 31。

它：「不可致詰」。蘇轍解讀為：

> 所謂一者，性也。三者，性之用也。人始有性而已，及其與
> 物搆，然後分裂四出，為視為聽為觸，日用而不知反其本，
> 非復混而為一，則日遠矣。（卷一，頁17B）

此是以「性」的概念來闡釋老子的「道」，並進一步說明「性」之
所以迷妄的緣由，就在於「與物為搆」，然後「分裂四出」，陷落
在物欲的奔競追逐之中，而不知返歸道本。因此，「復性」實即
「歸道」。此當是回應其基源問題的根本意向，而直以「性」為
「道」的論說；又，二十五章「有物混成，先天地生。」，主要亦
是針對形上天道的論述，蘇轍則解為：

> 夫道非清非濁，非高非下，非去非來，非善非惡。混然而成
> 其體，於人為性，故曰：有物混成。此未有知其生者，蓋湛
> 然常存，而天地生於其中耳。（卷二，頁12B）

此中所言「混然而成其體，於人為性」，亦是將「道體」與「人
性」合一的例子，是說渾然一體的形上之道，一旦分化落實於形器
世界，其內化於人之中即為人之性，此中道、性一貫的主張相當清
楚。此類觀點所在多有，如其云：

> 蓋道無所不在，其於人為性，而性之妙為神。言其純而未
> 雜，則謂之一。言其聚而未散，則謂之樸，其歸皆道也。

（卷一，頁 11B）

　　樸，性也。道常無名亦不可名矣。（卷二，頁 21A）

言下之意，透顯出子由以「性」合「道」的詮解趨向。就形上之道渾淪一體、純而未雜的特性而言，可謂之「一」。然而，其一旦流衍分散至現象世界時，則為「多」、「雜」，道的整體、渾樸於是被割裂，而在人性的表現上，也確實有可能在樸散之後，走向迷妄一途。因此，子由乃從道所賦予人性本始的純樸不雜、湛然神妙立論，要人在對應外物之時，刻刻警醒自己保有純樸本性，故而反復申說「復性歸道」的宗趣旨歸。「道」在人身上的表現就是「性」，就人而言，只要復歸其性，就是合乎「道」。因此，他說：「道之大，復性而足。」（卷四，頁 13A）此中關於「復性」即「歸道」的提點，將「天道」、「人性」密切縮合的說法，在《老子》十六章「歸根復命」❶❶的概念中，或亦隱含有「復性歸道」的理論思維❶❷，但是《老子》文本中究竟沒有明說，子由將其顯題化

---

❶❶　十六章說：「致虛極，守靜篤，萬物並作，吾以觀復。夫物芸芸，各復歸其根。歸根曰靜，是謂復命。」，王弼注曰：「歸根則靜，故曰『靜』。靜則復命，故曰『復命』也。復命則得性命之常，故曰『常』也。」，同前註書，頁 35-36。

❶❷　針對「歸根復命」一說，學者多以「歸根」為「體道」、「歸道」，「復命」為「復性」。相關細節參見陳鼓應《老子今註今譯及評介》，頁 111-113。徐復觀在《中國人性論史・先秦篇》第十一章〈文化新理念的開創──老子的道德思想之成立〉中，即以為《老子》雖然沒有性字出現，但仍有心性論，其「道德」之說，亦有心性論之端倪。徐氏以為《老子》思想「體

並且多所闡釋發揮,是其解《老》的重要特色之一。

范應元《老子道德經古本集註》中,即曾針對子由解《老》特別強調「復性」的觀點加以質疑,他說:

> 蘇(蘇轍)曰:「苟未能自復於性,雖止動息念以求靜,非靜也。故歸根,然後為靜。」愚伏讀老氏此《經》,惟言心,未嘗言性,而子由註此《經》,屢言性,何也?《易·繫》曰:「一陰一陽之謂道,繼之者,善也,成之者,性也。」《語》曰:「性相近也,習相遠也。」《中庸》曰:「天命之謂性。」自是而下,言性者紛紛,故諸儒因孟軻性善之說,有復性之論⓭。

范氏從《周易·繫辭傳》、《論語》、《中庸》中找出性說的理論

道」的要求,實同於後來儒家所謂「復性」。不過儒家的性,是表現人生價值的道德;復性,乃是把握此道德的主體。而道家的德,是提供人生以安全保證的虛、無,他的復性,乃在守住此虛無的境界與作用,頁327-340。

⓭ 范應元:《老子道德經古本集註》(《無求備齋老子集成·初編》),頁31A-31B。范氏接著亦有評述,其曰:「然原堯之授舜曰:『允執厥中』,老氏亦有『不如守中』之語。舜之授禹曰:『人心惟危,道心惟微,惟精惟一,允執厥中。』」,亦不言性。所謂道心,即本心也。常虛常靜,能應万事,而不失其正者也。惟其虛靜,故微妙而難明。當於其通處明之,則得之矣。」,頁31B。此中結合《尚書》,將老子「不如守中」與《尚書》「允執厥中」合觀,說明「中」即本心。並以十六字箴言:「人心惟危,道心惟微,惟精惟一,允執厥中。」中的「道心」為虛靜之本心,故推論出「道心」即「本心」。范氏以此理解《老子》「歸根復命」之說,並對顯出子由「復性」一說之失當。

源頭，藉以證明儒者論性乃是思想重點之所在。其又以為孟子揭櫫「性善」之後，遂多有「復性」之說，此原為儒者心性論的基調，亦是宋明理學家論性的集體共識❶。蘇轍以一儒者身分，其所執「復性」主張，應是接續此一儒家傳統，並將之體證於老子學說之上。對於儒者「復性」之說，唐代李翱〈復性書〉當可作為代表，其中即結合《易傳》、《中庸》闡述性理思想，實亦開啟往後宋儒尊崇《易傳》、《中庸》的風氣。李翱在〈復性書〉中提出所謂聖、凡之異，主要在於聖人能歸復其善性，而一般人則是「以情惑性」，其所以不能復其善性的原因，全在於「妄情」的干擾與迷惑。聖人滅息「妄情」，排除物欲的昏潰人心，一心一意求使本性清亮明澈，遂可「盡人之性」、「盡物之性」，最後達到「至誠」境界，以至於「參贊天地之化育」。因此，李翱「復性」是恢復「至誠」的「善」的本性，此是屬於儒家義理血脈下的深刻發揮❶。細察子由解《老》「復性」之內在理蘊，或與儒家思想骨幹殊

❶　蘇轍之後，朱熹亦有「復性」之說。其在《大學章句序》中言：「蓋自天降生民，則既莫不與之以仁義禮智之性矣。然其氣質之稟或不能齊，是以不能皆有以知其性之所有而全之也。一有聰明睿智能盡其性者出於其間，則天必命之以為億兆之君師，使之治而教之，以復其性。」，即提出「復性」的主張，《四書章句集注·大學集注》，頁 1。關於理學家討論心性的範疇，在宋代理學的思想體系中是一個很重要的焦點，其中討論的概念命題，抑有可能是觸發蘇轍以「復性」為《老子》一書之根本意向的重要契機。

❶　關於李翱〈復性書〉的義理思想，參見蒙培元著：《中國心性論》（臺北：臺灣學生書局，1990 年 4 月），第十三章〈韓愈、李翱、柳宗元的儒家心性重建說〉，頁 294-300；姜國柱、朱葵菊著：《論人·人性》（邯鄲：海洋出版社，1988 年 7 月），第二章第十五〈李翱的復性論〉，頁 99-104。

異，其解《老》中對於道德至善之肯定確實付之闕如。然其受儒家思維影響所及，復因個人儒、道兼綜的學思涵養❶，因而有此「復性」一說的提舉，解《老》中又特喜援引儒家經典之言以詮解《老子》❶，更深化了會通儒、道的問題意識。也難怪《老子解》跋文

---

❶　蘇轍相關著作除《老子解》外，另有《詩傳》、《春秋傳》、《論語拾遺》、《孟子解》、《古史》、《欒城文集》等等，由著作內容來看，其兼涉儒、道的學思涵養該是極其明顯的。〈蘇轍傳〉中即載：「轍性沉靜簡潔，為文汪洋澹泊，似其為人不願人知之，而秀傑之氣終不可掩。其高處殆與兄軾相迫，所著詩傳、春秋傳、古史、老子解、欒城文集，並行於世。」。參見《宋史》（臺北：藝文印書館，1956 年），卷三百三十九，列傳第九十八〈蘇轍〉，頁 4282。然而，子由之學養雖兼綜儒、道，然其基調仍以儒學為主。〈上兩制諸公書〉一文中說：「何敢自附於孟子？然其所以汎觀天下之異說，三代以來興亡治亂之際而皎然，其有以折之者，蓋其學出於孟子而不可誣也。」，參見《欒城集（上）》（臺北：臺灣商務印書館，1968 年 9 月），卷第二十二，頁 307。此中即明確表明自己的學問源自孟子。在《老子解》卷四末跋文中曾載其謫居筠州時，與一僧道全談道，蘇轍告之曰：「子所談者，予於儒書已得之矣！」，頁 23A-23B。可見其學以儒為主，乃是無庸置疑的。這樣的學術性格，當然會影響到注解《老子》時的思維傾向。

❶　子由援引孔子之言以闡釋《老子》之處所在多有，例如卷二：「孔子曰：『苟志於仁矣，無惡也』，而況志於道者乎！夫苟從事於道，則其所為合於道者得道，合於德者得德。不幸而失，雖失於物，然必有得於道德矣！」，頁 11B；卷三：「聖人『從心所欲不踰矩』，非有意於德而德自足。其下知德之貴，勉強以求不失。蓋僅自完耳，何德之有？」，頁 1A-1B；卷三：「孔子曰：『語之而不惰者，其回也與？』斯所謂上士也哉！」，頁 6A；卷三：「孔子曰：多聞擇其善者而從之，多見而識之，知之次也。」，頁 13A；卷三：「孔子謂子貢曰：賜也，女以予為多學而識之者與？曰：然。非與？曰：非也。予一以貫之。」，頁 13A 等等。此中所援引孔子諸說，皆出自《論語》。

中，曾引其兄東坡之言說：「使漢初有此書，則孔老為一。」❶，此說顯然與子由力陳「復性」，又大量援引儒典與《老子》交相比附，脫離不了關係。

此外，蘇轍解《老》中「復性歸道」的宗趣旨歸，亦當與理學家們所重視「道性合一」、「天道性命相貫通」的思路，有著深切關係，其個人的儒者意識，當是閱讀《老子》的前理解。最足以作為代表的是，其曾以《周易·說卦傳》「窮理盡性以至於命」一命題，解讀《老子》「歸根復命」之說❶。此中主要即以「性之神妙」言「命」，故「復命」實即「復性」，回應了子由解《老》中「去妄復性」的根本意向；《老子》五十九章「是謂深根固蒂，長生久視之道」，子由亦援引《孟子·盡心上》中所言：「存其心，養其性，所以事天也。」，闡釋老子的「長生久視之道」❷。將

---

❶ 《老子解》卷四末跋文中說：「政和元年冬，得姪邁等所編先公手澤，其一曰：子由寄《老子新解》，讀之不盡，廢卷而歎：使戰國有此書，則無商鞅；使漢初有此書，則孔子、老子為一；使晉宋間有此書，則佛、老不為二。」，頁 25B-26A。蘇軾在〈祭龍井辯才文〉亦主孔、老為一，其云：「孔老異門，儒釋分宮。又於其間，禪律相攻。我見大海，有北南東。江河雖殊，其至則同。」，孔凡禮點校：《蘇軾文集》（北京：中華書局，1992年）第五冊，卷六十三，頁 1961。

❶ 蘇轍以〈說卦傳〉「窮理盡性以至於命」詮解《老子》十六章「歸根復命」的注文，及其理論內涵的分析，本書第二章第二節「以〈說卦傳〉『窮理盡性以至於命』詮解《老子》的面向」中，已有詳細闡釋，此處不再贅述。參見頁 39-41。

❷ 蘇轍以《孟子》「存心養性事天」詮解《老子》五十九章「是謂深根固蒂，長生久視之道」的注文，及其理論內涵的分析，本書第三章第三節「以《孟子》詮解《老子》的面向」中，已有詳細闡釋，此處不再贅述。參見頁 105-106。

「存心養性事天」一命題比附《老子》,實際上亦與「天道性命相貫通」的理解思路有著密切的關係。因此,我們或可指稱在蘇轍《老子解》「復性歸道」的理論宗趣底下,不管是以理學中的心性思想解《老》,抑是直接摘引、節錄儒家經典文獻以詮解《老子》,在在說明其「以儒解《老》」的向度,確實是一個至關重要的焦點。因此,就其「如何能去妄復性?」的基源問題而言,其理論脈絡的義理間架,即在於以「去妄」為強力探索與思考的主軸,析理出「妄」之所從出,並提出「去妄復性」的工夫入路,以心主體的修養實踐為重心,努力自我提昇以體證「復性歸道」的終極理趣。凡此,是為蘇轍解《老》性理思想的主要脈絡,亦是其談心論性的大致輪廓。以下即就「『妄』之所從出」以及「『去妄復性』的工夫入路」兩個重點,分別加以闡釋。

二、「妄」之所從出

既以「如何能去妄復性?」為子由解《老》的基源問題,故其於建構理論分際之初,必然首先點明心之迷妄所以形成的原因。在解讀「明白四達,能無知乎?」,蘇轍注文中即點明「妄」之所從出,其云:

> 明白四達,心也。夫心一而已,又有知之者,則是二也。自一而二,蔽之所自生,而愚之所自始也。今夫鏡之為物,來而應之則已矣,又安得知應物者乎?本則無有而以意加之,此妄之源也。(卷一,頁13B)

「妄」之所以產生的緣由，就在於一心對應外物，與外境接觸之時，為其所誘惑、牽引而迷失自我。心一旦產生我執，種種好惡取捨不能停止，於是內、外交相鬥搆，心、物割裂、對立為二，結果內心為外物役使、蒙蔽，愚昧、迷妄就此增長，此大抵是世俗之人在應物過程中經常會有的現象。子由特別「以鏡喻心」，鏡子照物無窮而且無所不照，其能隨順外物自來自往、無所黏滯，故能不隨物遷、不為境累，此即所謂「來而應之則已矣，又安得知應物者乎？」❹。心若像鏡子一般，就能應物而無所執，此見得「妄」之所從出，即在於心與外物交接之時，隨物遷動、為境所累，躁動而

---

❹ 蘇轍此中之意涵，即《莊子‧應帝王》中所言：「至人之用心若鏡，不將不迎，應而不藏，故能勝物而不傷。」，《莊子集釋》，卷三下〈應帝王〉第七，頁 307。此是說至人的心就有如鏡子一般，其對應萬物，無意去迎，也無意去送。隨順萬物自然的變化，其中沒有一點私心私欲，這樣才能與萬物兩不相傷，也就能應物而無累於物。子由「以鏡喻心」，表明物有去來而鏡無迎送，來者即照，必不隱藏，即是此意。王陽明：《傳習錄》，卷中〈答陸原靜書〉一文說：「聖人致知之功，至誠無息。其良知之體，皦如明鏡，略無纖翳。妍媸之來，隨物見形。而明鏡曾無留染。所謂情順萬事而無情也。無所住而生其心，佛氏曾有是言。未為非也。明鏡之應物，妍者妍，媸者媸。一照而皆真。即是生其心處。妍者妍，媸者媸，一過而不留。即是無所住處。」，此中言聖人心若明鏡，對任何外物不迎不送，一任物過影逝，絕不留染，亦屬同一意旨之發揮。參見陳榮捷著：《王陽明傳習錄詳註集評》（臺北：臺灣學生書局，1988 年 2 月），頁 237。實則，佛教在宋代以後主要流行禪宗，禪宗所謂「直指人心，見性成佛」，是對佛心、佛性的徹悟，其間亦喜「以鏡喻心」。如神秀偈語：「身是菩提樹，心如明鏡臺，時時勤拂拭，勿使惹塵埃。」。參見釋法海撰、丁福保註：《六祖壇經箋註》（臺北：文津出版社，1984 年 10 月），〈行由品第一〉，頁 71。凡此，可見得蘇轍老學中的性理思想，當有可能受到儒、釋的共同影響。

不能虛靜，終至產生不必要的我執，於是陷落在逐物不返的窘境之中。

蘇轍又進一步解釋心在對應外物之時，何以會沉溺墮落的主因，乃在於一己耳目感官的障蔽，他說：

> 視色聽聲嘗味，其本皆出於性。方其有性，而未有物也至矣。及目緣五色，耳緣五音，口緣五味，奪於所緣而忘其本，則雖見而實盲，雖聞而實聾，雖嘗而實爽也。（卷一，頁14B）

> 世人視止於目，聽止於耳，思止於心，冥行於萬物之間，役智以求識，而偶有見焉。雖自以為明，而不知至愚之自始也。（卷三，頁2B-3A）

「心之迷妄」的根源，即在於「目緣五色」、「耳緣五音」、「口緣五味」。世俗之人純依耳目感官行事，「視止於目、聽止於耳、思止於心」，生命主體向外攀緣執取，「冥行於萬物之間」而無法自制、自主，陷溺在耳目官能欲求的競逐流行之中，遂至斷喪人的素樸本性。此即子由所謂「役智以求識」，心為紛紜萬物役使、攪亂，「緣物而動」㉒的結果，乃至於「奪於所緣而忘其本」。這樣的生命，「則雖見而實盲，雖聞而實聾，雖嘗而實爽也」，其可悲

㉒ 子由《老子解》卷一說：「不知復性，則緣物而動，妄作而凶，雖得於一時而失之遠矣。」，頁23A。

可哀之處，正如《莊子·齊物論》中所言：「與物相刃相靡，其行盡如馳，而莫之能止，不亦悲乎！終身役役而不見其成功，苶然疲役而不知其所歸，可不哀邪！」❷❸世俗之人多沉迷於此，自以為很聰明，卻不知這正是「至愚」的開端。相關論述很多，茲大致臚列幾則重要注文說明如下：

> 世之人為物所蔽，性分於耳目，內為身心之所紛亂，外為山河之所障塞，見不出視，聞不出聽，戶牖之微能蔽而絕之，不知聖人復性而足，乃欲出而求之，是以彌遠而彌少也。（卷三，頁 12A-12B）

> 天下皆具此道，然常患忘道而徇物。目悅於色，耳悅於聲，開其悅之之心，而以其事濟之，是以終身陷溺而不能救。夫聖人之所以終身不勤者，唯塞而閉之，未嘗出而徇之也。（卷三，頁 18A）

> 世人開其所悅，以身徇物，往而不返。聖人塞而閉之，非絕物也。以神應物，用其光如已，身不與也。夫耳之能聽，目之能視，鼻之能齅，口之能嘗，身之能觸，心之能思，皆所謂光也。蓋光與物接，物有去而明無損，是以應萬物而不窮。殊不及於其身，故其常性湛然，相襲而不絕矣。（卷三，頁 18B-19A）

---

❷❸　《莊子集釋》，卷一下〈齊物論〉第二，頁 56。

言下之意，乃點出生命的迷妄是「形軀我」❷盲然蠢動的結果。「目悅於色，耳悅於聲，開其悅之之心」都是軀殼起念，此即所謂「以身徇物」、「徇物忘道」，故是「終身陷溺而不能救」。這是為外物所困縛、繫累，一物接著一物不斷引誘交迫，終至為物所役，明覺常性就此同遭淪喪。聖人應物無窮，殆之所以不及於身，在於時時保持湛然明澈的本性，就算面對欲望妄作，亦能「塞而閉之，未嘗出而徇之也。」，此即是「以神應物，用其光如已，身不與也。」。因此，聖人不以軀殼起心動念，而能涵養持守靜定純樸的本然常性，終能達到「復性而足」的理境。

因此，種種論說的關鍵要點，即在於揭櫫面對「有身」的可能危機。子由說：

> 貴身如貴大患，知身之為患本也。是以遺寵而辱不及，忘身而患不生。（卷一，頁 15B）

> 然天下常患忘失本性，而惟身之為見，愛身之情篤，而物始能患之矣。生死病疾之變，攻之於內。寵辱得失之交，攖之於外，未有一物而非患也。夫惟達人知性之無壞，而身之非實，忽然忘身而天下之患盡去，然後可以涉世而無累矣。（卷一，頁 16B）

---

❷ 勞思光將自我境界作以下的劃分：形軀我、德性我、認知我、情意我。所謂「形軀我」是指以生理及心理欲求為內容。《新編中國哲學史・（一）》，頁 148-149。

> 人之所以騖於權利，溺於富貴，犯難而不悔者，凡將以厚其
> 身耳。（卷一，頁 17A）

「身」為引發憂患的根本來源，此「身」當是指人的形軀生命的存
在，一般人多執此形軀當家作主，故「貴身如貴大患」，子由乃進
一步指稱「貴身」即是「厚身」、「愛身」，都是一種偏執與迷
惑。「厚身」是「騖於權利，溺於富貴，犯難而不悔者。」；「愛
身」則是「生死疾病之變，攻之於內。寵辱得失之交，攖之於外，
未有一物而非患也。」。若一個人過於厚愛形軀與競逐外物，便無
法避免種種內、外焦慮憂患的摧迫，例如：權利富貴的熏心、寵辱
得失的算計，乃至於形軀生死疾病的變化，也都無法豁達以對，精
神遂為形軀、外物拖累，這就是「厚身」的結果❷。聖人生命通透
明達，其能「忘身」，不以形軀假我為主體，而以精神真我體證
「道」的自然渾樸，以恬淡之心對應外物，對於外在事物的種種纏
紱皆能超克，達至所謂「忘身而患不生」、「涉世而無累」的境
界。子由說：

> 人各溺於所好，其美如享太牢，其樂如春登臺。囂然從之而
> 不知其非，惟聖人深究其妄，遇之泊然不動，如嬰兒之未能
> 孩也。（卷二，頁 5B）

---

❷　蘇轍在其〈超然臺賦并敘〉中云：「天下之士，奔走於是非之場，浮沉於榮
　　辱之海，囂然盡力而忘反，亦莫自知也。而達者哀之二者，非以其超然，不
　　累於物故邪！」，此或亦可解釋人之所以陷溺於種種外物的執取，而使生命
　　處於極度虛妄之故。參見《欒城集》，卷第十七，頁 258。

聖人與人均有是性，人方以妄為常，馳騖於爭奪之場，而不知性之未始少妄也。是以聖人以其性示人，使之除妄以復性，待其妄盡而性復，未有不廓然自得。（卷四，頁20B）

注文中深刻點出，聖、凡之異就在於凡人「溺於所好」、「囂然從之而不知其非」、「以妄為常，馳騖於爭奪之場，而不知性之未始少妄也」；而聖人則能「深究其妄，遇之泊然不動」，始終保有純樸無妄的本然常性。因此，聖人以其湛然本性明示世人，期使世人「除妄以復性」，待至「妄盡而性復」，就能如聖人一般「廓然自得」。綜而言之，子由乃以為聖人能時時「除妄復性」以保「性全」❷❻，只有「純性而無雜」，方可「復歸於樸」❷❼，也就得以實現「復性歸道」的終極關懷，此當是回應其基源問題「如何能去妄復性？」而有的詮解思路。然而，「緣物而動」固然極易引發妄念躁動，但子由亦非就此主張絕棄應物，其所提出的最高命題是「體道以周物」，他說：

聖人體道以周物，譬如以母知其子。了然無不察，雖其智能周之，然而未嘗以物忘道，故終守其母也。（卷三，頁 17B-18A）

---

❷❻ 子由解《老》，卷三中說：「性之為體，充遍宇宙，無遠近古今之異。古之聖人，其所以不出戶牖而無所不知者，特其性全故耳。」，頁12A。

❷❼ 子由解《老》，卷二中說：「純性而無雜矣，故曰復歸於樸。」，頁17A。

> 道者萬物之母，眾人徇物忘道，而聖人能遺萬物，以道為
> 宗。譬如嬰兒無所雜食，食於母而已。（卷二，頁7A）

> 聖人所以知萬物之所以然者，以能體道而不去故也。（卷
> 二，頁8B）

「道」是本、是母，唯有「以母知其子」（案：「子」當指形下萬物），才能「體道以周物」，引文中再次強調凡人的「徇物忘道」，就在於不知「守母」、「食母」、「體道」的緣故。唯有以「道」為宗、為母，在「未嘗以物忘道」的理論前提之下，一心對應萬物，才能「體道以周物」。故聖人的「能遺萬物」，並非指絕棄、捨去萬物，而是在「以道為宗」、「未嘗以物忘道，故終守其母」的理論訴求之下所提出的，故是以無為、自然的方式去對應萬物而不執取。如此，方才能達到子由所說的：「內以全身，外以全物，物我兼全而復歸於性。」（卷二，頁10A）的最高理境。職是之故，為了要內身、外物兼全，對峙「緣物而動」、「徇物忘道」、「以身殉物」的弊端，乃至於實現「忘身而患不生」、「涉世而無累」、「廓然自得」、「復歸於性樸」的目標，其間工夫修養的種種入路在其理論架構之中，也就愈發顯得重要且急迫，此即以下文加以疏理闡釋。

三、「去妄復性」的工夫入路

在點明心之迷妄的根源，乃在於「貴身」、「厚身」、「愛身」之故。因以形體軀殼起心動念，憑依耳目感官行事，遂至有緣

物而動、逐物不返、殘生害性、徇物忘道等種種迷妄現象發生，精神生命就此下墮沉淪，純樸本性亦同遭斲喪。因此，對於如何能夠「除妄以復性」、「妄盡而性復」，以歸向「體道」之路，終至於「道性合一」的理境，子由在工夫入路的提點上，亦有相當著墨與發揮。對於一時的忘本失性，其以為只是暫時被蒙蔽而已，並無損於人性本分中原有的渾樸自然，隨時可在自覺的工夫修養之中，忽然「體道復性」。關於「性」的內蘊本質，子由說：

> 性之於人，生不能加，死不能損。其大可以充塞天地，其精可以蹈水火、入金石，凡物莫能患也。（卷一，頁 16B）

> 夫惟自有威，高明光大，赫然莫能加，此所謂大威也。人常患溺於眾妄，畏生死而憚得喪。萬物之威，雜然乘之。終身惴慄之不暇，雖有大威而不自知也。苟誠知之，一死生、齊得喪，坦然無所怖畏，則大畏燁然見於前矣。（卷四，頁 14B-15A）

> 性之大，可包絡天地。（卷四，頁 15A）

此中言性分「生不能加，死不能損」、「凡物莫能患也」、「高明光大，赫然莫能加，此所謂大威也。」，即說明了人性本質的渾樸整全，並不會因為一時的溺於眾妄而有所減損或滅失，也不會因為時時的存養擴充而有所增益或壯大。若能不溺於眾妄，則「性」是人生命的「大威」，「其大可以充塞天地，其精可以蹈水火、入金

石」。重要的是，在「萬物之威，雜然乘之」，而使「性」之「大威」面臨考驗時，仍可在自覺的心性工夫修養中，隨時回復它的本然樣貌。

從子由圖構出來的聖人形象中，可以看出聖、凡之異的關鍵，就在於工夫修養的能否落實。子由說：

> 惟聖人知性之真，審物之妄，捐物而修身，其德充積，實無所立。（卷三，頁20A）

可以想見聖人深知本性純真，其謹慎審察物妄、去除妄心，在物欲的牽扯干擾之中，不斷「捐物修身」，充積德性以回復本性渾樸，此即是在心上時時作工夫。聖、凡之殊，即在於此。子由又說：

> 其（聖人）所以不攖於物者，惟心而已。❷❽（卷二，頁5B）

> 雖逝雖遠，然反而求之一心，足矣。（卷二，頁13B）

---

❷❽　子由此處注文，完整如下：「聖人均彼我，一同異，其心無所復留。然豈以是忽遺世法，犯分亂理而不顧哉？人之所畏，吾亦畏之。人之所為，吾亦為之。雖列於君臣父子之間，行於禮樂刑政之域，而天下不知其異也。其所以不攖於物者，惟心而已。」，頁5A-5B。此中明言聖、凡之異在於「心」，聖人之心應物而無所繫累，其於物無所復留。故聖人「雖列於君臣父子之間，行於禮樂刑政之域，而天下不知其異也」，此中說明子由對於儒家事功型的聖人亦能肯定，透顯出儒、道融通的一種用心。

聖人外與人同，而中獨異耳。（卷四，頁 14A）

「而中獨異」、「求之一心」，就是指「心」的工夫❷，聖人無心
於物，心於物上無所復留，故不與外物為敵，亦不為外物所攖縛。
聖人一心求的是「復性歸道」，一心求的是「返樸歸真」、「歸純
反素」。大道雖然玄妙深奧，但是只要「復性」，就能體證到大道
的真諦。所以「去妄復性」的前提是求之於己心，求道不是向外，
而是向內，反求己心之純樸自然，就能求得大道真義。因此，對於
緣物而動、貴身愛物所造成的虛妄迷失，子由進一步提出的對應之
道，主要就在於「抱神載魄」、「神虛氣柔」、「歸根能靜」的心
性修養上。透過這些工夫路數，便能達到「復性歸道」的終極理
趣。

　　子由解說《老子》第十章「載營魄抱一，能無離乎？」：

> 魄之所以異於魂者，魄為物，魂為神也。……魄為物，故雜
> 而止；魂為神，故一而變。……蓋道無所不在，其於人為
> 性，而性之妙為神，言其純而未雜，則謂之一；言其聚而未
> 散，則謂之樸。其歸皆道也，各從其實言之耳。聖人性定而
> 神凝，不為物遷。雖以魄為舍，而神所欲行，魄無不從，則

---

❷　子由卷三中說：「人之所以至於有形者，由其有心也。故有心而後有形，有
　　形而後有敵。敵立而傷之者至矣。無心之心，物無與敵者，而曷由傷之。夫
　　赤子之所以至此者，唯無心也。」，頁 21B。此中即點明了有心有形之後，
　　敵立而傷之者至矣，故工夫的粹鍊，就在於使人「無心」，心無所復留，而
　　不與物為敵，故物不能傷，聖人的工夫修養即在於此。

神常載魄矣。眾人以物役性，神昏而不治，則神聽於魄，耳
目困於聲色，鼻口勞於臭味，魄所欲行而神從之，則魄常載
神矣。故教之以抱神載魄，使兩者不相離，此固聖人所以修
身之要。（卷一，頁 11A-12A）

此中指出聖人的修身之要就在於「抱神載魄」，使神、魄兩不相
離。「魄為物」、「魂為神」，「性之妙」即是「神」，其純一不
雜、聚而未散，與大道相契合。只有「抱神載魄」，才能「性定而
神凝，不為物遷」，此是生命主體以精神作主，不為形軀誘引，即
是所謂「神常載魄」。一般人為物欲所困縛，「耳目困於聲色」、
「鼻口勞於臭味」，這是生命溺於物欲之需求，精神為物欲所控
制，「魄所欲行而神從之」，於是「神」聽從於「魄」。最後以物
役性，神昏不治，是所謂「以魄載神」。聖、凡之所以不同，就在
於聖人常教人「抱神載魄」，其能「性定而神凝」，故能不為物
遷、不為欲累，常保性之靈妙。子由進一步又陳述說：

聖人外不為魄所載，內不為氣所使，則其滌除塵垢盡矣。於
是其神廓然，玄覽萬物，知其皆出於性，等觀淨穢，而無所
瑕疵矣！（卷一，頁 12B）

體性抱神，隨物變化，而不失真者，外若渝也。（卷三，頁
7A）

以神應物，用其光如已，身不與也。（卷三，頁 18B）

因為「抱神載魄」的主張，可以想見子由特別強調「神」，只有「體性抱神，隨物變化」、「其神廓然，玄覽萬物」，才能在應物中不失其本性之真。此乃說明主體修養在於向內養治精神，而非向外厚愛形軀。若能通透此理，生命主體便不會為外在形軀所篡奪，便能「物有去而明無損，是以應萬物而不窮，殊不及於其身，故其常性湛然，相襲而不絕矣。」（卷三，頁 19A），此即所謂「以神應物」之說，實有類於玄學家王弼所提出的「聖人之情，應物而無累於物者也。」❸的觀點。

而養治「神」的工夫就在於能「虛」，子由進一步提出的說法是：「神虛氣柔以純性」，其言：

> 神不治，則氣亂。強者好鬥，弱者喜畏，不自知也。神治，則不妄作，喜怒各以其類，是之謂專氣。神，虛之至也。氣，實之始也。虛之極為柔，實之極為剛。純性而亡氣，是之謂致柔。嬰兒不一知好惡，是以性全，性全而氣微，氣微而體柔，專氣致柔，能如嬰兒極矣。（卷一，頁 12A-12B）

此處是以「神虛」，進一步談「專氣致柔」的問題。子由以為「神」是「性之妙」，而性之所以靈妙即在其能「虛」，「神虛」

---

❸ 〈王弼傳〉中載：「何晏以為聖人無喜怒哀樂，其論甚精，鍾會等述之。弼與不同，以為聖人茂於人者神明也，同於人者五情也，神明茂故能體沖和以通無，五情同故不能無哀樂以應物。然則聖人之情，應物而無累於物者也。今以其無累，便謂不復應物，失之多矣！」，《三國志·魏書》（臺北：鼎文書局，1990 年 6 月），卷二十八，頁 795。

之極則能使「氣柔」。「虛」是形容心靈無限寬大、涵容能受的狀態，它原本空明寧靜，只因外物私欲的攪動干擾，而使心靈蔽塞不安。所以必須時時持守「虛」的工夫，以恢復心靈的清明澄澈，而不至於受感性欲望的盲然蠢動所影響。神「虛」致極、血氣柔順，便能如嬰兒般精充氣和，達到「純性」、「全性」的涵養❸❶。因此，子由乃以為神不治則血氣亂，血氣亂則心躁動，心、氣、神一體牽動。關於「氣和」，子由闡釋說：

> 心動則氣傷，氣傷則號而啞。終日號而不啞，是以知其心不動而氣和也。（卷三，頁22A）

> 和者，不以外傷內也。復命曰常，遇物而知反其本者也。知和曰常，得本以應萬物者也，其實一道也。故皆謂之常矣。（卷三，頁22A）

---

❸❶　關於「專氣致柔」，在《莊子·庚桑楚》中有詳細的解釋，其稱之為「衛生之經」。其中云：「老子曰：『衛生之經，能抱一乎？能勿失乎？能无卜筮而知吉凶乎？能止乎？能已乎？能舍諸人而求諸己乎？能翛然乎？能侗然乎？能兒子乎？兒子終日嗥而嗌不嗄，和之至也；終日握而手不掜，失其德也；終日視而目不瞚，偏不在外也。行不知所之，居不知所為，與物委蛇，而同其波。是衛生之經已。』」，此明示護養生命的道理，就像嬰兒整日號哭，喉嚨卻不會嘶啞，此蓋因心氣和暢柔順的緣故；整天緊握拳頭而手並不拳曲，此蓋因拱守純樸本性的緣故；整天看而目不轉動，這是心不外馳的結果。一切活動都是自由自在、順物自然，此即老子思想要人復歸於嬰兒、赤子的原因。《莊子集釋》，卷八上〈庚桑楚〉第二十三，頁785。

　　氣惡妄作，而又以心使之，則強梁甚矣。益生使氣，不能聽
　　其自然，日入於剛強而老從之，則失其赤子之性矣。（卷
　　三，頁22B）

「心動則氣傷」，是說人心一旦躁動則「氣惡妄作」，而「氣惡妄
作，而又以心使之」，則是以外傷內，此時心、氣皆失其和。子由
所謂「益生使氣，不能聽其自然，日入於剛強而老從之，則失其赤
子之性矣！」，便點出「氣惡妄作」的結果，而「氣和」則當如嬰
兒赤子般和順柔暢、自然諧調。然而，氣不柔和平順，則心亦隨之
躁動難安。因此，就整體理脈而言，「神虛」才能「氣柔」，「氣
柔」才能「心靜」，神、氣、心三者互相牽制、影響，也就是
「虛」、「柔」、「靜」的工夫缺一不可。關於「心靜」，子由亦
加以申述說：

　　今知濁之亂性也，則靜之，靜之而徐自清矣。知滅性之非道
　　也，則動之，動之而徐自生矣。（卷一，頁20A-20B）

　　極虛篤靜，以觀萬物之變，然後不為變之所亂，知凡作之未
　　有不復者也。苟吾方且與萬物皆作，則不足以知之矣。萬物
　　皆作於性，皆復於生。譬華葉之生於根而歸於根，濤瀾之生
　　於水而歸於水耳。苟未能自復於性，雖止動息念以求靜，非
　　靜也。故惟歸根然後能靜。（卷一，頁21A-21B）

　　復性，則靜矣。然其寂然不動，感而遂通天下之故，則動之

所自起也。（卷三，頁 5A-5B）

此「靜」並非不動，不動則毀心滅性，是槁木死灰。因此，子由稱此「靜」為「寂然不動，感而遂通天下之故」，是一種「靜中寓動」、「動中寓靜」的動靜觀。此中以「靜」為「歸根復命」，而「歸根復命」則是「復性歸道」。根據子由的工夫入路，是藉由「神虛」、「氣柔」、「心靜」的修養途徑，達至「復性歸道」的目標。此中言「心靜」一路，乃是「觀萬物之變，然後不為變之所亂」、「乘萬物變而不殆也」（卷二，頁 21B）。這是說心由原初之「靜」，應物而「動」；再由應物而「動」，返回原初之「靜」，此即是「復命」、「復性」，說明了「靜極則動」、「動極則靜」的生命活動過程❸。而此過程最後復歸之「靜」，則是在生命活動過程之中，時時自覺地就生命主體作凝心定性的實踐工夫。因此，「靜」絕非不動，不是與世界隔離，而是指「動」而不受干擾、不受牽制的一種境界，也就是「動而能靜」的應世態度。人心原本清靜、真樸、圓滿、靈妙，因為外界種種欲望的騷動干擾，而使得心氣躁動妄作，故應秉持「神虛」、「氣柔」、「心靜」的涵養原則，以歸向「去妄復性」的道途，而最終「復性歸道」的理境也就得以實現了。

　　因此，就子由來說，聖人生命的特出之處，就在於能從日常生

---

❸　《老子》十五章中說：「孰能濁以靜之徐清？孰能安以久動之徐生。」，《老子周易王弼注校釋》，頁 34。此即闡發了「動極則靜」、「靜極則動」的動靜觀。

活的應對之中，持守存全心性的工夫修養。面對紛擾，亦能凝定心性而不為外誘所引動。他說：

> 聖人視色聽音嘗味皆與人同，至於馳騁田獵，未嘗不為。而難得之貨，未嘗不用也。然人皆以為病，而聖人獨以為福。何也？聖人為腹而眾人為目，目貪而不能受，腹受而未嘗貪故也。彼物之自外至者也。此性之凝於內者也。（卷一，頁15A）

> 人莫不有道也，而聖人能全之。挫其銳，恐其流於妄也；解其紛，恐其與物搆也。不流於妄，不搆於物，外患已去，而光生焉。又從而和之，恐其與物異也。……如是而後全其湛然常存矣。雖存而人莫之識，故曰：似或存耳。（卷一，頁6A-6B）

> 夫惟聖人出於萬物之表，而覽其終始。得其大全而遺其小察，視之悶悶若無所明。其民醇醇，各全其性矣。若夫世人，不知道之全體，以耳目之所知為至。彼方且自以為福，而不知禍之伏於其後。方且自以為善，而不知訞之起於其中。區區以察為明，至於甚察傷物而不悟其非也，可不哀哉！（卷四，頁1B-2A）

此中指出聖人能「不流於妄」、「不搆於物」、「得其大全而遺其小察，視之悶悶若無所明」、「為腹而不為目」，是保存其「湛然

本性」，以「出於萬物之表，而覽其終始」的不二法門。如此，聖人得其「性全」、「性純」、「性凝」、「性定」，不隨物遷、不與物搆、不為物役，雖日日與外物接觸對應，亦能無所動心，分毫無損其湛然明澈的本性。此即是所謂聖人之「明」，亦是其特出於凡人之處。

　　根據以上論述，我們可以說蘇轍老學思想的骨幹，就在於面對「如何能去妄復性？」的基源問題之上，為了回應此一問題，所有理論的建構皆指向這個意旨的中心。因此，注文中首先彰明「復性歸道」的宗趣旨歸，以作為成聖的最高目標。其次，則進一步點出「『妄』之所從出」，警醒人們審慎面對迷妄的牽扯擾動本心。最後，則是落實到心性的工夫修養之上，提出所謂「抱神載魄」、「神虛氣柔」、「歸根能靜」的工夫進路，透過「神虛」、「氣柔」、「心靜」交相涵養的方式，以回應「復性歸道」的理論關懷，最終得以脫俗而成聖。此一「復性」之說，以見素抱樸、歸純反素為回歸的方向，雖與傳統儒家以道德至善為人性內容的豁醒有著根本差異，但是子由受其時代性理思潮影響所及，特重心性之學的提舉，以豁顯出儒學浸潤老學的時代意義，並進而以此合會儒、道兩家的用心，蓋是可以理解的❸。對於文本鮮少涉及心性議題的

---

❸　蘇轍引儒入《老》的詮解視角，曾經引起朱子的非議。朱子在〈蘇黃門老子解〉一文中即說：「蘇侍郎晚為是書，合吾儒於《老子》，以為未足，又并釋氏而彌縫之，可謂舛矣！然其自許甚高，至謂『當世無一人可與語此者』，而其兄東坡公亦以為『不意晚年見此奇特』。以予觀之，其可謂無忌憚者與！因為之辨。而或者謂蘇氏兄弟以文義贊佛乘，蓋未得其所謂。如《傳燈錄解》之屬，其失又有甚焉，不但此書為可辨也。應之曰：『予之所

《老子》一書而言，當亦可據此說明蘇轍乃是資藉著注解《老子》
的方式，以闡述發揮其心性思想的理論內涵，此殆是屬於主觀詮解
的路向。

第三節　王雱《老子注》的性理思想

除了蘇轍《老子解》之外，王雱在其《老子注》一書中，亦有
極力闡揚性理學說的義理傾向。深入考察其書，發現王氏的理論脈
絡乃在對峙「失性」的根本問題之下，提出「復性」、「盡性」、
「定性」、「澄性」的種種主張，最後達到至人所謂「足性」、
「暢性」的最高理境。如同蘇轍解《老》一般，詮解的義理趨向也
是將形上學況味甚濃的老子學說，活轉為一種以心性思想為重心的
理論架構，因此，其間談心論性的部分，在王雱的注文中佔了相當
高的比例。

這樣的詮釋可以舉出很多例子，例如：《老子》首章「無，名
天地之始；有，名萬物之母。」，原是闡釋形上天道「有」、
「無」的雙重面相，王雱卻總結說：「然則老氏之言，姑盡性而

病，病其學儒之失而流於異端，不病其學佛未至而溺於文義也。其不得已而
論此，豈好辯哉！誠懼其亂吾學之傳，而失人心之正耳。若求諸彼而不得其
說，則予又何暇知焉？」，參見《朱子文集·柒》，卷第七十二，頁 3603-
3604。朱子以為蘇轍《老子解》「合吾儒於《老子》，以為未足，又并釋氏
而彌縫之，可謂舛矣。」，又斥其為「學儒之失」、「流於異端」，「誠懼
其亂吾學之傳，而失人心之正」，是故加以辨析。以朱子儒學性格之基調，
難免有此評斷，可以想見其對於子由《老子解》雜揉佛、儒於道的作法，並
不加以肯定。

已。」❸，這是以性說取代形上學的例子；第二十五章「故道大，天大，地大，人亦大。」，原是以「大」勉強形容「道」，言四大可貴之處，即在於體「道」之自然而行。王雱卻注說：「凡老氏之說，言道之中體，未盡絕際，姑盡性而已。」（〈有物混成〉章第二十五，頁 144），此亦是以性說取代形上道論；第三章「為無為，則無不治矣。」，原是針對人君抒發「無為而治」的政治理念，王雱說：「期於復性故也。」（〈不尚賢〉章第三，頁 92），則是以性說取代政治思維；第十章「愛民治國，能無為乎？」，同樣也是闡釋「無為而治」的政治主張，王雱卻說：「老子之言，專於復性，有為則非所以使民安性。」（〈載營魄〉章第十，頁 109），此亦是強調「復性」為人君修身、理身之道，且以人民能「安性」為「無為之治」的最高理想，是將性論學說與老子政治思維緊密扣合。此中所言「盡性」、「復性」、「安性」諸說，實皆非《老子》五千言文本所立，這樣的詮解向度，使得老子學說中的形上思想、政治思想，皆歸宿於人性安立的問題，而針對此一問題，則又提出工夫修養的實踐路數為老子學說的重點。可以想見的是，《老子》一書中原本較少立說的心性論範疇，在此得到極大的發揮與闡釋。

老子思想的建構原非以心性問題為首出，此亦是其與儒家學說重點優先性之不同所在。王雱在其注《老》文字中，大量討論性理學說，又因涉及工夫修養的實踐問題，其中所內含心性思想的理蘊，當是值得闡幽發微的。因此，下文即以闡釋王雱注《老》中的

---

❸　王雱：《老子注》，〈道可道〉章第一，頁 84。收入嚴靈峯輯校《老子崇寧五注》。本章以下所引皆依此本，僅於引文後標示章數、頁數，不另作註。

心性思想為重心，理論爬梳的路向如下：首論何以會有「失性」的危機出現？並由此帶出人性本色的內容為何？其次，在對峙「失性」的問題之下，提出所謂「復性」、「盡性」、「定性」、「澄性」等理論依據，其間亦有諸多工夫進路的提點。而在自覺「失性」問題之後，透過主體實踐所達到的最高化境，即是至人所謂「足性」、「暢性」的表現，它們同時是工夫、也是境界，是王雱理論終極關懷之處。凡此種種，蓋可清楚釐析出王雱注《老》中心性思想的主要內容。以下即就「『性』的本質與『失性』的提出」以及「對峙『失性』的理論依據」兩個面向具體申述。

一、「性」的本質與「失性」的提出

在王雱性論的思考理路中，首先要面對的是人何以會有「失性」的危機發生。而針對這個提問所帶出來更根本的問題是：人性本質的原始內容為何？此在其注《老》中時時有所發明，他說：

> 素者，性之質。人生而靜，不染諸物，故無文而素。……樸者，性之全。（〈絕聖棄知〉章第十九，頁131）

> 道在乎微，性存乎樸，得者，得其本；故不多也。（〈曲則全〉章第二十二，頁140）

> 樸以喻性之質。（〈知其雄〉章第二十八，頁154）

> 樸在人為性，於數為一。（〈道常無名〉章第三十二，頁160）

德者，得也。物生乎道，而名得於道；故謂之性。得其性而不失，則德之全也。（下篇《德經》注，頁171）

此中明示出人性的原始特質是：「不染諸物」、「無文而素」、「靜樸無雜」的，其以得之於「道」的內在底蘊為「性」的本然內容，若能得此本性而不失，則是「德之全」。此即是說，萬物的形上依據為「道」，物得「道」而生者，則稱之為「德」，將「德」內化到萬物之中即是「性」。當「道」生成萬物之後，「德」便是人與宇宙萬物的本源，而它一旦內化到萬物之中即成為萬物各自的本性。因此，所謂「德」，即是物得之於「道」的本性，「德」實是天地萬物之「性」，「性」本之於「德」，而「德」又得之於「道」，「道」、「德」、「性」通貫為一，義理內容一脈相承。觀王弼注文中所謂「德者，得也。……得其性而不失，則德之全也。」的說法，即與此論點一致。依據道家思維，「道」與「德」共同具有的主要特徵便是「自然無為」、「虛靜恬淡」❸，因此，人性本色的「不染諸物」、「無文而素」、「靜樸無雜」即植根於此。此實可清楚檢別出道家「道德觀」與儒家倫理學方面的「道德

---

❸　《莊子·大宗師》中所謂「體道充德」之人，就是指能體現自然無為之道的人。〈天道〉中言：「夫虛靜恬淡寂寞无為者，天地之平而道德之至。」，也是認為「道德」的極致是體現虛靜無為之道，此是其「道德觀」的理論基調。分見《莊子集釋》，卷三上〈大宗師〉第六，頁 224-286；卷五中〈天道〉第十三，頁 457。

觀」，是有著明顯不同❸。當然，關於人性內涵的發揮，兩家也存在著基本差異。《老子》一書中有說：「道之尊，德之貴，夫莫之命而常自然。」（五十一章）、「常德不離，復歸於嬰兒。」（二十八章）、「含德之厚，比於赤子。」（五十五章）、「修之於身，其德乃真。」（五十四章）❸等等，皆是就德性的自然無偽、純樸真實立說。嬰兒、赤子具有的是樸質無偽的本性❸，但人既生而為人，不能不與複雜的世界相接觸，一旦有所對應執取，其渾樸的質性很難不遭受到後天的污染與割裂。人之所以必須不間斷的自我修養，就是要保有或回復到「德之真」，也就是人性自然渾樸的本質內容，此即是前文所引王雱注文說：「樸者，性之全。」、「性存乎樸」、「樸以喻性之質」、「樸在人為性」、「得其性而不失，則德之全也。」的意涵。因此，《老子》文本中雖無「性」字出現，而「德」實即是「性」的義理趨向，也是非常清楚的❸。王雱注《老》中的性論思想，則可謂據此一端倪，加以顯題化而大發議論的。

---

❸ 關於道家對傳統儒家「道德觀」的轉化，可參看楊慧傑著：《天人關係論》（臺北：水牛出版社，1989 年 6 月），第五章〈老子的天人關係論〉第一節「傳統的道與德的轉化」，頁 104-108。

❸ 以上所引參見《老子周易王弼注校釋》，分見頁 137、74、145、144。

❸ 王雱《老子注》，〈絕學無憂〉章第二十中說：「性體怕（即泊）然，不萌智慮，含和守一，同於嬰兒。」，頁 133；〈知其雄〉章第二十八中亦說：「嬰兒含和守一，欲慮不萌，性之本真，渾而未散；德厚之至，乃同於初。」，頁 152。此即是就嬰兒、赤子的渾樸純真立言。

❸ 徐復觀即認為《老子》一書雖然沒有性字出現，但仍有人性論，其「道德」之說，即是他對人性的規定，故亦有人性論的端倪，同註❷書，頁 339-340。

　　職是之故，若以「質」、「文」對舉而言，保有性之質樸，而不盲目地追求外在浮文，便是防範「失性」的不二法門，此即是王雱所主張：「文於質為末，末勝則不足，民所以失性。」（〈絕聖棄知〉章第十九，頁130）。老子重「質」，視「文」為浮文、巧飾，單向重「文」的結果，往往容易形成種種有形、無形的制約，使人性渾樸的本質日漸斲喪，此是人之所以「失性」的主因。換言之，虛飾之「文」一旦流行蔓衍，它的浮華虛矯之弊必然會割裂人性真樸的本質，甚至造成「以文滅質」的現象發生，最終淪為「失性」的禍根亂源。老子即就此偏執於「文」的病態文明現象，提出一些針砭，而有重質、重樸的呼聲。「質」為本，「文」為末，兩者原是本、末存在的一種關係，若不失衡，則在現實處境中當是相互依存的。然而，以當時「末勝本」、「文勝質」的情況來說，卻嚴重產生「質不足」的流弊。於是，「文」失卻了「質」樸實敦厚的基底，成為表面上種種虛浮奢華的粉飾，此即所謂「文飾之弊」。因此，必須先持守住人性靜樸無偽的本質存在，常常在心地上做工夫，時時能自然靜樸、歸純反素，如此就算面對或運用世間種種外在文飾，也不會篡奪質樸純素的人性主位而流於淫侈浮虛。這說明了「文」若不令之歸屬於「質」，一旦掛空就會下滑為虛矯文飾，如此不僅拖垮「質」，「文」亦無法彰顯其精神。在理論的優先次序上，只有先持守住「質」，「文」才有它得以存在的可能與價值。這是王雱面對人之所以「失性」的問題，從「質」、「文」的本末關係所進行的初步思考，因此才說：「文於質為末，末勝則不足，民所以失性。」。

　　無文而素、本然渾樸的整全本性，何以會在實存的情境中被割

裂而造成流失的現象，問題就出在過度追求「文」的結果。他說：

> 竊嘗論之，三代之後，民無不失其性者，故君子則志強而好
> 善，求賢無已；小人則骨弱而慕利，逐貨不厭。志強則多
> 知，骨弱則多欲，或有知，或有欲，雖所趨不同，而其徇外
> 傷本一也。（〈不尚賢〉章第三，頁92-93）

王雱指出三代之後，之所以造成「失其性者」，在於君子「志強而
好善，求賢無已」；而小人則是「骨弱而慕利，逐貨不厭」，兩者
各表現出不同的執迷。前者「溺於名」，後者「溺於利」，渾樸本
性遂為名、利掩蓋，終至淪喪。此是「多知」、「多欲」，奔競追
逐於名、利的浮文巧飾之中而不知適可而止。所謂「知」，是機詐
多見之知；「欲」是逐貨不厭之欲。君子「有知」，小人「有
欲」，生命競逐的趨向雖然各異，然而造成「失性」以及「徇外傷
本」的結果卻是一樣的，此亦是王雱所言「外求無厭，失性生
禍。」（〈天下有道〉章第四十六，頁 189）、「貪逐外物，矜攬無
窮。」（〈名與身〉章第四十四，頁 186）的道理。對於生命過度的逐文
求末，因而導致迷失本性，相關論述很多，茲再列舉數例以加強論
證：

> 人生而靜，目物有遷，耳目本自希夷，而聲色在前，真從妄
> 喪；口之於味，亦復如此。故昧於聲聲，色色，味味之妙
> 者，聲、色、味也。（〈五色〉章第十二，頁 113）

> 逐於外，則惑；故馳騁田獵，血氣俱作，心為發狂，明逐物失性。（〈五色〉章第十二，頁113）

> 失性之人，忘其不貲之有，而貪逐外物，矜攬無窮，自以為得，而不知所取者塵穢臭腐，非可已畜之物，而所耗失沉陷者乃吾之所以為我者也。（〈名與身〉章第四十四，頁186）

> 失性之人，形化而心興之變，故壯則血氣充溢，而老則精神衰憊。（〈含德之厚〉章第五十五，頁208）

> 失性之人，盛枝葉以傷根，根傷則精氣衰，而蒂不固；此所以早斃也。（〈治人事天〉章第五十九，頁218）

從引文中可以看出王雱對於「失性」一問題的自覺反省，乃是非常強烈的。失性之人所以耗失沉陷者，乃在於「貪逐外物，矜攬無窮，自以為得，而不知所取者塵穢臭腐，非可已畜之物。」，欲望一個接著一個排山倒海而來，外放、失根的生命無所適從，卻不知自己孜孜矻矻所追求的不過是塵穢臭腐。生命就此惑亂發狂，本性為物欲誘惑牽引，於是「真從妄喪」、「血氣俱作」，終至「貪逐外物」而遷動本性，導致真樸質性不斷流失的下場。生命錯置失位的景況，就算不早斃，也是精神衰憊，此即「根傷則精氣衰」。因此，王雱又點明說：「夫欲者，性之害者也。……苟為有欲矣，則將沉溺轉徙，喪我以逐物，而莫知所守矣，又何徼之能觀乎？」（〈道可道〉章第一，頁87），即深刻說明沉溺轉徙於物欲流行之中，

以至於「喪我以逐物，而莫知所守」，乃是失性、害性的主要原因 ❹。

實則，在王雱「道性合一」的理論前提之下，「失性」實即「失道」。他說：

> 道乃性之常，得性之常，奚足珍尚？（〈道沖〉章第四，頁95）

> 離道未遠，故其性最近道，蓋離道則善名立矣。（〈上善若水〉章第八，頁101）

> 上離道而治，則非性之質，而失其常矣。（〈太上〉章第十七，頁128）

> 民失其性，而不冥夫道；自有生以來，蓋已如此，非一日之積矣。（〈其政悶悶〉章第五十八，頁214）

> 全德之人，體道盡常。（〈上德不德〉章第三十八，頁172）

不失性，便能不離「道」，是所謂「全德之人」。若能「體道」、「悟道」，與「道」契合為一，便是「道性合一」、「天人合一」

---

❹ 王雱〈不尚賢〉章第三中又說：「昧者妄見可欲，所以心為之瞶亂；唯聖人能知諸物皆非真實，故萬態一視，而無取舍之心。若然，則心貧常夷，物豈能亂之？是以能不尚賢，不貴貨也。」，頁91。此亦點出昧者心之所以瞶亂，就在於「妄見可欲」之病。可見「失性」之主因就在於多欲的擾動。

的最高理境,故王雱乃歸結說:「離道而治,則非性之質,而失其常矣。」。因此,與「道」之自然渾樸冥合才是符應「性之本質」,至於一味追求「性之文」,只是在本性之外徒然增益多餘的外在虛飾而已,如此則與「道」漸行漸遠,日漸斲喪人的原始本色之後,便失去了人的常性。王雱以為這是一般人的通病,所以才說「民失其性,而不冥夫道;自有生以來,蓋已如此,非一日之積矣」,可謂切中肯綮點出問題之所在。王雱嘗言聖人之所為,即在於「救人亦不使遷其性而已。」(〈善行〉章第二十七,頁148)。「遷性」實即「失性」,而造成迷失、遷動本性的主因,就在於物欲的夾纏糾葛與虛飾浮文的盲昧追求。因此,在對峙「失性」、「遷性」的危機之下,王雱又提出所謂「復性」、「盡性」、「定性」、「澄性」等種種理論要求,以為生命實踐的可能方向與歸依,期能化解生命「失性」、「遷性」的可能危機。最後並提出「足性」、「暢性」之說以為聖人實踐的最高化境。凡此,皆是王雱性論精彩之處,以下即逐一闡述之。

二、對峙「失性」的理論依據

㈠復性、盡性

在宋代老子學的詮解趨向中,將「復性」之說融入《老子》,是一個相當普遍的共識。與王雱同時期的蘇轍《老子解》,就是一個足以作為代表的例子,此於前文已有相當篇幅之論述。蘇轍以「去妄復性」為老子學說的根本意向,其理論脈絡終極之處,就在於「復性歸道」的宗旨,可見得「復性」一主張,是其《老子解》中很重要的問題意識。同樣的,王雱在《老子注》中也時時強調

「復性」之說。「不尚賢，使民不爭。」，王雱就注說：「此篇務在齊物，使民復性。」（〈不尚賢〉章第三，頁 90），是援引莊子「齊物」之說，以作為《老子》「復性」之途徑。對於「復性」的主張，注文中所在多有，茲舉例說明如下：

> 為無為，非無為也，為在於無為而已；期於復性故也。
> （〈不尚賢〉章第三，頁 92）

> 老子於四時當秋，其德主金，靜一復性者也❹。（〈載營魄〉
> 章第十，頁 109）

> 復，復性起用，復還性根，動植雖殊，理歸一致。（〈致虛
> 極〉章第十六，頁 124）

---

❹ 觀此注解，亦可見王雱以「陰陽五行」的思想解《老》的趨向。其以老子四時當秋，其德主金，故以「靜一復性」為其宗旨。在其《老子注·序》中亦有相同觀點，他說：「自堯、舜至於孔子，禮章樂明，寓之以形名度數，而精神之運炳然見於制作之間。定尊卑，別賢否，以臨天下；事詳物眾，可謂盛矣。蓋於時有之，則夏是也。夏反而為秋，秋則斂其散而一之，落其華而實之。以辨物為德，以復性為常；其志靜，其事簡；夫秋豈期於反夏乎？蓋將以成歲而生物也。於是時也，動植之死者過半，然豈天命之至，果非小智之所及邪？秋蓋非歲之終也，則又有至者焉。故四時之變，於吾有之，則幼壯老死是也。」，頁 82；〈絕聖棄知〉第十九中也說：「或曰孔、孟明堯、舜之道，專以仁義。而子以老氏為正，何如？曰：夏以出生為功，而秋以收斂為德，一則使之榮華而去本，一則使之彫悴而反根；道歲也，聖人時也。」，頁 130。此中即以孔子主夏，老子主秋，闡明孔孟、老莊互為終始的關係。

老氏將斂天下之散亂迷錯。而復之性本；故且舉混成而已。
（〈有物混成〉章第二十五，頁142-143）

好靜則復性，上復性，則民亦復其性；故自正。（〈以正治
國〉章第五十七，頁212）

言下之意，蓋以「復性」為老子學說中的重要概念，不管《老子》
文本原先是申論形上思想、政治思想，或是人生哲理的抒發，皆一
致歸向「復性」之說。就王雱而言，乃以為學道的最終目的就在於
「復性」。他是這樣說的：

學道歸乎復性，復性歸乎體神，所以不能神者，由逐末忘
本，以物易己；故喪精失靈，沉為下愚也。（〈載營魄〉章第
十，頁107）

此中「學道歸乎復性，復性歸乎體神。」的觀點，即明示精神層次
的修養體認，方是為道途徑。就人的實存情境而言，精神常為形體
拘限，遂至「逐末忘本，以物易己」，生命凝滯不通，最後「滅神
徇形」、「以神從魄」。然而，人之所以為人的價值，就在於不為
形體所累，使能「神常載魄」、「抱一而體神」❷，此方是上智者

---

❷　〈載營魄〉章第十，王雱注說：「魄，陰物，形之主也。神之為物，廣大通
　　達，而不自了者；神常載於魄，故神反拘於形體，此廣者所以狹，通者所以
　　滯也。欲學此道者，當先廓其志氣，勿累於形體，使神常載魄，而不載於
　　魄；則可以抱一而體神矣。竊嘗論曰：人之既死，有升沉之異者，良由滅神

所為。反之,則沉淪為下愚者之「喪精失靈」,而人的「失性」可想而知。凡此,整體反應出王雱注《老》中,在點明「失性」的根本問題之後,隨即提出「復性」的理論要求,乃是不得不然的主張。

其次,另一個普遍的詮解共識,則是以《周易·說卦傳》「窮理盡性以至於命」被引用得最頻繁,蘇轍、王安石、王雱皆曾據此解讀《老子》相關學說,其時理學家所追求「天道性命相貫通」的思路,被轉化成為解《老》的重要概念,此大抵於本書第二章中已有詳論,此處不擬再贅述❹。通觀王雱《老子注》中,「盡性」一說隨手拈來,此殆是受「窮理盡性以至於命」一命題的影響,而「天道性命相貫通」的思維理路,也帶出王雱「盡性方能體道」的主張,他說:

　　夫唯抱一不二,乃體道盡性,物我玄同;故能應而不窮也。（〈曲則全〉章第二十二,頁140）

　　盡性,則體道,故示大。（〈有物混成〉章第二十五,頁144）

在「道性為一」的原則之下,不管是儒家的「天道性命相貫通」,或是王雱的「盡性體道」,都是在追求一種「天人合一」的最高境

徇形,以神從魄;故至於淪乎幽陰,化為異物也。」,頁 106。此概與蘇轍解《老》中「抱神載魄」的觀點一致。
❹ 參見本書第二章第二節「以〈說卦傳〉詮解《老子》的面向」,頁 38-48。

界。王雱以為「盡性體道」之後,便能達到「物我玄同」,乃至於應物而不窮,此亦是其所言:「民盡其性,則天地之和應,而萬物無不遂矣。」(〈治大國〉章第六十,頁218)。如此雖應物不暇,亦能不滯於物,而不為物所遷❹。因此,「盡性」既是天人契合的路徑,成聖的要件之一,就在於「盡性」以成全「人道」,如此方得以擬配「天道」。王雱說:

> 然聖人之仁,盡性而足。(〈上德不德〉章第三十八,頁173)

> 聖人寂然盡性,體盡真空;凡所思為,應物而有。(〈聖人無常〉章第四十九,頁193)

> 盡性之人,蓋將生天生地,宰制造化;其於事物,何所不能?盡性則大矣,大而化之,則聖矣。(〈治人事天〉章第五十九,頁217)

> 不徇事而得德,故能盡性;盡性,則人道備,故可以配天。(〈善為士〉章第六十八,頁234)

王氏以為,「不徇事而得德」便能「盡性」。實則,「得德」便是

---

❹　王雱:《老子注》,〈知其雄〉章第二十八中即說:「守雌,則能以虛靜受一切法,而不滯於物;故曰:為天下谿,此盡性者。」,頁152;〈含德之厚〉章第五十五中又說:「常者,性有定分,能盡其性;則自別於物,而物莫能遷;故曰:常。」,頁207。

保住人性之全，不徇於外事、外物，而能一心維持護養樸質之性的完整，便是「盡性」。聖人體道周備，其生命的全幅面貌即在於體盡「人道」（亦即是「盡性」），以合乎「天道」，故言「聖人之仁，盡性而足。」、「盡性，則人道備，故可以配天。」，此與前文蘇轍「復性歸道」的思維可謂如出一轍。

尤有進者，王雱又指出「盡性」的工夫方向，即在於對峙形軀生命的欲望夾纏。這也就是說，若能擺脫耳目感官的拘限、誘惑，當能做到「盡性」，他說：

> 性不為物誘，則久矣。此盡性者也。（〈知人者智〉章第三十三，頁163）

> 要在勝利欲之私，勝其私者，要在知內外之分；夫然後，能強行而進此道矣。此盡性復命之序也。（〈知人者智〉章第三十三，頁164）

> 唯盡性者，膠目塞耳，而無所不達。（〈不出戶〉章第四十七，頁190）

注文中以為「盡性復命之序」，首要乃在於「知內外之分」。明白理解了內我與外物的分別之後，進一步要能「勝利欲之私」，而超克一己之私後，本性遂不為外在物欲所惑，此即「盡性」。只有通達「盡性」工夫的人，才能「膠目塞耳，而無所不達」，這就是「盡性復命」。如此生命不向外耗損，外在的污染被隔絕，而能一

心向內葆養精神，就是老子所說的「嗇」。王雱說：

> 治人在乎正己，事天在乎盡性；此兩者，一於嗇而已。葆其
> 精神，不以外耗，內者嗇也。人之本真，充塞六極，無所不
> 徧，而終至於不足者，侈有為而輕自用故也。唯嗇也，故能
> 全吾所受命於天，而不多費於妄作。（〈治人事天〉章第五十
> 九，頁216）

只有透過「嗇」這個觀念，才能存全「吾所受命於天」的本性，而
不至於「多費於妄作」，此即葆養、愛惜天賦本性。如此，便不會
有無謂浪費或耗損精神的情事發生，於是「人之本真，充塞六極，
無所不徧」，此即是「事天在乎盡性」的理蘊。

　　在「盡性」的理論之下，連帶的也提出「盡性之治」的理想治
國藍圖，王雱說：

> 近而不交，無求於外也。此盡性之治，故民亦盡其性。竊嘗
> 考《論語》、《孟子》之終篇，皆稱堯、舜、禹、湯聖人之
> 事業。蓋以為舉是書而加之政，則其效可以比也。老子大聖
> 人也，而所遇之變，適當反本盡性之時；故獨明道德之意，
> 以收斂事物之散，而一之於樸。誠舉其書以加之政，則化民
> 成俗，此篇其效也。故《經》之義終焉。（〈小國寡民〉章第
> 八十，頁253-254）

老子「小國寡民」的桃花源境，在王雱看來即是「盡性之治」的極

致，其以為老子身處變亂動盪之際，適當為「反本盡性」之時，故應收斂事物紛散之象，而歸之於渾樸之道。王雱認為，若將《老子》思想運用於治理國政，其化民成俗之效，當亦可比擬《論語》、《孟子》中所稱許的聖人之治。因此，執政者亦應以「盡性」為其理身之道，此即王雱所言：「上不自厭其生而盡性，故民亦得盡性也。」（〈民不畏威〉章第七十二，頁240）。而「至德之世，民盡其性。」（〈大道廢〉章第十八，頁129），也就是王雱所以為最好的世代，此是其將性理思想落實到政治思維的一種義理傾向。

㈡定性、澄性

有宋一代理學家中，程明道〈定性書〉**⑮**一文，是性理之學中「定性」一說的代表，其以「識仁」、「定性」等道德實踐為證得「天人一本」的重要依據**⑯**。在王雱注《老》中，亦引「定性」之說為入道途徑，他說：

> 民衣食足，而性定矣。（〈不尚賢〉章第三，頁90）

> 知則妄見，欲則外求，二者既除，性情定矣。（〈不尚賢〉章第三，頁92）

---

⑮ 《二程集·一》，卷第二《河南程氏文集》〈答橫渠張子厚先生書〉（亦有題為〈答橫渠先生定性書〉），頁 460-461。此篇文章乃橫渠問於明道說：「定性未能不動，猶累於外物，何如？」，因而作此篇。

⑯ 關此，筆者曾為文闡述。參見拙著〈程明道一本論工夫歷程探微──以〈識仁篇〉、〈定性書〉為中心〉（《孔孟月刊》第三十一卷第二期，1992 年 10 月），頁 33-44。

> 強其骨非以自立而為賢,將以勝利欲而尊德性也。夫然後,
> 名不能移,利不能溺,而性常定矣。(〈不尚賢〉章第三,頁
> 93)

> 不與物搆,而坐觀其復,則性命定,而紛亂解矣。挫銳、解
> 紛,則性情定,而自然充實光輝矣。(〈道沖〉章第四,頁94)

> 能專氣則性定;性定,則智明;智明,則可以蕩滌除去,而
> 玄覽至理矣。(〈載營魄〉章第十,頁108)

引文中指出虛妄之見與外求之欲,是性情不能凝聚、靜定的主因。
若能去此二者,則生命的紛亂迷惑便能滌蕩除去,性情自然能定。
因此說:「不與物搆,而坐觀其復,則性命定,而紛亂解矣。」。
這也就是說,以一種不黏滯執取的態度去對應外物,時時返本復
初,如此便能拂亂而存全本性的寧靜純真;性情凝定而不妄作,便
能展現自然充實的光輝,進而玄覽至理。王氏據此亦配合「專氣」
之說以達至「性定」,生理血氣一旦專注凝聚,便能避免盲目蠢動
而不至於肆意泛濫,有效克制利欲熏心,而後名利亦不能移溺其本
性而自定,此即是智慧明達通透者,故言「能專氣則性定;性定,
則智明。」。觀明道之言「定性」,乃是配合其「識仁」之說與
「天人一本」的理論前提,是故特別彰明「性」之內涵,乃在證悟
天理仁體下貫而來的道德義理之性,而達至天人本一的化境,此與
王雱「定性」一說的思路是有著根本的差異。

　　至於「澄性」,在明道性論中亦有此說,其言:

> 凡人說性，只是說「繼之者善」也，孟子言人性善是也。夫
> 所謂「繼之者善」也者，猶水流而就下也。皆水也，有流而
> 至海，終無所汙，此何煩人力之為也？有流而未遠，固已漸
> 濁；有出而甚遠，方有所濁。有濁之多者，有濁之少者。清
> 濁雖不同，然不可以濁者不為水也。如此，則人不可以不加
> 澄治之功。固用力敏勇則疾清，用力緩怠則遲清，及其清
> 也，則卻只是元初水也。亦不是將清來換卻濁，亦不是取出
> 濁來置在一隅也。水之清，則性善之謂也。**⑰**

此中明道「以水喻性」，並以水之本質清純無雜比喻人性之善。水
之在山，其源頭本是清澈，卻不易為人所見。一經流出山頭，人人
可見，卻已有清濁程度的差異。有流而至海終無所濁；有流而未
遠，已為沙塵所混而漸濁；有流而甚遠，然後才為沙塵所混而濁。
於是，濁多、濁少之分亦明，此是源清而流不清。就水的源頭來講
是清，一經流變的歷程便有清、濁之別。這就好像人性的發用，當
它表現不順遂的時候，便容易受到限制，而呈現出混濁之態。然此
混濁之態，也只是暫時的現象，並不會影響人性本質上的清澈純
善，只要能用力敏勇於「澄治之功」，便能迅速回復人性本善，就
像原初山頭上沒有被污染的水一樣。引文中明道說「水之清，則性
善之謂也」，便點出其「澄性」之說的儒者基調，此也是他與王雱

---

⑰ 參見《河南程氏遺書》，卷第一，頁 10-11，此則並未注明大程或小程所說。
朱熹編：《近思錄》（臺北：臺灣商務印書館股份有限公司，1991 年 11
月），〈道篇〉中收錄此則，明示為明道語，卷一，頁 13-15。

所提「澄性」的最大不同之處。

王雱「澄性」之說，雖與明道有類似的論點，然而對於「性善」，則明顯非其理論脈絡的一環，他說：

> 水性本清，而濁者混於物空；人不自潔於物，故渾然若濁者
> 也。澄性者，與澄水同。加工，則動而彌濁，唯靜以俟之，
> 則徐自清矣。有道之士，所以物莫能濁者，以其靜之徐清。
>
> （〈古之善為士〉章第十五，頁121-122）

王雱對於人性的本質內涵，並不賦予道德價值的意義。其提出「澄性者，與澄水同」，並進一步以道家「守靜」的工夫來闡述「澄治」之效。注文中認為人性原本是清明透澈的，就好像是「水性本清」。只是因為智巧嗜欲的活動而使本性受到動盪、騷亂，以至於「渾然若濁」，這就好像對清水予以加工干擾，出現了「動而彌濁」之態。因此，有道之士應該揚棄這些智巧嗜欲活動的攪擾，而力求回復原本清淨靈明的本性，此即彷若將水「靜以俟之，則徐自清」，以達至澄清之效。因此，王雱總結說：「所以物莫能濁者，以其靜之徐清。」。有了靜定、澄治之功後，原本清澈靈明的人性本蘊，便不會因為面對現象世界的種種紛紜擾亂，而使得心靈污濁而蔽塞不安了。凡此，即是王雱「澄性」之說的主要內容。

(三)定性、暢性

從不同角度提點「復性」、「盡性」、「定性」、「澄性」種種工夫入路之後，面對欲望隨時妄作的形軀生命，就此也就有了實踐的方向。因此，若能時時「復其本性」、「盡其本蘊」，專注於

「凝定」之功,用力於「澄治」之效,則能於動靜俯仰之間自適快意,從心所欲而不失其本性之真。面對「失性」的可能危機,當能自覺地反省,從而對於人性安立與發用的種種問題,也就得以迎刃而解。有了以上的理論依據之後,王雱最後提出的「足性」、「暢性」之說,則是在人性得以安立之後的最高理境。關於「足性」,他說:

> 足於內則得;逐於外,則惑。(〈五色〉章第十二,頁113)

> 民自足於性分之內,則無遠遊交戰之患。(〈小國寡民〉章第八十,頁253)

> 性分之內,萬物皆足,窮居不損,大行不加。(〈知人者智〉章第三十三,頁163)

所謂「足性」便是「自足於性分之內」。「足性」是安其本然天性,這是物性得以自全而不被割裂的先決條件。而天然本性的「無文而素」、「渾樸自然」,便是所謂「性分之內」。因此,「性分之外」的過度追求,便容易導致生命迷亂、困惑,並且引來憂慮、災患。此亦是郭象注《莊子·馬蹄》時所說:「足性而止,無吞夷之欲,故物全。」❹的意旨。王雱在面對「失性」的可能危機之下,即要人滿足於「性分之內」,不作過度的無謂追逐。實際上,

---

❹ 《莊子集釋》,卷四中〈馬蹄〉第九,頁336。

強調「足性」，即是對峙欲壑難填最直接的一種方法。因此，「足性」可說是返本歸真的入道要徑，它同時是工夫，也是一種造道境界。

除此之外，又有「暢性」的提出，王雱說：

> 聖人之治天下也，雖窅然交喪，無為於上，而能使天、地、鬼、神、鳥、獸、草、木各暢其性，而兩不相傷；可謂至德矣。（〈執大象〉章第三十五，頁166）

王氏以為聖人之治理天下，若能使天下萬物各暢其性，便是「至德」的表現。「各暢其性」，是指順性而為，不壓抑、不干涉、不阻塞，隨任性之所發，暢然而無所偏至，此即是「從心所欲不踰矩」的最高境界。因此，我們可以說，在王雱一系列的性論主張中，「暢性」的提舉，可以說是他所建構種種性理思想的終極歸處。就王雱而言，談心論性的問題意識蓋出自於理學家性理思潮的影響，而其學術性格中的儒者基調當亦是原因之一，此乃得以證明其學術思想中合會儒、道兩家的企圖心❹，同時亦能回應其注

---

❹ 王雱在其《南華真經拾遺・第八》（《無求備齋莊子集成・初編》）中即說：「夫道，海也；聖人，百川也。道，歲也；聖人，時也。百川雖不同，而所同者海；四時雖不同，而所同者歲。孔孟老莊之道雖適時不同，而要其歸則豈離乎此哉？」，頁714。此即以道猶歲，聖人乃四時的譬喻，會通儒、道之學。實際上，除了儒、道會通外，合會儒、釋、道三家，方是王雱的最終理想。他在注《老》〈道可道〉章第一時即說：「《易》之陰、陽，《老》之有、無，以至於佛氏之色、空，其實一致，說有漸次耳。」，頁84。從王雱學術著作廣泛涉及儒、釋、道三家的情況而言，實得以理解其合

《老》時所說：「明乎道，則孔老相為終始矣！」（〈絕聖棄知〉章第十九，頁130）的主要觀點。

第四節　結　語

經過以上逐步的爬梳與論述之後，我們確實真切地感受到一個非常特殊的現象，老子思想的義理骨幹業已由形上思維、政治思想況味甚濃的基調，轉化成為心性思想的建構與抒發，而此亦透顯出蘇轍、王雱解《老》注《老》的主要特色。對於劉固盛提出以心性學說詮註《老子》的義理趨向，是宋代老子哲學思想解釋的一大突

會三家的企圖。他不但是《三經新義》（宋神宗熙寧六至八年王安石父子等奉敕撰，誠王氏一家之學，故文獻多逕題王安石作。）的主要撰者，又作策論三十餘篇。神宗熙寧年間設經義局，王雱主撰《尚書》、《詩經》二義。因此，其《老子注》中時而有引《尚書》、《詩經》以詮解《老子》的趨向，例如：〈為無為〉章第六十三：「功業既成，所謂大人也。《詩》曰：『小難（案：「雅」訛作「難」）盡廢則中國微矣』。此亦明大治之在積小也。」，頁224；〈用兵有言〉章第六十九：「竊嘗論之；《書》曰：『咸克厥愛允濟』。又曰：『勗哉，夫子尚桓桓亦何哀之有！』而老子之言兵，獨常如此者，論兵之道也。」，頁236；〈聖人無常〉章第四十九：「故能不持一物，而瞻足無窮也。《書》曰：『自我民聰明』」，頁193；〈善建不拔〉章第五十四：「夫然，故所遇彌廣，而彌有餘也。《書》曰：『天聰明，自我民聰明』。聖人天而已矣。」，頁204-205。可見王雱解《老》中，援引《尚書》、《詩經》文句解《老》，亦是其以儒解《老》的一個面向。此外，又著有《佛書義解》及《老子訓傳》、《南華真經新傳》等等，學養可謂三家兼綜。本章重點主要關注其儒、道交涉的問題，至於佛、道交涉的部分，則擬在本書第五章〈援引佛教觀點詮解《老子》的義理向度〉中發揮。

破的觀點，在蘇、王兩人的老學思想中，確實可以得到相當的印證，而此亦是本章之所以將兩人一併合觀的原因所在。之於蘇轍《老子解》與王雱《老子注》而言，其理論脈絡所彰顯的根本意向，實是儒、釋、道三家在面對此一時代，特重性理思想而有的共同提問，其間對於心性之學的豁顯與闡釋，不管是儒家的性理之學，還是禪宗的明心見性，皆能與老子相關學說進行充分的對話，以期能激盪出更多、更精彩的理論內容。

因此，本章在研究進路上，乃首先點明蘇轍解《老》中「復性歸道」的宗趣旨歸，此當與理學家所重視「道性合一」、「天道性命相貫通」的思路，有著一脈相承的關係。其次，則是點明「『妄』之所從出」，指出人心之所以迷妄的緣由，即在於以軀殼起念，純依耳目感官行事，因而使心向外攀緣執取，隨而墮入迷妄困惑的深淵。凡此種種，皆起因於「有身」之危機，一般人因為執迷「貴身」、「厚身」、「愛身」之故，遂以形軀假我當家作主，生命流放在外物的奔競追逐之中，於是產生「緣物而動」、「以身殉物」、「徇物忘道」的危機。蘇轍乃以聖人的「忘身而患不生」、「涉世而無累」、「廓然自得」、「復歸於性」來作為一般人學習的典範與目標。因此，在表明人心迷妄的根源之後，對於如何能夠「除妄以復性」，以歸向「體道」之路，子由提出的對應之道，主要就在於「抱神載魄」、「神虛氣柔」、「歸根能靜」的工夫上，如此便能達到「復性歸道」的宗趣旨歸，最後亦得以脫俗而成聖。而王雱則更進一步，在其《老子注》中大量申述性理學說的內涵。其理論脈絡乃首先說明「『性』之本質」，並提出導致「失性」的種種危機。同樣在「道性為一」的思想前提之下，鋪排出

「復性」、「盡性」、「定性」、「澄性」等主張，作為對峙「失性」一問題的實踐方向。而「足性」、「暢性」的提舉，則是復盡、澄定人性之後的最高理境。王雱從不同的角度提點「復性」、「盡性」、「定性」、「澄性」等工夫入路之後，面對欲望隨時妄作的形軀生命，也就有了對峙的力量與方向。因此，若能時時「復其本根」、「盡其本蘊」，專注用力於「凝定」、「澄治」之功，則能於動靜俯仰之間自適快意，從心所欲而不失其本真。通觀《老子》五千言，並無一「性」字出現，蘇、王兩人在解《老》注《老》中，極力發揚性理思想，側顯出宋代理學對老子學的潤澤與影響，同時也說明了心性理論在老子學史中發展成熟的概況。

第五章　援引佛教觀點詮解《老子》的義理向度

第一節　問題的提出

在老學史的發展脈絡裏，佛教徒的《老子注》可說是佛、老交融互攝的一個重要開端與起始。鳩摩羅什、僧肇並有《老子注》❶，雖然皆已佚失，但以其佛教徒的特殊身分而言，援引佛教觀點

---

❶　唐君毅：《中國哲學原論・原道篇》，卷一第八章〈老子之法地、法天、法道、更法自然之道（上）〉中說：「佛學入中國，鳩摩羅什、僧肇並有老子注，以見老學之旁通于異國之學，開近世以老學通西學之先河，此又為一型。」，頁 290。據《舊唐書・經籍志》中所載，鳩摩羅什有《老子注》殆無疑議。而羅什的弟子僧肇是否有《老子注》，則尚未定論。湯用彤：《漢魏兩晉南北朝佛教史》（臺北：臺灣中華書局，1983 年），其中即通過考證認為僧肇《老子注》是一本偽書，頁 235-236。此外，湯一介：〈關于僧肇注《道德經》問題——四論創建中國解釋學問題〉（《學術月刊》2000 年第 7 期），亦得出僧肇沒有《老子注》的結論，頁 22-25。關於僧肇是否注《老》，眾說紛紜，尚屬學術公案。然而，其學術思想特色中濃重的老、莊氛圍（如：《肇論》），則是無可疑議的。

詮解《老子》的義理向度，當是可以預期的。這些佛教徒的注
《老》，既不同於韓非〈解老〉、〈喻老〉的法家化，亦不同於漢
代《想爾注》的道教化，以及王弼《老子注》的玄學化，而恰恰是
一種佛教化的立場，著意在將老子思想佛教化，展開所謂「佛教老
學」的詮釋場域。而佛、老的交涉，也代表著兩者在學理上有諸多
相通的可能性與默契❷。唐末杜光庭的《道德真經廣聖義・序》
中，曾總結唐代以前的各家注解說：

> 所釋之理，諸家不同。或深了重玄，不滯空有；或溺推因
> 果，偏執三生；或引合儒宗；或趣歸空寂。莫不並探驪室，
> 競掇珠璣。俱陟鍾山，爭窺珪瓚。❸

從「所釋之理，諸家不同」，可以想見漢、唐以來老學研究者詮解
視角的多樣性。唐代以前注《老》趨向中，「趣歸空寂」的佛教詮

---

❷ 佛教史上所謂「格義佛教」的形成，即是佛、老思想在學理上融通的代表。
魏晉時期，佛教最初傳入中國，為了使大乘般若學易於傳播流通，援用老、
莊思想為媒介，以其固有的詞彙、義理來比附解釋佛經是主要的方法之一。
如以道家的「無」釋解佛教的「空」，認為通過這樣的方式即可量度經文正
義。如此，佛教思想得以最快的速度深入人心並獲得認同，且在當時形成一
股折衷老莊思想來說明和解釋佛教教義的思潮，史稱「格義佛教」。這是
「援道入佛」的詮解方式，是接引佛教思想入主中國的一種方便法門。此亦
證明佛、道兩家思想在義理上有諸多相通的可能。關此，參見徐小躍：《禪
與老莊》（臺北：揚智文化事業股份有限公司，1994 年 5 月），〈老莊本體
之道與佛禪本體之空〉，頁 105-118。

❸ 《道德真經廣聖義》（《正統道藏》第二十四冊），〈序〉第四，頁 0131。

釋也是主流之一。杜氏曾將佛教高僧鳩摩羅什、後趙圖澄，以及篤信佛教的梁武帝與道士寶略同歸為佛教徒注《老》的一類，指出其「皆明事理因果之道」❹的特點，概要說明了「以佛解《老》」的一種旨趣。到了唐代「重玄學」❺，更呈現出佛、老相激相盪的鮮明特色，主要就是根據大乘佛教的「空觀」理論，予以詮釋《老子》時的靈活運用。杜氏所言「莫不並探驪室，競掇珠璣。俱陟鍾山，爭窺珪瓚。」，說明其對於「以佛解《老》」的訓解方式，基本上採取認同與肯定的態度。

　　以唐代道士成玄英為例，《老子》二十七章「是以聖人常善救人，故無棄人。」他疏解說：

　　　　聖人即是前三業清靜，六根解脫之人也。為能發弘誓願救度

---

❹　《道德真經廣聖義》，卷五第十二中說：「符堅時羅什、後趙圖澄、梁武帝、梁道士寶略，皆明事理因果之道。」，頁 0179。

❺　劉固盛：〈《老子》哲學思想解釋的三次突破〉中說：「到唐代時，老學研究者對本體論的探索又進入了一個新的階段，那就是出現了以成玄英、李榮、杜光庭等為代表的一批道教學者在注解《老子》時所發展起來的『重玄』之學。『重玄』之學的建立和發展，是援佛入老，佛道相激的結果。」，頁 32。關於「重玄學」的內容，可參見陳鼓應主編：《道家文化研究》第十九輯「玄學與重玄學」專號（北京：新華書店，2002 年 6 月）；何建民：《道家思想的歷史轉折》，「上編」第一章〈道家重玄學的理論旨趣〉；董恩林：《唐代老學：重玄思辯中的理身理國之道》（北京：中國社會科學出版社，2002 年 5 月），第一章第七小節「重玄之道」等等。其中對於重玄之道皆有詳論，此處不擬贅述。

　　眾生，故常在世間，有感斯應，慈善平等，終不遺棄也。❻

此中所言道家「聖人」，經過佛教的點化，彷彿成了「三業清淨」、「六根解脫」、「救度眾生」、「大慈大悲」的「菩薩」形象。第二章「天下皆知美之為美，斯惡已。」，成疏中又說：

> 言一切蒼生莫不耽滯諸塵，而妄執美惡。逆其心者遂起憎嫌，名之為惡。順其意者，必生愛染，名之為美。不知諸法即有即空，美惡既空，何憎何愛？❼

其中所言「耽滯諸塵」、「妄執美惡」、「必生愛染」等語句，即是運用佛教概念與老子思想相證解。並以「不知諸法即有即空，美惡既空，何憎何愛？」，呼應老子對美、醜相對概念的反省，是以佛教「空觀」理論對老子思想進行新詮。此外，《唐玄宗御註道德真經》所呈現出對佛教思想的融攝亦不勝枚舉。諸如：以大乘空宗「諸法性空，不相因待」的觀念詮釋老子「天下萬物生於有，有生於無」❽，明顯削弱《老子》的形上思維，而以佛教「空觀」取而代之。御註中援引的佛教用語更是多見，如萬法、三業、三界、六

---

❻　《輯成玄英道德經開題序訣義疏・二》（《無求備齋老子集成・初編》），卷二，頁 23A。

❼　《輯成玄英道德經開題序訣義疏・一》，卷一，頁 6A。

❽　《唐玄宗御註道德真經》（《正統道藏》第十九冊），卷三第六，頁 0614。

根、頓漸、法性本空、真性、非自性等等❾。因此，唐代老子學中
「以佛解《老》」的風氣，殆因「重玄學」的盛況而得以風行一
時。

　　值得注意的是，繼唐代「重玄學」之後，「以佛解《老》」所
積澱形成的這股熱潮並未有稍退的跡象。兩宋時期殆因佛禪流行之
故❿，援引佛禪思想詮解《老子》的風氣仍盛，儒家士大夫、道
士、佛教徒、皇帝臣相等不同身分的人，無不受此思潮所影響。劉
固盛《宋元老學研究》中就說：

　　　　佛老關係是宋元老學中的又一個重要問題。在這一時期的
　　　　《老子》注釋者中，雖然僧人禪師的數量比不上士大夫與道

---

❾　關於玄宗的「援佛入《老》」，何建民：《道家思想的歷史轉折》第二章
　　〈道家重玄學的政教合一〉中有詳論，頁 73-74。黃劍主編：《道家思想史
　　綱》，第十八章第三節「唐玄宗崇道和注疏《道德經》」亦有所發揮。

❿　《河南程氏遺書》卷第十八中說：「今人不學則已，如學焉，未有不歸於禪
　　也。」，頁 196；司馬光：《司馬文正公傳家集·上》（臺北：臺灣商務印
　　書館，1968 年 9 月），卷十二〈戲呈堯夫〉中也說：「近來朝野客，無坐不
　　談禪。」，頁 185；據〔宋〕智磐：《佛祖統紀》，卷四十五中說：「荊公
　　王安石問文定張方平曰：『孔子去世百年生孟子，後絕無人，或有之而非醇
　　儒。』方平曰：『豈為無人？亦有過孟子者。』安石曰：『何人？』方平
　　曰：『馬祖、汾陽、雪峰、嚴頭、丹霞、雲門。』安石意未解，方平曰：
　　『儒門淡薄，收拾不住，皆歸釋氏。』安石欣然歎服。後以語張商英，撫几
　　賞之曰：『至哉，此論也！』」，收入《大正新脩大藏經》（臺北：新文豐
　　出版社，1973 年 6 月）冊四十九，頁 415。此中所言「儒門淡薄，收拾不
　　住，皆歸釋氏。」，即是當時佛禪興盛的一種寫照。

教徒，但佛教對老學的影響並不比其他任何思想遜色。**⓫**

佛教對老學的潤澤，就反映在兩宋人的《老子》注文中，學者隨文注解，宗旨意趣就隱含在注文之內。因為《老子》的文簡意賅，最是可容後人各引一端，以自成其說**⓬**。因此，析理宋代老學研究者「如何以佛教視界閱讀《老子》？」，乃是重要議題之一。劉惟永《道德真經集義》中，曾引石潭的話說：

> 《老子》之解多矣。以學儒者解之，多以儒之所謂道者言之，若程泰之、林竹溪之類是也；以學釋者解之，多以釋之所謂性者言之，若蘇穎濱、本來子之類是也。**⓭**

石潭所言「以學釋者解之，多以釋之所謂性者言之」，即明示出宋代解《老》趨向中，諸如蘇轍、邵若愚之類以釋教「性說」與老子思想相附合的詮釋觀點。因此，宋代老子學中「以佛解《老》」的面向，應是一個值得認真鉤稽的議題。

以宋代老學研究者的詮解觀點而言，「佛老不二」蓋為多數人

⓫ 劉固盛：《宋元老學研究》第二章第四節「佛老會通的新階段」，頁 45。

⓬ 唐君毅說：「大約昔之學者釋老子者，多是隨文註解，而宗趣所在，則隱于註文之內。……然觀中國學術史上老子之影響，其及于莊子外篇之言，韓非子解老、喻老之篇，淮南子原道諸訓，及漢、魏以來一切注老之家，與為道家或道教之思想者，則又見老子一書明有種種涵義，可容後人各引一端，以自成其說。」，《中國哲學原論·原道篇》，頁 291-292。

⓭ 《道德真經集義》（《正統道藏》第二十三冊），卷一第一，頁 0613。

的共識。蘇軾讀子由《老子解》之後說：

> 使晉宋間有此書，則佛老不為二。❹

此即透顯出解《老》者擬將「佛老會通」的趨向；王雱《老子注》中也說：

> 老之有、無，以至於佛氏之色、空，其實一致，說有漸次耳。❺

王氏亦以佛、老思想一致，只是「有無」、「色空」在言說層次上有漸次的分別而已；邵若愚《道德真經直解·敘事》中則說：

> 今所為注，凡言德者，事涉孔氏之門；言其大道虛寂，理准佛乘之旨。以儒、釋二教為證，撮道德合為一家。❻

本來子解《老》中明顯有以釋教思想合會老子道德之學的企圖，故

---

❹　蘇轍：《老子解》（《無求備齋老子集成·初編》），卷四附錄題文，頁25B-26A。本章以下所引皆依此本，僅於引文後標示卷數、頁數，不另作註。

❺　王雱：《老子注》（《老子崇寧五注》），頁 84。本章以下所引皆依此本，僅於引文後標示頁數，不另作註。

❻　邵若愚：《道德真經直解》（《正統道藏》第二十冊），敘事第三，頁0488。本章以下所引皆依此本，僅於引文後標示頁數，不另作註。

有「大道虛寂，理准佛乘之旨」的說法❶。而程俱撰《老子論》中也申述說：

> 唯常善也，故能救人無棄人，救物無棄物。有為之善，其能爾乎？唯無積也，故能為人己愈有，與人己愈多。往相之施，其能爾乎？推是道以濟天下而度群生，亦何儒、釋、老之分哉？❶

就終極理想而言，佛、老都是要「救人無棄人」、「救物無棄物」的。因此，就「推是道以濟天下而度群生」的目標來說並無二致。凡此，實可見當時學者調融佛、老的一種用心。

在《四庫全書》子部「道家類」的眾多書目中，有關宋代《老子》注書的部分，僅收錄儒者蘇轍的《道德經解》與道士葛長庚的《道德寶章》。《四庫全書總目提要》分別是這樣評述的：

> 蘇氏之學本出入於二氏之間，故得力於二氏者特深，而其發揮二氏者，亦足以自暢其說。是書（《道德經解》）大旨主於

---

❶ 王雲五編：《續修四庫全書提要》（臺北：臺灣商務印書館，1972 年），即評議邵氏是說：「故其注『強其骨』曰：『孔子嘆申棖之不剛者是也』；注『強行者有志』曰：『孔子志於道』；注『同謂之玄，玄之又玄』曰：『釋氏謂之不二法門』；注『谷神』曰：『釋氏以虛神謂之實相，取其不壞為義』。皆所謂以儒、釋二教為證者也。其實道不類儒，尤異於釋，既曰直解，不必以牽合二教為能事也。」，頁 2103-2104。

❶ 程俱：《老子論》（《無求備齋老子集成·初編》），〈老子論五〉，頁6B。

佛老同源，而又引中庸之說以相比附。⓳

> 其書（《道德寶章》）隨文標識，不訓詁字句，亦不旁為推
> 闡。所注乃少於本經，語意多近禪偈，蓋佛老同源故也。⓴

觀引文之意，可以見得《四庫全書》重點檢擇出宋代注《老》中的
兩部，皆主「佛老同源」的觀點，故其評述子由《道德經解》說
「大旨主於佛老同源」；評述白玉蟾《道德寶章》說「語意多近禪
偈，蓋佛老同源故也」。《四庫全書》標舉《道德經解》、《道德
寶章》作為當時注《老》的代表，其「佛老同源」的特質，頗能彰
顯出當時「以佛解《老》」的老學特徵。

　　林希逸在其《老子鬳齋口義·發題》中，亦曾就當時「以佛解
《老》」的現象提出一些個人的看法，他說：

> 且謂其（老子）多與佛書合，此卻不然。莊子宗老子者也，
> 其言實異於老子，故其自序以生與死與為主，具見天下篇，
> 所以多合於佛書。㉑

林氏不贊同「老子多與佛書合」的觀點。其以為莊子雖宗老子，然
而兩者言論實有相異之處。莊子哲學對於生死論題多所著墨，故謂

⓳　《四庫全書總目提要·道德經解提要》「子部」第三冊，頁 1079。
⓴　《四庫全書總目提要·道德寶章提要》「子部」第三冊，頁 1079。
㉑　林希逸：《老子鬳齋口義·發題》（《無求備齋老子集成·初編》），頁
　　2A。本章以下所引皆依此本，僅於引文後標示頁數，不另作註。

其與佛書合，是比較恰當的。但是，以老子思想而言，謂其與佛教觀點相合，則是不甚妥當的。林氏以為《老子》與佛書不合的見解，就是針對當時學者經常將《老子》與佛書合觀的現象所作的反省。不過，他雖然這樣批評，注《老》時卻又經常徵引佛理與《老子》交相訓釋，似乎也難以擺脫風氣的影響❷。葉夢得《老子解》中就說：「後老氏數百年，復有佛氏者出，其辭益荒遠深妙，而要其至到，與老氏殆相為表裏。」❸，在「老氏與佛氏相為表裏」的共識之下，顯示出宋代老子學詮解的多重面向中，「以佛解《老》」的義理向度，確實是一個值得發揮的重點。

　　根據筆者的全面觀察，對於「以佛解《老》」的詮解趨向，主要表現在兩個方面：其一是直接以摘句的方式，節錄佛教文獻詮解《老子》的面向。被援引的佛典，諸如《首楞嚴經》、《金剛般若波羅蜜經》、《六祖壇經》、《般若波羅蜜多心經》等多處可見。其間如何互訓，藉以達到佛、老會通的目的，頗值得關注。其二則是引用佛教重要術語詮解《老子》的面向。茲以「空」、「真空」；「妄想」、「分別」等佛教概念為代表，說明其間如何與老子思想相證解的概況。此外，零星使用的辭彙更是不勝枚舉，諸如「無我」、「真常」、「無相」、「六入」、「中道」、「不二法

---

❷　簡光明：〈林希逸《老子鬳齋口義》探義〉（《中國文化月刊》第 174 期，1994 年 4 月），一文中曾總結說：「林希逸雖然宣稱不可以莊老字義合於孔孟，又說老子異於佛教，然而所呈現出來的仍是三教合一的思想，因此，林希逸解老仍不脫其三教合一而歸儒的立場。」，頁 46。關於《老子鬳齋口義》「以佛解《老》」的部分，後文將有涉及，此處暫不申論。

❸　轉引自焦竑：《老子翼》，卷七，頁 34A。

「門」、「生滅」、「無著」、「無念」、「無染」、「無住」、「法界」等等佛教用語在《老子》注文中亦不時出現。相關重點的闡釋，希望對於宋代老子學中「以佛解《老》」的具體圖象，能有更充分的證成。而其間理論或得或失之處，亦有加以抉發釐清的必要，以下即分別論述之。

第二節　節錄佛教文獻詮解《老子》的面向

在直接徵引佛教文獻詮解《老子》的面向中，諸如《首楞嚴經》、《金剛般若波羅蜜經》、《六祖壇經》、《般若波羅蜜多心經》等等典籍，皆可見被援用之例。其間如何採互訓之方式以達到融通的目的，頗值得注意。《首楞嚴經》自唐代中葉在中土譯出之後，至宋代傳衍相當快速，廣泛盛行於僧俗、禪教之間。中國佛教天臺、華嚴、禪各宗都十分重視，相關注疏很多，皆嘗試從此經中汲取養份以建立自家的理論基礎。蘇轍、王雱皆曾節錄當時流行的《首楞嚴經》中的文句來詮解《老子》。如《老子》十四章原是描述渾淪整全的形上道體，具有「夷」（視之不見）、「希」（聽之不聞）、「微」（搏之不得）三項特質，因其非具象的物質存在，故不屬於感官經驗的對象。蘇轍解《老》中則說：

> 所謂一者，性也。三者，性之用也。人始有性而已，及其與
> 物搆，然後分裂四出，為視為聽為觸，日用而不知反其本，
> 非復混而為一，則日遠矣。若推而廣之，則佛氏所謂六入皆
> 然矣。《首楞嚴》有云：「反流全一，六用不行。」此之謂

也。（卷一，頁 17B-18A）

子由以「性」一概念扣合老子「道」的內涵，進一步說明「性」之
所以迷妄的緣由，在於「與物交搆」，然後「分裂四出」，陷溺在
物欲追逐之中，而不知返回本有的清靜自性。其中所引「反流全
一，六用不行。」，即摘錄自《首楞嚴經》，原文的語意脈絡是
「塵既不緣，根無所偶，反流全一，六用不行。」❷。其間的義理
思想是說，若心中沒有欲念夾纏，不與外塵相攀緣，六根便沒有對
象與其相對，如此心之全體即可回歸清淨自性，六根的六用也就無
從產生作用。此是憑藉佛理發揮《老子》「混而為一」的義蘊，子
由認為老子「混而為一」的「一」與佛氏「反流全一」的「一」相
同，都是「自性」的體現。若日用之間而不知時時返回「性本」，
則清靜自性就會漸行漸遠。子由在其〈書傳燈錄後〉一文中，亦曾
論及此說：

> 穎濱老曰：「六根為物所塞，為物所坐，則不見自性，不聞
> 自性，不能分別自性。若不為物所塞，不為物所坐，則可以
> 聞見自性，分別自性矣。」老子曰：「視之不見名曰夷，聽
> 之不聞名曰希，搏之不得名曰微，是三者不可致詰，故復混

---

❷　《首楞嚴義疏注經》（《大正新脩大藏經》冊三十九），卷第十之一，頁
　　961 中。卷第八之一中也說：「反流全一，六用不行。正違現業也。既不隨
　　塵，復歸元性。元性之中本無根塵，夫何為偶。根境不生，六用不起，唯一
　　圓常妙覺明體。」，頁 926 上。兩段文意相同。

而為一，則性也。」凡老子之言，與佛同者，類如此。❷⑤

此中即是以《老子》十四章與佛法相附合。以「混而為一」的「一」為「清靜自性」，並以六根「為物所塞，為物所坐」，是「不見自性，不聞自性，不能分別自性。」的原因，如此便是《老子》十四章所謂「視之不見」、「聽之不聞」、「搏之不得」；而六根「不為物所塞，不為物所坐」，則是可以「聞見自性」、「分別自性」的門徑。子由此處扣合老子「道論」與釋教「性說」的思路，與其詮解《老子》十四章的觀點如出一轍。以「性」論「道」，將老子形上道論轉化成為人性欲念的點掇與反省，側重點雖然已偏離老子原意，但卻透顯出佛禪性說對當時老子學的激盪與影響❷⑥。

---

❷⑤　蘇轍：《欒城三集》，卷第九，收入《欒城集·下》，頁 77。子由曾寫〈抱一頌〉，以為是瞿曇正法，即取自《老子》第二十二章「是以聖人抱一為天下式。」的概念，《欒城後集》，卷第五，收入《欒城集·下》，頁 62。杜道堅：《道德玄經原旨》（《正統道藏》第二十一冊），牟巘〈序〉中即說：「至蘇子由，直以『是謂襲明』為釋氏之傳燈。」，頁 0396。因此，子由《老子解》中的佛教況味應是無庸置疑的。

❷⑥　劉固盛：《宋元老學研究》，第一章第二節「禪風盛行」中就說：「到了宋元，心性論成為儒、道、釋三教共同探討的時代課題，在這一時代潮流的影響之下，當時學者對《老子》哲學思想的解釋也發生了深刻變化，其重心由宋代以前的宇宙本體論演變成對心性問題的探討。」，頁 19。關於蘇轍《老子解》中以「性」論「道」的觀點，參見本書第四章第二節〈蘇轍《老子解》的性理思想〉，頁 116-142。第四章的重點雖然僅在申論儒家心性思想對老子學的潤澤與影響，但是筆者並非有意忽視佛禪心性學說與老子學的深刻關係。蓋因此一論題關注的學者較多，且在本章中亦稍有涉及，故無設計專章討論，特此說明。

　　子由《老子解》附題中，敘述其在筠州與禪僧道全論道的經歷時說：

> 是時，予方解《老子》，每解一章，輒以示全，全輒嘆曰：
> 皆佛說也。予居筠五年而北歸，全不久亦化去，逮今二十餘
> 年矣。凡《老子解》亦時有所刊定，未有不與佛法合者。
> （卷四，頁 24B-25A）

可見得無論是禪僧道全抑是儒者子由，皆認為老子思想「未有不與佛法合者」。因此，《老子解》中「以佛解《老》」的向度，乃可謂子由「有意為之」的結果。朱熹便曾就蘇轍的佛、老合觀提出非議，他說：

> 蘇子由乃以忘身為言，是乃佛家夢幻泡影之遺意，而非老氏
> 之本真矣！❷⃝

朱子所謂「非老氏之本真」的負面評價，就是針對子由解《老子》「及吾無身，吾有何患？」時說：「夫惟達人知性之無壞而身之非實，忽然忘身而天下之患盡去，然後可以涉世而無累矣。」（卷一，頁 16B），所下的評斷之語。「知性之無壞而身之非實，忽然忘

---

❷⃝　朱熹：《老子解》，收入嚴靈峯輯校：《老子宋注叢殘》，頁 125。朱子有
　　〈蘇黃門老子解〉一文，其中對子由《老子解》多所批評。參見《朱子文
　　集·柒》，卷第七十二，頁 3604-3607。

身而天下之患盡去」，確屬佛義。朱子認為佛氏之「忘身」，乃因緣於佛家夢幻泡影之遺意，以此比況老子「無身」之說，其實並不恰當。

此外，王雱《老子注》中「以佛解《老》」的跡象也很明顯。其曾撰作《佛書義解》❷❽，表示他對佛教思想有著相當程度的理解，但也正因為佛教的學養、學歷，使得他在詮註《老子》之時，很難擺脫個人的學術背景，而以佛學的視角來閱讀《老子》。觀其解《老子》二十五章「道法自然」一句，即援引《首楞嚴經》進行理論的縉合，他說：

> 自然在此道之先，而猶非道之極致。……佛氏曰：「非因、
> 非緣，亦非自然。」自然者，在有物之上，而出非物之下。
>
> （〈有物混成〉章第二十五，頁145）

《首楞嚴經》此處的文意脈絡是：「當知如是精覺妙明，非因非緣，亦非自然，非不自然。無非不非，無是非是，離一切相，即一切法。」❷❾。「精覺妙明」就是「真如覺性」，《首楞嚴經》即以「真如覺性」為宇宙萬物的超越根據，主要是以雙遣有、無的方式，言人之「真如覺性」，乃非因、非緣、非自然、非不自然的，因

---

❷❽　《宋史》卷三百二十七，列傳第八十六〈王安石〉，文後附〈王雱傳〉曰：
　　「雱氣豪，睥睨一世，不能作小官。作策三十餘篇，極論天下事。又作《老子訓傳》及《佛書義解》，亦數萬言。」，頁4147。

❷❾　《首楞嚴義疏注經》，（《大正新脩大藏經》冊三十九），卷第二之二，頁853上。

為因、緣、自然、不自然皆是眾生妄心計度的結果，而「真如覺性」沒有非與不非，自然與不自然，也沒有是與非是的問題，它遠離一切相，又融攝一切法。王雱掐頭去尾引錄其中「非因、非緣，亦非自然」的文句與老子「道法自然」相比觀，殆僅因「自然」一辭字面相同而已。專就《老子》「道法自然」的內容意義而言，此乃抒發形上道體「自然」㉚之質性，「自然」是老子哲學的基本精神，「道法自然」是說道的本質純任自然、自己如此、無有矯作。四大（道、天、地、人）的可貴之處，就在於體認自然而行，王雱的援引實際上並不能貼切應合老子原意。明代焦竑《老子翼》詮解《老子》「希言自然」一句時，或亦受此影響而發揮說：

> 或曰《首楞嚴》言：非因緣、非自然，而老氏以自然為宗，
> 有以異乎？余曰：無以異也。……故曰：精覺妙明，非因非
> 緣，非自然非不自然，離一切相，即一切法。蓋所謂不可道
> 之常道如此。㉛

㉚　王弼注《老子》二十五章「道法自然」時即說：「道不違自然，乃得其性。」，《老子周易王弼注校釋》，頁 65。

㉛　《老子翼》，卷二，頁 39B-40A。《四庫全書》所收明代注《老》之書，僅見焦竑《老子翼》。焦氏特別喜愛《老子》，搜遍歷代注《老》名著六十四家之說，並以己說為筆乘，完成了《老子翼》一書。其中以佛家之說解《老》，是主要特色之一。例如：《老子翼》，卷二〈孔德之容〉章筆乘中說：「釋氏多以觀門示人悟人，老子之言豈復異此？故閱眾始，則前際空。觀其徵，則後際空。萬物並作觀其復，則當處空。一念歸根，三際永斷，而要以能觀得之。學者誠有意乎知常也，則必自此始矣。」，頁 34A。此無疑是將佛教一切皆空的理論，融入老子學說之中。

焦竑以為老子的「常道」和佛教所謂「真如覺性」是一樣的。老子
不可道的「常道」以「自然為宗」，此即是《首楞嚴》中說：「精
覺妙明，非因非緣，非自然非不自然，離一切相，即一切法。」。
順著王雱的思路，焦氏將人何以有「真如覺性」乃「非因、非緣、
非自然」的說法與老子「以自然為宗」相證解，進一步提出其間
「無以異」的看法，此是在形式上徑將佛、老縫合，將「性」提升
到「道」的高度，以求「道性合一」的觀點。對於鮮少論「性」的
老子哲學而言，此蓋亦是一種新解。明代高僧釋德清則可說是以
《首楞嚴經》來訓解《老子》的代表，他在《道德經解》中就說：

> 愚謂看老莊者，先要熟覽教乘，精透楞嚴，融會吾佛破執之
> 論，則不被他文字所惑。[32]

> 老氏所宗，以虛無自然為妙道。此即楞嚴所謂分別都無，非
> 色非空。拘舍離等昧為冥諦者，是已。[33]

憨山大師在闡釋老子思想的趣向、宗旨時，即明示要研讀《老子》
必先精透《楞嚴》，融會釋教「破執」之論後，方才不為《老子》

---

[32] 釋德清：《道德經解》（臺北：新文豐出版公司，1982 年 12 月），卷首
〈發明趣向〉，頁 42。

[33] 《道德經解》，卷首〈發明宗旨〉，頁 40。憨山在〈發明歸趣〉中也說：
「愚意孔老，即佛之化身也。後世學佛之徒，若不知老，則直管往虛空裏看
將去。目前法法都是障礙，事事不得解脫。」，頁 49。凡此，實可見憨山融
通佛、老的問題意識。

文字所惑。而在哲理方面，則以老子「虛無自然」之妙道，為《楞嚴經》所謂「分別都無，非色非空。」的道理。他的《道德經解》一書，主要便是透過《楞嚴經》來證解《老子》的相關學說❸，在老學史上堪稱為「以佛解《老》」的巨擘❸，其間佛、老會通的思路最是清晰可見。然而，根據以上論述，我們其實可以發現，以《首楞嚴經》詮解《老子》的義理向度，在宋代老子學中早已開啟了重要的端倪。

此外，復以道士葛長庚的《道德寶章》最值得關注，其間亦大量節錄佛典文句與老子思想相應合。適園居士說：「蟾仙解《老》就老氏本文稍為隱括，下一轉語，大類禪旨。」❸，其所謂「大類禪旨」，即是就葛氏援引佛禪解《老》的特色而立論。此與《四庫全書·提要》中言其：「語意多近禪偈，蓋佛老同源故也。」，乃是不謀而合的。葛氏採取隨文標識的詮解方式，其間不訓詁字句，也不推闡義理，只是以簡要的一、兩句話與《老子》並觀。如其以

---

❸ 憨山援引《楞嚴經》解讀《老子》的例子相當多見。如《道德經解·上篇》解「載營魄抱一，能無離乎？」中說：「故動則乘魂，營營而亂想。靜則乘魄，昧昧而昏沉。是皆不能抱一也。故楞嚴曰，精神魂魄，遞相離合，是也。」，頁61；解「其精甚真」中說：「其精甚真，此正楞嚴所謂唯一精真。精色不沉，發現幽祕，此則名為識陰區宇也。」，頁77。

❸ 唐君毅：《中國哲學原論·導論篇》第十一章〈原道上：老子言道之六義〉中即說：「四庫全書總目提要，于道家書著錄者不多，而有蘇轍之道德經解。其書主佛老同源，而又引中庸之說。此乃假儒釋之言以通老，為明末以來，會同三教之論之先河。憨山德清道德經解，斯為巨擘。」，頁369。

❸ 葛長庚：《道德寶章》（《無求備齋老子集成·初編》），附〈刻道德寶章跋〉，頁1B。本章以下所引皆依此本，僅於文後標示頁數，不另作註。

《金剛般若波羅蜜經》詮解《老子》：

> 如如不動。（〈歸根〉章，頁8A）**❸❼**

> 應無所住而生其心。（〈異俗〉章，頁9B）**❸❽**

> 凡所有相皆是虛妄。（〈苦恩〉章，頁12A）**❸❾**

葛氏引《金剛經》「如如不動」證解《老子》「復命曰常」（十六
章）；以「應無所住而生其心」比況「乘乘兮若無所歸」（二十
章）；以「凡所有相皆是虛妄」與「自見者不明」（二十四章）互
訓。如此比附通常無法整全顧及兩家思想架構的差異，而僅就文辭
或表面字義的相似點做形式上的類比而已。事實上，若是屬於義理
思想的共法之處，其間之會通蓋不至於造成嚴重問題，但若是涉及
不共法之處，形式類比則有可能流於一種牽強附會。例如：「如如
不動」是說真性本體自如自在、不生不滅的樣態，此與《老子》主

---

❸❼ 鳩摩羅什譯：《金剛般若波羅蜜經》（《大正新脩大藏經》冊八）中說：
「云何為人演說？不取於相，如如不動。」，頁752中。

❸❽ 《金剛般若波羅蜜經》中說：「不應住色生心，不應住聲、香、味、觸、法
生心，應無所住而生其心。」，同前註書，頁749下。邵若愚也曾以「無所
住心」釋老子「德」的內蘊。《道德真經直解·紀末第五》中說：「無所住
心，此名曰德。」，頁525下。這其實是以佛教「無住」的觀念，發揮老子
「德」的意涵。

❸❾ 《金剛般若波羅蜜經》中說：「凡所有相皆是虛妄，若見諸相非相，則見如
來。」，同註❸❼書，頁749上。

張回復性命虛靜本真的歸根哲學，側重點與思維理路都有不同；又以釋教心無所執的理境比附《老子》淡泊無繫的人生態度，此則尚能應合；以「凡所有相皆是虛妄」彰顯《老子》言自逞己見者，反而不得自明的觀點，此說雖無造成誤詮，但因兩家理脈殊別之故，合觀之下仍顯突兀。白玉蟾的援引佛典解讀《老子》，並沒能依循所引用文獻的義理內涵，而是取其名、捨其實，又因為專務簡要，其間亦不多作闡釋衍義，故常有不相及之感，文意難曉之弊也就隨之而生了❹。援引《金剛經》詮解《老子》，蓋與兩宋佛禪的流衍相攸關，《金剛經》是中國僧眾傳誦最為廣泛的大乘經典之一，禪宗自達摩祖師起，就以《金剛經》為印心證道的重要法典，六祖惠能的出家、悟道更是受到此經文的影響❹。

除此之外，葛氏又援引其他佛典中的文句與老子學說相呼應。在佛教，了脫生死輪迴是一件大事，萬物生死無常、變化迅速，葛氏復引《六祖壇經》「生死事大，無常迅速」訓解「人之所畏，不

---

❹ 劉惟永：《道德真經集義》，卷一第二中曾評議葛氏《道德寶章》說：「至於道家之解如白玉蟾之類，固是本色，然但一向好高而務簡徑，其辭多不可曉，反成郭象之註莊子焉。」，頁 0614。

❹ 《六祖壇經・行由品第一》中載：「惠能一聞經語，心即開悟。遂問：『客誦何經？』客曰：『《金剛經》。』」；又載：「祖以杖擊碓三下而去。惠能即會祖意，三鼓入室。祖以袈裟遮圍，不令人見，為說《金剛經》。至『應無所住而生其心』，惠能言下大悟，一切萬法不離自性。」；《六祖壇經》正是惠能在韶州大梵寺中演說《金剛經》的記錄。因此，他特別重視《金剛經》。他說：「善知識！若欲入甚深法界，及般若三昧者，須修般若行，持誦《金剛般若經》，即得見性。」。參見釋法海撰、丁福保註：《六祖壇經箋註》，分見頁 60、79-80、110。

可不畏」（〈異俗〉章，頁 9B）❷；又引《般若波羅蜜多心經》「照見五蘊皆空」解「雞狗之聲相聞」（〈獨立〉章，頁 37B）❸。此摘句式的比附與《老子》原意或有相當出入，雖然窒礙難通，但是葛氏融通佛、老的企圖昭然若揭。觀林希逸《老子鬳齋口義上》中，亦曾援引《般若波羅蜜多心經》詮釋《老子》，他說：

> 光而不露，故曰和其光。無塵而不自潔，故曰同其塵。此佛經所謂不垢不淨也。（〈道沖〉章，頁 7A）

> 蕩滌瑕垢而觀覽玄冥，則必有分別之心。無疵者，無分別也，雖蕩滌瑕垢而有不垢不淨之心，則能抱一矣。（〈載營魄〉章，頁 12A）

林氏以《心經》「不垢不淨」❹詮釋《老子》的「和光同塵」，進一步以「無疵」為「無分別」，並以「蕩滌瑕垢」而後有「不垢不淨之心」，為能達到老子所謂「抱一」的路徑。本章前文曾述及林氏主張《老子》與佛書不合的見解，但其注《老》中仍然未能免於徵引佛語，似乎還是難以擺脫佛老融通的風氣影響。綜而言之，以

---

❷　《六祖壇經・機緣品》，永嘉玄覺禪師說：「生死事大，無常迅速。」，惠能回答說：「何不體取無生，了無速乎？」，同前註書，頁 205。

❸　〔唐〕玄奘譯：《般若般羅蜜多心經》（《大正新脩大藏經》冊八）中說：「觀自在菩薩，行深般若波羅蜜多時，照見五蘊皆空。」，頁 848 下。

❹　《般若波羅蜜多心經》中說：「舍利子，是諸法空相。不生不滅、不垢不淨、不增不減。」，頁 848 下。

摘句的方式，直接援引佛典文句詮解《老子》，是宋代注《老》解
《老》中重要的詮解向度，其間義理思想的會通，雖然難免有扞格
不入的現象發生，但是佛、老交涉的老學特徵，經由以上的推論演
繹，確實可以得到初步的結論。

第三節　引用佛教重要術語詮解《老子》的面向

　　除了徵引佛教文獻詮解《老子》之外，被引用的佛教重要術語
更是所在多有。若能就此予以爬梳整理，對於宋代老子學「以佛解
《老》」的面向，當能有更清晰的輪廓。因此，茲以「空」、「真
空」；「妄想」、「分別」等佛教概念為代表，說明其間如何與老
子思想相證解的概況。此外，零星使用的辭彙更是不勝枚舉，諸如
「無我」、「真常」、「無相」、「六入」、「中道」、「不二法
門」、「生滅」、「無著」、「無念」、「無染」、「無住」、
「法界」等等，亦在時人注《老》解《老》中不時出現。以下即分
別加以闡述。

一、空、真空

　　「空」、「真空」是佛教主要的基本概念之一。宋代老子學
中，運用「空」、「真空」以訓解老子相關學說的例子相當多見。
茲先討論「空」的引用，諸如：

　　　超然坐視，萬法俱空，然後可以用空而立法，而與同吉凶之

患。（陸佃：《老子注》❹，〈載營魄〉章第十，頁 269）

昔者佛氏蓋嘗為色空之說，自無適有謂之色，色出於無，則
雖色而未嘗不空，自有入無謂之空，空反於有，則雖空而未
嘗非色，色與空雖黃帝神禹不能窺其間矣！（葉夢得：《老子
解》❹卷上，〈道可道〉章第一，頁 1A-1B）

惟聖人為能超乎有無之外，而遊乎有無之間。我欲求之於
無，故觀之於空，而妙者在焉。（葉夢得《老子解》卷上，〈道
可道〉章第一，頁 1B）

萬法歸一，一心本空。（葛長庚：《道德寶章》，〈體道〉章，頁
1B）

人心虛寂，萬境自空，所以不畏萬物之戚。（邵若愚：《道德
真經直解》卷四第十三，頁 0520）

依據佛教的義理脈絡，「空」並非「無」，亦非一般意義的「不存
在」，而是抒發世間一切法因緣生、因緣起、因緣滅的存在樣態，
因為一切法依因待緣，故無獨立自主性，此之謂「緣起性空」。因

---

❹ 收入《老子崇寧五注》。本章以下所引皆依此本，僅於引文後標示頁數，不
另作註。

❹ 收入《無求備齋老子集成‧初編》。本章以下所引皆依此本，僅於引文後標
示頁數，不另作註。

此，「空」乃是針對存在的「無自性」而立論❼。從引文來看，陸氏以「超然坐視，萬法俱空」、「用空而立法」加強說明老子「滌除玄覽」的境界；葉夢得則以佛教「色」、「空」❽之說深入發揮《老子》「有」、「無」之論，以「自無適有」為「色」，「自有入無」為「空」，並以「色出於無，則雖色而未嘗不空」、「空反於有，則雖空而未嘗非色」推衍其間關係，將老子「有、無」與佛教「色、空」兩組概念的辯證關係並列析論；葉氏又以「我欲求之於無，故觀之於空，而妙者在焉」，詮解《老子》「常無，欲以觀其妙」的內蘊，將佛教「空觀」理論納入老子思想體系之中；葛長庚以「萬法歸一，一心本空」，詮解老子首章「同出而異名」；邵若愚則以「人心虛寂，萬境自空」，訓解老子「民不畏威」等等。實際上，《老子》文本原不涉「空」，且「空」義在釋教理脈之下，自有其理論上的特殊涵意，這樣的佛、老融攝，充其量只是表面的附和而已。

「真空」一辭的使用亦多見，諸如：

> 聖人寂然盡性，體盡真空。（王雱：《老子注》，〈聖人無常〉章第四十九，頁 193）

> 上德無為，而無以為。此心跡俱無為者也，所謂真空是也。

---

❼ 關於「空」，參見勞思光《新編中國哲學史・二》（臺北：三民書局，1987年9月），第三章〈中國佛教哲學〉「大乘教義」部分，頁 194-196。

❽ 《般若波羅蜜多心經》（《大正新脩大藏經》冊八）中說：「色即是空，空即是色。色不異空，空不異色。」，頁 848 下。

真空者，聖人所以極高明，而其崇以效天者也。下德為之，而有以為。此心跡俱有為者也。所謂妙有是也。妙有者，聖人之所以道中庸，而其卑法地者也。（劉驥：《老子注》❹，〈上德無為〉章第三十八，頁308）

真空便是無私之意，實有便是能成其私之意。（林希逸：《老子鬳齋口義上》，〈天長地久〉章第七，頁10A）

故曰其中有象，其中有物，其中有精，此即真空，而後實有也。（林希逸：《老子鬳齋口義上》，〈孔德之容〉章第二十一，頁21B）

能曲而後能全，能枉而後能直，能窪而後能盈，能弊而後能新，能少而後能多，此皆能不足而後能有餘，能真空而後實有之意。（林希逸：《老子鬳齋口義上》，〈曲則全〉章第二十二，頁22A）

王雱「體盡真空」的聖人形象，是佛教化的聖人觀；而劉驥則以「真空」、「妙有」言《老子》「上德」、「下德」之別❺，其以

---

❹　收入《老子崇寧五注》。本章以下所引皆依此本，僅於引文後標示頁數，不另作註。

❺　休休庵：《老子解》中，也曾以「真空」、「妙有」解《老子》首章的義蘊，他說：「虛明湛寂，無相無名，空而有靈，是謂真空；有而無相，是謂妙有。真空妙有，靈妙無窮；大達者尊而稱之曰道。」，此是以「真空」、

為聖人「極高明而道中庸」❺，並且兼具上、下之德。「上德無為，而無以為」是「真空者」，其「心跡俱無為」，是「聖人所以極高明，而其崇以效天者也。」；「下德為之，而有以為」是「妙有者」，其「心跡俱有為」，是「聖人之所以道中庸，而其卑法地者也。」。此處以老子「下德」比況佛氏「妙有」之說，與老子原先貶抑「下德不失德，是以無德。」的理論旨趣，有著相當出入；林希逸則以「真空」、「實有」言老子「以其無私，故能成其私」之意。並以「真空」而後「實有」，闡釋形上之道「其中有象」、「其中有物」、「其中有精」的樣態，以及「曲則全」、「枉則直」、「窪則盈」等「能不足而後能有餘」的道理。凡此，忽略釋教「真空」、「妙有」所指涉的特殊內涵，直接將其與《老子》合觀，並予以義理上的附會，不能不說是理解的缺失與疏漏。

除此之外，亦有以「空性」、「性空」解《老》者，例如：

> 芸芸者，所謂幻化也；各歸其根者，所謂空性也。幻化有滅，而空性無壞。（陸佃：《老子注》，〈致虛章〉第十六，頁273）

> 人之有生形體，密化其在嬰兒則性空無知，經所謂「常德不離」，而繼之以復歸於嬰兒者是也。（江澂《道德真經疏義》❺

「妙有」言老子「道」的雙重特質。收入《老子宋注叢殘》，頁219-220。

❺ 語出《中庸》，參見《四書章句集注·中庸章句》，頁47。

❺ 收入《正統道藏》第二十冊。本章以下所引皆依此本，僅於引文後標示頁數，不另作註。

卷五第十四，〈絕學無憂〉章第二十，頁 0804）

陸氏以「各歸其根」與「空性」互訓；江氏則以「嬰兒」為「性空無知」，此皆是佛理的闡發。在葛長庚《道德寶章》一系列的精要注語中，關於佛教「空」義的使用也很多見，如其以「空也」解《老子》「修之於天下」（〈脩觀〉章，頁 25B）；以「真空」解「其德乃普」（〈脩觀〉章，頁 25B）；以「觀空非空」解「同其塵」（〈玄德〉章，頁 26B）；以「性空」解「以輔萬物之自然而不敢為」（〈守微〉章，頁 31A）、「處前而民不害」（〈後己〉章，頁 31B）、「天下皆謂我道大」（〈三寶〉章，頁 32A）等等；這樣的解釋雖然對老子哲學提供了另一種理解的入路，但是與原意的違離割裂也是不爭的事實。

二、妄想、分別

關於世間一切法都是虛妄不實的，只有自性、本性才是真實的佛教概念，亦充斥在宋代注《老》解《老》的文字當中，因為不能理解凡所有相皆是虛妄的道理，以之為「實」，遂至逐物而失性。因此，面對這個假相世界必須時時「去妄以復性」的說法，在時人老學思想中便經常出現❸。蘇轍解《老子》「唯之與阿，相去幾何？」時就說：

---

❸　關於「妄」，蘇轍《老子解》、王雱《老子注》中即多所發揮，參見本書第四章〈援引心性思想詮解《老子》的義理向度〉，頁 113-166。

> 夫惟聖人知萬物同出於性，而皆成於妄，如畫馬牛，如刻虎
> 麑，皆非其實。（卷二，頁 4B）

子由認為，唯有聖人方知萬物之成如「畫馬牛」、「刻虎麑」，皆
屬虛妄、非真實的存在，此是吸納佛教夢幻泡影之意，主張萬物妄
幻，一切皆空的道理。蘇轍在《老子解》中所說：「知萬物之出於
妄，未嘗有所留也。」（卷一，頁 19B）、「顧視萬物無一非妄」
（卷三，頁 13A）即屬同一思路。此觀念在宋代解《老》注文中所在
多有，如葛長庚《道德寶章》中說：「天地萬物無非妄幻。」
（〈虛無〉章，頁 11B）；陸佃《老子注》中說：「芸芸者，所謂幻化
也」（〈致虛極〉章第十六，頁 273）；王雱《老子注》中說：「唯聖人
能知諸物皆非真實，故萬態一視，而無取舍之心。」（〈不尚賢〉章
第三，頁 91）。此中所持「萬物幻化」的觀點相當一致，因為「幻
化」、「妄幻」，所以是「空」，「空」是說明一切法存在的如實
面貌，並非萬物所以存在的形上依據。這很清楚是將佛教的世界
觀移植到老子思想中，對於重視「道」為宇宙萬物之形上依據的道
家哲學來說，佛教所謂「天地萬物無非妄幻」的說法實在不能相
應。

因為強調「去妄」，遂有「妄生分別」的命題產生，對於「分
別心」的諸多反省亦隨之而生。而「去分別」正是佛教理論重點之
一，此亦在《老子》注文中一再出現，茲將相關注文臚列如下，再
加以說明：

種種分別，遂生妄想。（王安石：《老子注》❺❹，〈其政悶悶〉章第五十八，頁72）

道本無物，而物有妄情，自相分別，此溺於轉徙之流，而不能自出故爾。（王雱：《老子注》，〈天下皆知〉章第二，頁87）

蓋民之生，皆由妄生分別。（王雱：《老子注》，〈不尚賢〉章第三，頁90）

種種分別，皆屬妄心，照以道真，理同夢幻，且唯之與阿，同出於口，元無異狀。（王雱：《老子注》，〈絕學無憂〉章第二十，頁132）

世人以分別為智，聖人知羣妄之不足辨也。故其外若昏，其中若悶。（蘇轍：《老子解》卷二，頁6A-6B）

分別為智，蔽盡為明，分別之心未除，故止於知人而不能自知，蔽盡則無分別，故能自知而又可以及人也。（蘇軾：《老子解》，卷二，頁22A）

是故無欲則離諸分別，離分別故無煩惱。（邵若愚：《道德真

---

❺❹　收入《老子崇寧五注》。本章以下所引皆依此本，僅於引文後標示頁數，不另作註。

經直解》，卷一第三，頁 0492）

　　蓋智慧者，心之妄念也，意識分別，不能一齊天下。（邵若
　　愚：《道德真經直解》，卷二第九，頁 0499）

王氏父子乃以為人心之所以產生迷妄的原因，即在於「分別心」的
作祟，於是提出「種種分別，遂生妄想」、「種種分別，皆屬妄
心」、「妄生分別」的觀點。若能「照以道真」，則能明白「理同
夢幻」，因此，「唯之與阿」、「正之與奇」、「善之與惡」等對
立分別之相，亦能清楚皆屬虛妄。此是就「道」的角度觀照萬物實
相，一切法表面上雖然千差萬別，但就其實相、如相而言，則是
「元無異狀」的，據此乃能推擴說明一切相對概念的虛妄分別。而
子由則以為一般人之所以有所蔽、有所溺，就在於被「分別為智」
所產生的虛妄所拘囿、限制。「分別之心未除」就只能「知人」而
無法「自知」，「無分別」則能「自知」而又可及於人。因此，邵
若愚就明指分別之智是心的妄念，因為「意識分別，不能一齊天
下」，結論是「無欲則離諸分別，離分別故無煩惱。」

　　尤有進者，邵若愚更認為人生一切憂苦皆因妄心所生，他說：

　　一切憂苦皆因妄生，老子使人絕妄心為學，故無憂患，然捨
　　妄還真，與棄真遂妄，譬如唯之與阿，出於一心，相去幾
　　何。（《道德真經直解》，卷二第十，頁 0500）

此中詮解「絕學無憂」為「老子使人絕妄心為學，故無憂患」，可

謂新解。因為「一切憂苦皆因妄生」，所以絕除妄心便可無有憂患。因此，邵氏側重於釐清生命以「迷妄為心」而來的障蔽，八萬四千煩惱主要便來自於本心的溺於分別，追逐差別相的結果就是迷失自我。這些想法在其注解中時而可見：

> 恃強梁，居寵辱，迷妄為心。因執妄心，蓋覆一心。（《道德真經直解》，卷一第二，頁0491）

> 世人因著美善，事障本心，逐境以為，遂生八萬四千煩惱。（《道德真經直解》，卷一第四，頁0492）

所謂「恃強梁」、「居寵辱」、「著美善」皆是落入分別、執取一邊，這便是一切煩惱的根源。要去掉煩惱，獲得解脫，總的說來便是去除分別妄心。邵若愚注解《老子》「為學日益」時就發揮說：

> 夫為學務益者有二病：一者讀誦抄寫，持事多聞，名著事；二者尋於書義，窮究文理，名著理。此皆心有所著，故當損之。夫為道務損者，亦有二病：一者斷除妄想，心外求靜，名執無；二者併去塵緣，專守一心，名執有。此皆心有所執，宜又損之。損去為學為道之心，離著離執，以至無為之道。無為者，是無心而為也。（《道德真經直解》，卷三第二十，頁0511）

此段注解文字的真正意圖並非在詮釋《老子》，而是藉機闡揚佛禪

思想中「去著離執」的理念，並與老子「損」的哲學相結合，以之為達至老子「無為之道」的工夫路徑。針對《老子》四十八章「為學日益，為道日損」，邵氏以為「為學務益者」有二病：一是「著事」，二是「著理」，前者執著文字，後者執著義理，一味的「讀誦抄寫」是黏滯，一味的「尋於書義」也是黏滯；「為道務損者」亦有二病，一是「斷除妄想，心外求靜」，二是「併去塵緣，專守一心」，前者「執無」，後者「執有」。在求學與求道的過程當中，都容易產生「有心而為」的現象，也就是「著相」與「我執」的弊端。因此，邵氏乃主張透過「離著離執」，也就是老子「損之又損」的工夫，以達到「離外境，離二邊，都無所著，不立於心，見如不見，來如不來，身心一如。」（《道德真經直解》，卷三第十四，頁 0512）的理境。這種離外境、離二邊、無所著、不立於心的說法，正是佛教「空宗」所提倡的「中道正觀」❺。依佛教的觀點，現象世界裏所有的一切不過是由種種名相概念所構成，而這些名相概念也多是相對的，從而也是虛妄不實的。因此，執著任何名相，都是墮入「邊見」，只有破除「邊見」，亦即「離二邊，都無所著」，才能得到所謂「中道正觀」。而「離著離執」更是中國禪宗

---

❺ 韓廷傑釋譯：《中論》（臺北：佛光文化事業有限公司，1997 年 6 月），開卷第一頌〈觀因緣品第一〉就說：「不生亦不滅，不常亦不斷，不一亦不異，不來亦不去。能說是因緣，善滅諸戲論。我稽首禮佛，諸說中第一。」，頁 19。此中以生滅、常斷、一異、來去，代表四組對立概念，破除這四對概念，也就破除了一切相對概念，這就是打破「邊見」，合乎「中道」，是為「中道正觀」。關此，亦可參見嚴北溟：《中國佛教哲學簡史》（臺北：木鐸出版社，1987 年 3 月），頁 25。

極其重要的理論主張，《六祖壇經》中所論「無住」、「無相」、「無念」的說法，即是力主「破執」的主要言說❺。邵氏以「離著離執」為老子「損」的工夫，並以之為實踐老子「無為之道」的不二法門，觀其注文中對於分別計度、捨妄還真、破執去妄的諸多反思，以及佛教術語的習用，明顯都是「以佛解《老》」的思維。以本來子道士的特殊身分而言，其所謂「損去為學為道之心，離著離執，以至無為之道。」，是佛、老義理思想視域融合的結果，此詮解之趣向殆與《老子》四十八章原旨其趣迥異，邵氏另闢蹊徑的自我發揮可謂相當明顯。

　　「分別」的觀念，在葛長庚《道德寶章》中也一再出現。如其以「自相分別」解《老子》的「六親不合」（〈俗薄〉章，頁 8A）；以「平常心是道，不用生分別」解《老子》的「信不足焉，有不信」（〈淳風〉章，頁 8B）；以「不生分別」為《老子》的「夷道若纇」（〈同異〉章，頁 20A）。其間強調人不可有分別意識的重點，清晰可見。在老子看來，事物的性質都是相對的，因此事物之間也就沒有絕對的區分。貴賤、尊卑、美醜、善惡、高低、上下等分別觀念都是相對形成，貴並不能永遠是貴，美也不能永遠是美，它是相對於賤、醜而稱之為貴、美的，它自己也隨時有轉化成為賤、醜的可能。《老子》第二章所言：「天下皆知美之為美，斯惡已；皆知善之為善，斯不善已。故有無相生，難易相成，長短相較，高下相

---

❺　關此，參見拙著〈論《六祖壇經》的「明心見性」與「解行雙修」〉（《中國文化月刊》第 203 期，1997 年 2 月），頁 51-65。而關於「無住」、「無相」，《金剛經》中亦多所論述，參見拙著〈《金剛經》「無住」與「離相」探微〉（《中國文化月刊》第 180 期，1994 年 10 月），頁 59-74。

傾，音聲相和，前後相隨。」❺，可謂是老子的相對論，然而老子
的理論主張並非只停滯在此相對觀點而已。他是明白了相對論，但
還要往上超越提升，進一步守住絕對論的。老子反對世人各出其
智、各逞其能，因而妄分是非、強辨善惡。一般人雖然知道一切概
念相對存在，卻經常被相對概念的分別執取所繫縛，以著無比強烈
的分別心去對世界進行割裂與分判。聖人則非，他知道相對論，但
卻能超越相對而走向絕對，以著一種渾樸圓融而無分別意識的理境
去對世界進行更深刻的體認與把握，此是老子之所以強調「大制不
割」❺的主張，也就是不分彼此界限之意。而就佛教而言，整個世
界都是虛幻不實，所有的不過是一大堆相對的名相概念而已。因
此，對於名相概念的執取一邊，便是妄想、妄見、妄緣。而且這種
種對立事物，究竟相去有多殊遠，亦未必可成為準式。因此，分別
意識可說是造成生命迷妄與繫累的主因之一。「去分別」、「離二
邊」是佛、老之間的共法，此合觀應該可以達到佛、老視域融合的
擴大效果。

三、其他相關的援引

　　除了前文歸納析理出的概念命題之外，注《老》中零星出現的
佛教術語更是層出不窮。如王安石頗喜以「無我」闡釋老子學說，
他說：

---

❺　《老子周易王弼注校釋》，頁 6。

❺　《老子》二十八章中說：「樸散則為器，聖人用之則為官長。故大制不
　　割。」，《老子周易王弼注校釋》，頁 75。

生之而不有其生，為之而不恃其為，功成而不居其功；此三者，皆出於無我。（〈天下皆知〉章第二，頁28）

為己，則失於無我。（〈天地〉章第五，頁35）

聖人無我也，有我則與物構；而物我相引矣。（〈天長地久〉章第七，頁37）

惟善攝生者，則能無我；無我，則不害於物；而物亦不能害之矣。（〈出生入死〉章第五十，頁65）

介甫以「生而不有，為而不恃，長而不宰」之玄德，乃出自於「無我」的工夫修養；「為己」，就是「有我」，「有我」則易與物交構對立，遂至物、我相引而相害。又以「聖人無我」解「聖人後其身而身先」；且以善於護養生命之道者，則能「無我」。觀王雱之主張去除「我相」，實亦有異曲同工之妙，他說：

儻有其明，則是有我相，我相既立，物物為殊。（王雱：《老子注》，〈天下有始〉章第五十二，頁202）

「我相既立，物物為殊」即是主張「去我相」。「去我相」即是「無我」，兩者意旨相類。邵若愚《道德真經直解》中也說：

心無欲則觸事無我，無我則無爭，故無咎。（卷一第三，頁

0492）

此中所強調「無我」的佛教概念，即是佛、老交涉下的義理詮釋。

對於老子形上道體的種種樣態，亦有以佛教術語加以稱謂表述的，如以「真常」、「無相」等來加強道體的描繪。注《老》者以「真常」來強調道體的真實恆常、不壞不滅；以「無相」來抒發道體無形、無狀的質性。茲先引錄以「真常」形容道體面向者：

> 名生於實，實有形；形數既具，衰壞隨之，其可常乎？唯體此不常，乃真常也。（王雱：《老子注》，〈道可道〉章第一，頁83）

> 神妙萬物而常寂，真常之中，與道為一。（《宋徽宗御解道德真經》❺❾卷一第十一，〈谷神〉章第六，頁0788）

> 受而不積，應群而常虛，陰陽不測，妙萬物而常寂，真常之中，與道為一。（江澂：《道德真經疏義》卷二第十一，〈谷神〉章第六，頁0755）

王雱以「真常」說明道體「不衰不壞」之態。若有「名」則有「實」，有「實」則有「形」，有「形」則衰、壞隨之，道體「不

---

❺❾　收入《正統道藏》第十九□。本章以下所引皆依此本，僅於引文後標示頁數，不另作註。

衰不壞」，故以此推道體的「不可名」。依此，宋徽宗、江澂所謂
「真常之中，與道為一」，亦是彰顯道體真實恆常、不壞不滅的面
貌。此外，徽宗又喜以佛教「無相」一概念明示道體，他說：

> 道本無相，孰為徵妙。（《宋徽宗御解道德真經》卷一第二，〈道
> 可道〉章第一，頁 0784）

> 道之體無作，故無為無相。（《宋徽宗御解道德真經》卷四第六，
> 〈為無為〉章第六十三，頁 0835）

其以「道本無相」、「道之體無為無相」形容道體，也是借用佛教
概念以闡發老子哲學的內蘊。

　　邵若愚《道德真經直解》中，零星援引佛教概念進行《老子》
直解的也很多，如其解首章「無，名天地之始，有，名萬物之
母。」時說：

> 有無混同謂之玄，釋氏謂之不二法門，又謂之中道。（卷一
> 第二，頁 0491）

此乃以佛教「不二法門」之「中道」解老子「有無混同」之玄義。
五十三章「塞其兌，閉其門，終身不勤」邵氏又注說：

> 眼耳鼻舌身意謂之六入，因六入而妄生諸緣，而為禍之門
> 也。老子使人塞其兌，閉其六入之門是也。……夫六入以心

為根，但除其根，則境自滅。（卷三第十五－十六，頁 0512-0513）

此則是以老子「塞其兌」為佛氏「閉其六入之門」，其間說「六入而妄生諸緣」、「六入以心為根，但除其根，則境自滅」，充斥的佛教概念清楚可見。《道德真經直解》中涉佛的相關援引尚有很多，諸如：

心無欲則離諸善惡，離善惡故不拘因果。心無欲則不著萬物，不著萬物故無生。（卷一第三，頁 0492）

處於不生滅之鄉，萬劫常存者，是謂壽。（卷三第二，頁 0506）

下士聞道，塵重業深，聞說其心，不依一法。（卷三第七，頁 0508）

入於不生滅之鄉，萬劫長存，更無間斷，是以知無為之有益也。（卷三第九，頁 0509）

心本清靜，元無染著，緣心起欲而著萬物。（卷四第十七，頁 0522）

本來子注文中所說「不拘因果」、「不著萬物」、「塵重業深」、

「不依一法」以及「緣心起欲而著萬物」等等皆屬佛理發揮；又以「處於不生滅之鄉，萬劫長存者」，解《老子》「死而不亡者壽」與「無為」之境⑩，濃厚的佛教況味，真可謂不言而喻。

此外，葛長庚《道德寶章》中亦多以佛禪的重要觀念詮解《老子》。其以「明心見性」詮解十五章「古之善為士者」（〈顯德〉章，頁 7A），以「明心見性」為體道之士的特質；以禪語「平常心是道」解「有不信」（〈淳風〉章，頁 8B）；又以「一靈妙有，法界圓融」言「地法天」（〈象元〉章，頁 12B）；以「定能生慧，慮可作聖」言「是謂襲明」（〈巧用〉章，頁 13B）；以「諸佛法身入我性，我性同共如來令」言「故能成其大」（〈任成〉章，頁 17A）；以「三界惟心，一切惟識」解「以其病病，是以不病」（〈知病〉章，頁 33B）；以「六處清淨」解「無所陳之」（〈獨立〉章，頁 37B）。其他諸如：「無染」、「無住」、「無著」、「無念」等禪佛概念亦不時可見⑪，可見其「以佛解《老》」的明顯企圖。林希逸《老子鬳

---

⑩　關於「生滅」一辭的使用，葛長庚：《道德寶章》中亦多見。如其〈韜光〉章云：「本無生滅。」，頁 3B；〈顯德〉章：「昔既不生，今亦不滅。」，頁 7B；〈歸根〉章：「無生無滅。」，頁 8A 等等。

⑪　葛氏〈體道〉章以「虛心無念」解《老子》首章「故常無」，頁 1B。明顯將老子形上思維轉化為老、佛「虛心」、「無念」兩相結合的修養路數；其他諸如：〈能為〉章解「能無為乎」為「無念、無為、無思、無慮」，頁 5A；〈反樸〉章解「復歸於嬰兒」為「無念」，頁 14A；〈知難〉章解「事有君」為「無念」，頁 33A；〈知病〉章解「聖人不病」為「無念之念，亦復是念。」，頁 33B；〈任為〉章解「不言而善應」為「無念」，頁 33B 等等。皆以佛禪「無念」的觀點來闡釋老子哲學。除此之外，〈苦恩〉章解「跨者不行」為「心性無染，體露真常。」，頁 11B；〈象元〉章解「大曰逝」為「無著」，頁 12B；〈論德〉章解「上德不德」為「無著」，頁

齋口義上》中亦稱禪家言：「豁達，空撥因果」便是《老子》「人之所畏，而不畏也。」⑫ 王雱《老子注》中說「守雌，則能以虛靜受一切法，而不滯於物。」（頁 152）；陸佃《老子注》說：「道者，用之以沖，則雖遍法界而不見其盈」（頁 263）、「而一民覺焉，則雖以至寶充滿法界，以用施者，其功莫之勝也。」（頁290）。其間種種闡釋發揮，對於佛教概念術語的使用唾手可得，呈現了佛、老融攝的清晰圖象。行文至此，宋代老子學中援引佛教觀點詮解《老子》的義理向度，可謂得到了極為充分的證成與說明。

第四節　結　語

針對「以佛解《老》」的詮解向度，朱熹曾評議說：

> 老子之學，以虛靜無為、沖退自守為主，與莊生、釋氏之恉，初不相蒙。而說者常欲合而一之，以為神常載魄，而無所不之，此解《老》者之通蔽也。⑬

18B；〈任為〉章解「不召而自來」為「無著」，頁 34B；〈象元〉章解「遠日反」為「無住」，頁 12B 等等。此佛理的運用在《道德寶章》中可謂隨處可見。

⑫　《老子鬳齋口義上》，頁 20A。

⑬　〔清〕魏源：《老子本義·上篇》（臺北：臺灣商務印書館，1965 年 2月），解《老子》第九章中徵引朱子之說，頁 11-12。黎靖德編：《朱子語

朱子點出時人解《老》通蔽之一，即在於欲以佛、老「合而一之」
的傾向。實際上，老子之學與釋氏之旨「初不相蒙」。這樣的看
法，劉惟永《道德真經集義》中亦持有相同論調，他說：

> 釋氏之所謂性者，乃露保保赤灑灑之性，老氏之所謂道者，
> 乃形神俱妙之道，豈可強而合之於釋。……釋氏專指真空為
> 性而不雜乎形氣，而老子則欲形神俱妙而與道合真，此其所
> 以不同也。若各據本教而言之，不惟失老子之宗指，亦自失
> 其宗指矣。[64]

劉氏首先指出釋氏之所謂「性」與老氏之所謂「道」的差別。因為
釋教性說「以真空為性而不雜乎形氣」，老氏道論「欲形神俱妙而
與道合真」，兩者根本不同，豈可合觀。他最後說「若各據本教而
言之，不惟失老子之宗指，亦自失其宗指」，即是就釋教「性說」
強合老子「道論」所進行的批評。

清代魏源在其〈老子本義序〉一文中，亦曾論述說：

類‧八》，卷第一百二十五中即載：「老子之學，大抵以虛靜無為、沖退自
守為事。故其為說，常以懦弱謙下為表，以空虛不毀萬物為實。其為治，雖
曰『我無為而民自化』，然不化者則亦不之問也。其為道每每如此，非特
『載營魄』一章之指為然也。若曰『旁日月，扶宇宙，揮斥八極，神氣不
變』者，是乃莊生之荒唐；其曰『光明寂照，無所不通，不動道場，徧周沙
界』者，則又瞿曇之幻語，老子則初曷嘗有是哉！今世人論老子者，必欲合
二家之似而一之，以為神常載魄而無所不之，則是莊釋之所談，而非老子之
意矣。」，頁 2986。此兩段文字雖稍有不同，但文意相同。

[64]　《道德真經集義》，卷一第二，頁 0614。

> 後世之述《老子》者，如韓非有〈喻老〉、〈解老〉，則是
> 以刑名為道德，王雱、呂惠卿諸家皆以莊解老，蘇子由、焦
> 竑、李贄諸家又動以釋家之意解老，無一人得其真。❻

所謂「無一人得其真」，乃是對於「後老子」時期種種再詮釋的一
種質疑，而「以佛解《老》」即在其批駁之列。魏氏在其〈論老
子〉一文中，進一步清楚釐析了佛、老界限，他說：

> 老子與佛合乎？曰否否。……何則？老明生而釋明死也，老
> 用世而佛出世也。老中國上古之道而佛六合以外之教也。故
> 近禪者惟列禦寇氏，而老子固與禪不相入也。宋以來禪悅之
> 士，類多援老入佛。經云：「民不畏威，大威至矣。」蘇子
> 由乃謂：「人苟於死生得喪之妄見，坦然無所怖畏。則吾性
> 中光明廣大之大威，赫然見於前矣。」何異指鹿為馬，種黍
> 生稗。尊老誣老，援佛謗佛。合之兩傷，何如離之兩美乎！❻

此中大致析別出老子「明生」、「用世」，釋氏「明死」、「出
世」，根本精神與義理方向是有所不同的。他以為老子與佛禪實不
能相入，宋代以來禪悅之士的佛、老融通，諸如蘇轍《老子解》中
援引佛教概念解《老》，實是「指鹿為馬，種黍生稗」。最後他說
「尊老誣老，援佛謗佛。合之兩傷，何如離之兩美乎！」，即清楚

---

❻　《魏源集》（北京：中華書局，1983 年 10 月）上冊，頁 255。
❻　《老子本義・論老子》，同註❻書，頁 6。

明示佛、老不能相混為一的基本立場，假借釋教以明《老子》的詮解方式並不體貼恰當。⑥

　　然而，對於宋代注《老》解《老》的學者而言，乃是藉著「詮解古籍以闡釋新說」的態度來面對《老子》一書。他們在注解《老子》的同時，亦陳述一己的思想看法，進而創造性的建構理論以迎合新時代的需要。就此而言，實可知「老子」與「老子學」根本上是不同的。熊鐵基曾說：「這如此眾多的『老子』與作為原典的《老子》之間，可以說既有聯繫，又有區別；既有繼承，又有發展。而正是這種聯繫與區別、繼承與發展的長久交織、演進，組成了老學發展的歷史，且賦予了它極為豐富的內容。」⑥《老子》本身具有相當大的詮釋空間，因此在不同的歷史條件與文化語境之下，必能激盪出多重視域融合後的風景樣貌。「以佛解《老》」，就是佛、老視域融合的結果，雖然其間或有義理滑失、扭曲的現象發生，但也具體展現出不同學術氛圍籠罩之下的老子學圖象。因此，釐析宋人如何以佛教觀點閱讀《老子》，應是老子學史上一個重要的議題，如此對於宋代老子學整體面向的觀察與建構當亦有十足之幫助。

---

⑥　王夫之：《老子衍·自序》中也說：「舍其顯釋，而強儒以合道，則誣儒；強道以合釋，則誣道。」，參見《船山全書》（長沙：嶽麓書社，1993 年）冊十三，頁 15。

⑥　《中國老學史》〈前言〉部分，頁 1。

第六章　援引《莊子》詮解《老子》的義理向度

第一節　問題的提出

　　有宋一期的老學研究者，在注《老》解《老》之時，可以歸納出一個理解的普遍基型，那就是援引古籍中的文句及其專屬的學說概念、重要術語與《老子》交相訓釋。在這樣一個詮釋系統之下，儒、釋、道三家的經典文獻經常被援引。諸如：儒家的《易傳》、《論語》、《孟子》、《大學》、《中庸》、《詩經》、《尚書》，釋家的《首楞嚴經》、《金剛般若波羅密經》、《六祖壇經》、《般若波羅密多心經》等等，此現象實得以彰顯出當期老子學中以儒、釋兩家思想合會《老子》的老學特徵。而在道家文獻方面，莊、老思想同源，且莊子是老子思想的進一步開展，因此，徵引《莊子》證解《老子》，也是詮解的基本入路之一。根據筆者對宋代老子學各方面的省察，發現其中援引《莊子》詮解《老子》的義理向度，亦得到多數學者的認同，因而形成一個具有普遍性的詮釋進路與理解角度。此誠如尹志華所說：

> 在北宋《老子注》中，徵引最多的經典是《莊子》。這是因
> 為《莊子》與《老子》都屬於道家經典，二者在思想上的共
> 同點非常多，故北宋人常常以《莊子》來詮釋《老子》。❶

或許是因為老、莊在義理趨向上同歸為道家一類的血脈關係，鮮少
學者據此現象加以申論發揮的。然而，「老莊」並稱的學術用語，
或許說明兩者在思想觀念上有內在的聯繫與同質性，但並不意味著
莊子僅僅是老子思想的簡單注釋者而已❷。不可否認的，老、莊在
道家學譜上有著深刻而不可割裂的關係，但在哲學取向上卻也存在
著些許的差異之處。老子形上學的旨趣較濃，莊子則以人生哲學的
反省為重，其著意在如何將老子的「道」落實到生命中來實現。
又，老子思想較關注政治社會的層面，莊子則不將其學說重心置於
此❸。因此，以《莊子》的視角來閱讀《老子》，或許因為兩者義

---

❶　《北宋《老子注》研究》，第七章〈詮釋方法論〉，頁 233。

❷　關此，可參見李建盛：〈莊子對老子的創造性詮釋及其美學思想〉一文，收
　　入洪漢鼎主編：《中國詮釋學·I》（濟南：山東人民出版社，2003 年 10
　　月），頁 177。

❸　王邦雄：《中國哲學論集》（臺北：臺灣學生書局，1986 年 2 月），〈莊子
　　其人其書及其思想〉一文中說：「莊子雖承接了老子所開出的形上之道的價
　　值根源，與政治人生回歸自然無為的理想歸趨，惟並未在形上系統與政治哲
　　學有其進一步的發揮，而專注在生命價值的深切反省，與不斷奔騰上揚的人
　　格修養，一者救老子哲學可能落於貧弱虛空的危機，二者挺起人的價值主體
　　性，將天道之美善，使內在於人的生命人格之中。此乃莊子綜攝儒學的精
　　義，所開出的一套生命錘鍊的修養工夫。」，頁 63。關於老、莊思想的差
　　異，可參見牟宗三：《才性與玄理》（臺北：臺灣學生書局，1985 年 4
　　月），第六章第二節「老莊之同異」，頁 172-180；徐復觀：《中國人性論

理同質性甚高，多數可達到道家義理上視域融合的效果，使得老子思想的精髓與潛藏意涵更加完整地被釋放闡發出來。但也可能因為學說取向及重點的不同，在詮解過程中產生借題發揮的現象。例如：原先闡釋老子形上道論、政治觀的部分，被滑轉成為莊子著重工夫修養的人生哲學；又或者過度詮釋了《老子》文本中所承載的意涵，直接以莊子所強調重視的某些觀念（例如：生死觀），詮註老子學說中原本較無涉及的觀念。就道家整體的義理規模而言，嚴重扭曲原意或者思想上的扞格不入是不可能發生的，但是取義重點的滑轉與過度詮釋的現象還是偶有可見。事實上，在老、莊義理架構相通的前提之下，「以《莊》解《老》」的詮解模式，多數能擴大老子思想的深度、廣度，雖然借題發揮的現象無可避免，但相對於「以儒解《老》」、「以佛解《老》」的詮解方式而言，確實更能有效彰顯老子思想的內在底蘊❹。因此，援引《莊子》解讀《老子》的面向，在老子學史的流衍變遷中，應是一個值得注意的焦點，而對於這個解讀趨向的充分開展，當亦具有抉發《老子》深層意涵以及建構宋代老子學具體圖象的意義與價值。

　　針對宋代老子學各個詮解的義理向度，本書第二、三、四、五

史·先秦篇》，第十二章〈老子思想的發展與落實──莊子的心〉，頁 363-364；劉榮賢：〈從老莊之異論二者於先秦為不同的學術源流〉（《東海中文學報》第 12 期，1998 年 12 月），頁 75-100。

❹　事實上，除了「以《莊》解《老》」之外，「以《老》解《老》」──透過《老子》各章句之間的相互訓釋，以《老子》來閱讀《老子》，亦是趨近《老子》原意相當有效的詮解方式。關此，本書第七章第三節「御注《老子》詮解方式的趨向」中將有涉獵，此處暫不贅述，頁 275-281。

章已就「以儒解《老》」、「以佛解《老》」兩個面向加以闡述，藉此申說其時以儒、釋兩家思想合會《老子》的老學特徵。然而，若我們仔細注意當時解《老》的全幅景象，就會發現援引《莊子》解讀《老子》也是不容小覷的重點，在宋代老子學的學術舞臺上，它所佔有的一席之地實不容忽視。朱熹即曾就此評議說：

> 老子之學，以虛靜無為、沖退自守為主，與莊生、釋氏之恉，初不相蒙。而說者常欲合而一之，以為神常載魄，而無所不之，此解《老》者之通蔽也。❺

朱子點出老子之學與莊生之旨「初不相蒙」的看法，而時人解《老》通蔽之一，即在於欲將老、莊「合而一之」的傾向。暫且不論莊、老合會是否恰當，此批評或亦能側顯出在宋代的老學走向中，「以《莊》解《老》」當得到多數人的習用，並且形成一股風氣，朱子才會就此提出非議。清代魏源〈老子本義序〉中即曾說：

> 後世之述《老子》者，如韓非有〈喻老〉、〈解老〉，則是以刑名為道德，王雱、呂惠卿諸家皆以《莊》解《老》，蘇子由、焦竑、李贄諸家又動以釋家之意解《老》，無一人得其真。❻

---

❺ 魏源：《老子本義·上篇》，解《老子》第九章中徵引朱子之說，頁 11-12。
❻ 魏源：《魏源集》上冊，頁 255。

魏氏所指稱「王雱、呂惠卿諸家皆以《莊》解《老》」，即是本章
關注的重心，而文後所謂「無一人得其真」的評價，乃是針對「後
老子」時期的種種再詮釋所提出的質疑。因此，以「引《莊》解
《老》」的老學特徵為研究焦點，作為建構宋代老子學中莊、老交
涉的問題意識，進一步釐析時人如何以《莊子》的視角對《老子》
文本進行閱讀疏解，其間對於老子學說的重構是否真有所謂「失
真」的現象發生，都是值得再強力探索的。

　　職是之故，本章擬以「王安石學派」作為研究疏理的對象。在
文獻資料上，以《老子崇寧五注》❼與呂惠卿（1032-1111）《道德真
經傳》❽作為一個封閉系統的觀察範圍，嘗試釐清其中「引《莊》
解《老》」的大致概況。「崇寧五注」中有王安石（1021-1086）
《老子注》，暨其子王雱（1044-1076）《老子注》，並其僚屬陸佃
（1042-1102）、劉槩（?）、劉涇（?）三家注《老》之殘文。惟王安
石門生呂惠卿亦有《道德真經傳》，因其書已完整收入《正統道
藏》中，故不在嚴靈峯輯校的五注之內。王雱、陸佃、劉槩、劉
涇、呂惠卿皆與王安石有著密切關係，學術傾向亦接近，故以王安

❼　嚴靈峯輯校：《老子崇寧五注》，此乃從彭耜《道德真經集註》、劉惟永
　《道德真經集義》、李霖《道德真經取善集》及焦竑《老子翼》各書中，輯
　王安石、王雱、陸佃、劉槩、劉涇五家注《老》之殘文。嚴氏輯校本的問
　世，為今日研究王安石學派的老學思想提供了一些方便，本章所依據的文獻
　資料便源於此。以下所引五家注文皆依此本，僅於引文後標明頁數（以全書
　之總頁數為準），不另作註。
❽　呂惠卿：《道德真經傳》（《正統道藏》第二十冊）。本章以下所引皆依此
　本，僅於引文後標明頁數，不另作註。

石學派稱之❾。研析此六家《老子注》「以《莊》解《老》」的義理向度，蓋能對王安石學派資藉莊子學說及其專屬概念術語詮釋《老子》的思路，勾勒出一個理解的輪廓❿。根據全面考察，王安石學派在將《莊子》嫁接到《老子》的詮解過程中，大致歸納有三個進路：其一是學者們習慣在注解《老子》章句時，直接摘錄節引《莊子》書中的一大段文字或幾句話，與老子學說相合觀，以此作為理論上的呼應或論點的總結；其二是以《老子》某章與《莊子》某篇意旨或某寓言之寓意相比況，〈齊物論〉、〈養生主〉、〈胠篋〉、〈應帝王〉等各篇中的思想宗趣以及〈天地〉、〈山木〉篇中的寓言，皆被運用詮釋《老子》各章意旨而達到相互參照的效果。其三則是徵引莊子學說中的重要術語與老子思想相互訓。諸如：「真宰」、「真君」、「無我」、「喪我」、「至人」、「神人」、「以人滅天」、「以故滅命」、「反以相天」等術語皆被用來與老子學說相證解，藉以達到莊、老會通的目地。此種種下注腳

---

❾ 劉固盛：〈論王安石學派的老學思想〉（《湖南師範學院學報》第 15 卷，總 57 期，2002 年第 1 期）一文中說：「以儒家的政治道德學說解釋《老子》，當首推王安石學派，該派王安石、王雱、陸佃、劉概、劉涇、呂惠卿諸人，都注解過《老子》，并顯示出援儒入《老》、協同孔老、使老學為現實政治服務的共同傾向，他們的注解具有時代的典型意義。」，頁 75。此中所稱「王安石學派」即以此六人為主。

❿ 對於王安石學派老學思想的研究，多數研究較著力於彼等以儒家政治道德學說解釋《老子》的部分。例如：劉固盛〈論王安石學派的老學思想〉一文，主要便集中於討論王安石、王雱、呂惠卿三人的論述，看看他們如何闡釋《老子》，如何援儒入《老》、協同孔老，使老學為現實政治服務的共同傾向。

的方式，在老、莊同屬為一條義理血脈的思維架構底下，多數能更加凸顯老子思想的內在理蘊。但也有少數幾個例子，因為義理取向及理論側重點的不同，導致在詮釋的過程當中，頗有借題發揮的嫌疑。凡此，皆有進一步疏理分析的必要，希望能對王安石學派「以《莊》解《老》」的視域，勾勒出一個基本的輪廓，並以此作為構織宋代老子學具體圖象的一個參考向度。

第二節　節錄《莊子》文句詮解《老子》的面向

在「以《莊》解《老》」的詮解範型中，最直接的方式便是徵引《莊子》中的一大段文字或幾句話與《老子》文本相證解。《莊子》外、雜篇中，原本就有一些文獻，是引申發揮老子理論之作❶，因此，援用此一部分文獻以闡釋老子思想之意旨，殆為最常見的現象。例如：王安石在詮解《老子》六十五章「民之難治，以其智多」時，簡短下了己意之後，隨即援引《莊子・胠篋》中的一大段文字呼應老子說法，並以之作為論點總結。他說：

---

❶ 吳怡：《禪與老莊》，第七章〈禪學與莊子思想的比較〉中就說：「譬如在莊子書中，無論直接引證間接採用老子思想的地方，都是在胠篋、在宥、達生、山木、田子方、天道、知北遊、庚桑楚、天下等篇中，這些都屬於外篇及雜篇……。」，頁 149。案：外、雜篇中發揮老子理論的材料，或可看作老、莊思想關係之旁證，在宋代注《老》解《老》中，這些文獻也確實最常被援用來解讀《老子》。關此，可參見劉榮賢：〈莊子外雜篇中老莊思想之融合〉（《靜宜人文學報》第 11 期，1999 年 7 月），頁 91-103。

> 夫聖智,國家之利器也。言古之善為道者,不以聖智示人,
> 欲使人無知無欲而愚之也。故莊子曰:「上誠好智而無道,
> 則天下大亂矣。何以知其然?夫弓弩畢弋機變之智多,則鳥
> 亂於上;鉤餌罔罟罾笱之智多,則魚亂於水矣;削格羅落罝
> 罘之智多,則獸亂於澤矣。智詐漸毒頡滑堅白解垢同異之變
> 多,則俗惑於辯矣。故天下每每大亂,罪在於好智。」(頁
> 75)

《老子》此章大意是說,人民之所以難於統治管理,就在於他們平
時慣用太多的詭詐心機,上位者若善於行道,就應該以真樸誠懇的
心導引人民,如此才會有良好政風。若是統治者機巧滿面,人民就
會有更甚於他的狙詐表現,於是政風敗壞,社會也就不安寧了,此
即所謂:「古之善為道者,非以明民,將以愚之」⑫之意。為政之
道,不在於讓人民多見巧詐,而是要無知、無欲,永保純樸自然的
本性,即是所謂「愚民」⑬,這也就是介甫所說的「古之善為道
者,不以聖智示人,欲使人無知無欲而愚之也。」。引文中所節錄
〈胠篋〉⑭中的一大段文字,更能彰顯出老子反對攻心鬥智、多智
巧詐的主張。其中以自然界的經驗事證為例,當我們用盡心思在建
造搜捕鳥、魚、獸的器械機關時,就不能避免「鳥亂於上」、「魚

---

⑫　《老子周易王弼注校釋》,頁 168。

⑬　《老子》六十五章「將以愚之」句,王弼注說:「愚,謂無知守真,順自然
　　也。」。《老子周易王弼注校釋》,頁 168。

⑭　《莊子集釋》,卷四中〈胠篋〉第十,頁 359。本章以下所引《莊子》皆依
　　此本,僅於引文後標明卷數、頁數,不另作註。

亂於水」、「獸亂於澤」的後果；當欺詐、機巧、堅白、詭偽、同異的言辯之說愈來愈繁多複雜時，世俗之人也就難免被迷惑了。所以天下之所以常常大亂，罪過就在於喜好巧智的關鍵上。老子不僅期望人民真樸自然，更希望統治者以身作則，因為造成社會混亂的原因，就在於人們的機詐相見。王安石以《莊子‧胠篋》中所言「故天下每每大亂，罪在於好智。」，與老子「民之難治，以其智多」交相訓釋。莊、老合觀的結果，更能將《老子》追求「反樸歸真」、「自然無為」，主張君民質樸而不詐偽的政治訴求適切地闡發出來。對於此章的詮解，其子王雱也曾援引《莊子》進行思想上的綰合。他以《莊子‧達生》中所言「開人者賊生」解釋「以智治國」；以「開天者德生」解釋「不以智治國」❶⓹。「開人者」運用巧智去戕害自然的天性；「開天者」則是順乎自然的天性。因此，為政者順任自然之道治國，當是所謂「開天者」。針對道家反對虛偽巧詐，王氏父子以《莊》、《老》視域融合的角度，會通彼此義理之間的內在聯繫性，可說是一種極為恰當的理解。

　　此外，荊公在詮釋《老子》第五章「天地不仁，以萬物為芻狗」時，又引用《莊子‧天運》中的文意加強論說效果，他說：

---

❶⓹　王雱：《老子注》解「故以智治國，國之賊；不以智治國，國之福。」中說：「任察以治，則民爭出於智詐矣。莊子曰：『開人者，賊生』。此之謂也。君人在乎法天，法天在乎體道；釋道而智，非其任矣。若夫至人，無思、無為，而天下復樸者，福可勝言哉！莊子曰：『閉天者德生』。此之謂也。」，頁228。案：引文中「閉天者德生」，此「閉」字當作「開」方是。《莊子集釋》，卷七上〈達生〉第十九，頁638。

> 愛者，仁也；不愛者，亦仁也。惟其愛不留於愛，有如芻
> 狗，當祭祀之用也，盛之以篋函，巾之以文繡，尸祝齋戒然
> 後用之；及其既祭之後，行者踐其首跡，樵者焚其肢體；天
> 地之於萬物，當春生夏長，如其有仁愛以及之，至秋冬萬物
> 彫落，非天地之不愛也。（頁33）❻

此中雖然沒有明說引自《莊子》，但與〈天運〉中所言：「夫芻狗
之未陳也，盛以篋衍，巾以文繡，尸祝齋戒以將之。及其已陳也，
行者踐其首脊，蘇者取而爨之而已。」（卷五下〈天運〉第十四，頁
511-512）大致相類。此以祭祀時所使用的「芻狗」作為譬喻，它在
獻祭當時被看重，用竹篋盛著、巾繡蓋著，巫師齋戒來迎送。然
而，一旦祭祀過後，隨即被棄置、踐踏、燒毀，彷彿沒有一點顧惜
之意。「芻狗」在不同的時機點被人重視或輕視，並不是人們有意
的施愛或者不愛，相反的是在「不著意而相忘」❼的自然情狀下而
有的。就好像萬物在春夏生長、秋冬凋落，並不是天地有著什麼私
心使它如此，而是聽任自然、無所偏愛、自生自落的結果。因此，
當初的厚愛是「仁」，後來的不顧惜也是「仁」，一切都是適時地

---

❻ 劉驥：《老子注》，〈天地不仁〉章第五，也引用了《莊子》此段文意，他
　說：「仁者，惻隱以致其愛可也；不惻隱以致其愛，亦可也。蓋方其盛以篋
　衍，巾以文繡，尸祝齋戒然後將之者，若有惻隱，以致其愛也；及其身脊見
　踐於行者，又見爨於樵者，而無復有用，散亂埃滅，則漠然無惻隱，以致其
　愛也。」，頁299。

❼ 林希逸：《老子鬳齋口義上》（《無求備齋老子集成・初編》）中說：「芻
　狗之為物，祭則用之，已祭則棄之。喻其不著意而相忘爾。」，頁8A。

隨順自然而發。蘇轍《老子解》中所說：「結芻為狗，設之於祭
祀，盡餘以奉之，夫豈愛之，適時然也。既事而棄之，行者踐其
首，夫豈惡之，亦適然也。」⓲，即是此意旨之發揮。老子只簡單
說「天地不仁，以萬物為芻狗」，介甫援引《莊子》加以闡釋，頗
能進一步彰明其中理蘊。其接著又援引《莊子》：「至人無親，大
仁不仁。」⓳闡釋老子的「聖人不仁，以百姓為芻狗」（頁33）。
「至人無親」出自《莊子·天運》（卷五下〈天運〉第十四，頁498）；
「大仁不仁」則出自〈齊物論〉（卷一下〈齊物〉第二，頁83）。「至
人無親」、「大仁不仁」句義相同，都是講大仁、至人的無私、無
執。他們取法天地的純任自然、無所偏愛、一視同仁，任憑百姓自
由自在的發展。因此，莊子所謂的「無親」、「不仁」，其實就是
「至親」、「至仁」的表現。細細思量老子所言「天地不仁」、
「聖人不仁」的深意，蓋與莊子此說十分貼切吻合。

　　第七十三章「勇於敢則殺，勇於不敢則活」，荊公又援引〈列
禦寇〉來證解，他說：

　　舒王曰：莊子曰：「聖人以必不必，故無兵；眾人以不必
　　必，故多兵。」勇於敢，以不必必之，故多兵而殺；勇於不
　　敢，以必不必，故無兵而活。（頁77）

⓲　蘇轍：《老子解》（《無求備齋老子集成·初編》），卷一，頁7A。
⓳　此處「大仁不仁」，介甫作「大人不仁」，「人」字當為「仁」方是。

「敢」即「堅強」，「不敢」即「柔弱」❷。老子以為自然的規律是柔弱不爭的，人類的行為應取法自然規律，避免剛強好鬥。「勇於敢」，則逞強貪競，無所畏憚；「勇於不敢」，則柔弱哀慈，慎重行事❷。此中主要當在強調老子「守柔」、「不爭」的理論主張。所引〈列禦寇〉❷文句的語意則是說，聖人心量廣闊，把必然的事情視為不必然，因此沒有紛爭；眾人則心量狹隘，把不必然的事情視為必然，所以紛爭不止。荆公將「勇於敢」比附眾人的「以不必必」；將「勇於不敢」比附聖人的「以必不必」。《老子》文本原在發明「守柔」、「不爭」的思想，援引的《莊子》文句似乎並不在「守柔」觀點用心，但強調「止爭」的思想重點，則能縮合。唯老子哲學中「致虛極」（十六章）之「虛」字，亦帶有使心量無限寬大的工夫意涵。因此，此處的訓釋，雖然兩方所強調的理論重點不同，但就老子整體思想的義理規模而言，實在也沒有違離它的基本精神。

王雱的「以《莊》解《老》」也是所在多有。如其注《老子》十三章「及吾無身，吾有何患？」時，即援引《莊子‧德充符》來加強觀念的說明。他說：

> 老子先明寵貴之累，而寵貴之累，皆緣有身而生。故因譬貴之若身，遂及無身之妙。莊子曰：「忘其所不忘，而不忘其

---

❷ 蔣錫昌：《老子校詁》中說：「『敢』即『堅強』，『不敢』即『柔弱』。」，頁429。

❷ 陳鼓應：《老子今註今譯及評介》，頁303。

❷ 《莊子集釋》，卷十上〈列禦寇〉第三十二，頁1046。

所忘；是之謂誠忘。」❷亦明此義。而孔子毋我，理與是
同。（頁116）

〈德充符〉中多以形體殘缺不全者為寓言主角，此是要彰表一旦有
過人的德性，形體的缺陷就會被遺忘。若以所引文獻前後語意脈絡
來看，此是以莊子「忘形」來證成老子的「無身」。王雱認為老子
所言「無身之妙」，正可與〈德充符〉「德有所長，而形有所忘」
相證說。莊子以為一般人不遺忘所當遺忘的形體，反而遺忘不當遺
忘的德性，這真的是善忘。若不能「忘形」，而為形軀所繫累，生
命遭遇之處必然多所慮患，此亦即王雱所言：「譬人有身，珍而累
之，則寒暑疾痛，萬緒皆作；豈非大患乎？」（頁115）、「恃形為
己，故形之所遭，觸途生患。」（頁116）。「忘形」就是「無
身」，只有超越形軀束縛，體悟無身之妙，才能免除生之大患。因
此，要正視面對自己的身體，且謹慎小心人的自私其身，避免貪溺
在權勢、欲望之中，而為形軀的縱情、縱欲所傷。此中詮解以
「身」為「形」，著重在「無身」、「忘形」的提點之上，以解除
形身所帶來的憂慮傷害。同樣的，四十四章「名與身孰親？身與貨
孰多？」王雱又徵引《莊子》文句支持其說：

莊子云：「定❷乎內外之分，辨乎榮辱之境」。余嘗有言內

---

❷　此上下句顛倒，當作「不忘其所忘，而忘其所不忘，此謂誠忘。」，卷二下
〈德充符〉第五，頁216-217。

❷　《老子崇寧五注》誤作「足乎內外之分」，此「足」字當為「定」字方是，
《莊子集釋》，卷一上〈逍遙遊〉第一，頁16-17。

外兩境，雖真偽不侔，貴賤懸絕，而常更相為輕重，不可不
察者也。（頁 186）

一般人多孜孜矻矻於身外名利，向外競逐貪求而不顧及自身危亡，
老子於是警醒世人貴重生命，不要為了外在的名利欲望而罔顧忽視
自身之生命。因此，「名」、「貨」與「身」，當然是「身」來得
親切、重要。王氏舉〈逍遙遊〉中言宋榮子「定乎內外之分，辨乎
榮辱之境」發揮此意。宋榮子的人生境界是明定乎內我與外物之分
際，守內而不逐乎外，也就是重視內我而輕視外物，此與一般人的
「志徇其外，外重而內輕」（王雱《老子注》，頁 186）很不一樣。此
中區隔「內身」、「外物」，以「名聲」、「貨利」為外，以「生
命」為內，喚醒世人要寶貴生命，重視內我而不向外競逐，藉以加
強說明「內身」的重要性，使人的心志意向不徇求於外㉕。因此，
此說似乎又有所謂「貴身」㉖的思想傾向。當該注意的是，此處之

㉕ 劉涇：《老子注》中亦援引《莊子·至樂》篇：「夫貴者，夜以繼日，思慮
善否，其為形也亦疏矣。」（《莊子集釋》，卷六下〈至樂〉第十八，頁
609。）解《老子》「貴大患若身」，頁 338。尊貴者日以繼夜地擔憂名聲好
壞，對於護養自己的形體精神，難道不是很疏忽嗎？這是以身外的名聲與自
己的內身相較量。

㉖ 關於「貴身」思想，陳鼓應以為老子所言「吾所以有大患者，為吾有身，及
吾無身，無有何患？」，這是說大患來自身體，所以防大患，應先「貴
身」。老子說這話是含有警惕的意思，並不是要人棄身或忘身。老子從來沒
有輕身、棄身或忘身的思想，相反的，他卻要人貴身。參看陳鼓應：《老子
今註今譯及評介》註譯十三章部分，頁 96-100。不管「身」所指涉的是形
軀，或者形軀、精神兼具，王雱的注義，似乎也都沒有輕忽、厭棄的意思。

言「身」，乃就生命之整體立論，指涉內容應同時兼具精神義與形軀義，與前文以「無身」為「忘形」之說，「身」之專指「形軀義」明顯有所不同。

此外，王雱又援引《莊子·人間世》訓釋老子的「猶兮，其貴言」，他說：

> 猶豫之猶。猶者，不決；貴者，不輕也。莊子曰：「言者，風波也」。聖人出言，常若有所疑，不敢輕發；言且不敢輕，而況於為乎？民之難治，以其上之有為也。（頁128）

〈人間世〉中以為語言是風波的象徵，傳達語言有得有失，因此要人謹慎發言。元澤藉此申說老子的「貴言」主張，其以為聖人出言多所猶豫、遲疑，是因為瞭解語言乃風波所起之處，是故寶重其言，不輕易出口以避免缺失。而「言」尚且如此，又何況是政治措施中種種的輕舉妄為，此是以「貴言」之說導出政治上的「無為而治」。莊子「言者，風波也」（卷二中〈人間世〉第四，頁160）的說法，一方面以為紛爭起於語言傳達上所可能有的誤解；一方面則起於花言巧語的偏辭失當。王雱援引《莊子》，將「言」釋為「語言」，進一步以聖人謹慎其言的態度，警醒君王為政不可輕舉妄為，因為人民的難於統治，就在於人君的多所妄為。若依此解，此是以「貴言」比喻無為、無事之政；以「多言」為有為、多事的象徵。此與葉夢得《老子解》中直接將「言」解讀為「號令教戒」❷❼

---

❷❼　葉夢得：《老子解·卷上》（《無求備齋老子集成·初編》），解〈太上〉

相較，雖然在義理詮解上稍顯曲折之相，但也能契應老子思想的初衷。

王安石的僚屬陸佃，其《老子注》中徵引《莊子》文句亦相當多見，此處略舉二例予以申論：

> 夫眾美者，有生，而吾體不生；眾美者，有化，而吾體不化；故能名以閱之也。莊子曰：「神奇復化為臭腐，臭腐復化為神奇。」❷⁸神奇者，眾甫也。（頁274）

> 言死生之未始有異也，夫唯死生同狀，而萬物一府。（頁278）

引文所節錄出的《莊子》文句，就文本的前後理脈來看，皆是在闡釋莊子的生死哲學。「臭腐復化為神奇，神奇復化為臭腐。」出自〈知北遊〉，陸氏藉此詮解老子的「以閱眾甫」；「死生同狀，而萬物一府」❷⁹出自〈天地〉篇，其則就此申說老子「死而不亡者壽」的意涵。就前者而言，《老子》二十一章原是描述形上道體的

章第十七中說：「號令教戒，無非言也。」，頁 5A。蔣錫昌：《老子校詁》中也說：「『貴言』即二十三章『希言』之誼。彼此二『言』，均指聲教法令而言。」，頁 112。

❷⁸ 語出《莊子・知北遊》，然原文上下句顛倒，當為「臭腐復化為神奇，神奇復化為臭腐。」，參見卷七下〈知北遊第二十二〉，頁 733。

❷⁹ 此上下句顛倒，應為「萬物一府，死生同狀」，卷五上〈天地〉第十二，頁 407。

真實存在性，是說我們依據對「道」的觀察，才能認識萬物本始的情狀。因此，從古至今，「道」的名字是永遠不能消去的。陸氏以莊子言「生」之「神奇」來比況「眾甫」（即「物之本始」），藉以喻形上道體創生萬物的奧妙。而就後者言，老子「死而不亡者壽」，是說身死而其「道」不被世人遺忘，才是真正的長壽❸。「萬物一府」，意在以萬物為一體；「死生同狀」，意在破除死生分別。這裏透過莊子「平齊生死」的觀念證解老子學說，實際上已逾越《老子》此處文本所承載的意涵。因為莊子「死生同狀」——透破生死分別的觀念，是其理論體系中極其重要的主張之一，然而這向來不是老子哲學的重點，陸佃的詮解是將老學莊學化的結果，是有過度詮釋的傾向。

劉槩、劉涇的注《老》殘文中，亦可見援引《莊子》文句詮解《老子》的跡象，以下臚列數例加以說明：

> 莊子曰：「建之以常無有，言之以太一。」蓋周讀為常無，常有。常無也，欲以觀其妙；常有也，欲以觀其徼。（劉槩《老子注》，頁 295）

> 有事、有教，特以救俗而已，反與之同流，將為六對者之所浮沉，尚何以為貴乎？莊子曰：「至言去言，至為去為」。（劉涇《老子注》，頁 316）

---

❸ 王弼注「死而不亡者壽」說：「雖死而以為生之，道不亡乃得全其壽。身沒而道猶存，況身存而道不卒乎。」，《老子周易王弼注校釋》，頁 85。

> 莊子曰：「屬性乎五色，雖通如離朱，非吾所謂明；屬性乎
> 五聲，雖通如師曠，非吾所謂聰；屬性乎五味，雖通如俞
> 兒，非吾所謂臧。」，亦以係物失己而已。（劉涇《老子
> 注》，頁336）

> 知有君，而不知有其君；此三皇之世。莊子所謂：「有泰
> 氏，其臥徐徐，其覺于于；一以己為馬，一以己為牛。」
> （劉涇《老子注》，頁338）

劉槩注文中，首先摘錄《莊子・天下》論關尹、老聃一段中的「建
之以常無有，主之以太一。」（卷十下〈天下第三十三〉，頁1093），說
明老子首章句讀當為「常無，欲以觀其妙；常有，欲以觀其徼」。
老子首章有以「無」、「有」為讀，亦有以「無欲」、「有欲」為
讀，自王弼以「無欲」、「有欲」作解釋[31]，後人多依從之。劉槩
以莊子所說的「常無有」，就是老子本章的「常無」、「常有」，
藉以證明應以「無」、「有」斷句[32]。而在劉涇注文中，三則分別
引自〈知北遊〉、〈駢拇〉與〈應帝王〉。前者以《莊子》「至言
去言，至為去為」（卷七下〈知北遊〉第二十二，頁765）解《老子》二
章「聖人處無為之事，行不言之教。」。其次，是節錄〈駢拇〉

---

[31]　王弼注說：「故常無欲空虛，可以觀其始物之妙。……故常有欲，可以觀其
　　　終物之徼也。」，《老子周易王弼注校釋》，頁1-2。

[32]　王安石《老子注》中即認為應以「無」、「有」為讀，其言：「道之本出於
　　　無，故常無，以自觀其妙；道之用常歸於有，故常有，得以自觀其徼。」，
　　　《老子崇寧五注》，頁24。

（卷四上〈騈拇〉第八，頁 327）中的一段文字，詮解《老子》「五色令人目盲，五音令人耳聾，五味令人口爽」，申述人的過度追逐「五色」、「五音」、「五味」，是所謂「係物失己」，並非自然正道，亦不能符合人的性命之情；最後一條引文，則是就政治論述，〈應帝王〉是莊子政治哲學的闡發，主旨在說明為政之道在於「無治」，劉涇以莊子虛擬的上古帝王「泰氏」（卷三下〈應帝王〉第七，頁 287）建構《老子》十七章「太上之治」的理想藍圖。泰氏雖身為人君，其睡時安閒舒緩，醒時逍遙自適，任人把自己稱為馬、稱為牛，渾同自然絲毫不受外物牽累。以「泰氏」無為之治的情狀來彰顯老子所言最好的世代，頗能妥貼原旨。

除了《老子崇寧五注》外，呂惠卿援引《莊子》文句解《老》，亦誠屬多見。《道德真經傳》中解《老子》十四章「不可致詰」時說：「不可以致詰，則墮聰明，離形去智，而吾得之矣。」（卷一第十七，頁 0361）。此是言「不可致詰」的「道」，唯有在「離形去智」（卷三上〈大宗師〉第六，頁 284）的工夫修養落實之後，方可證得。此處將原本對形上道體的描述轉化成為對道體掌握方式的提點，藉以明示工夫入路的義理取向，側重點明顯有所不同；又引〈天地〉「不榮通、不醜窮」（卷五上〈天地〉第十二，頁 407）詮解《老子》「不可得而貴，不可得而賤」（卷三第二十四，頁 0388），藉以平齊貴、賤之分。值得注意的是，呂氏亦頗喜摘錄與莊子生死哲學相關的文句詮註老子學說，他說：

　　生者死之徒，死者生之始，則生死相為出入而已矣。（卷三第十五，頁 0384）

> 若然者，萬物一府，死生同狀，无所甚親，无所甚疎，故不
> 可得而親，不可得而疎。（卷三第二十四，頁 0388）

> 則聞道者，死生固不足以累其心。（卷三第五，頁 0379）

首先是節錄〈知北遊〉「生者死之徒，死者生之始」（卷七下〈知北
遊〉第二十二，頁 733）兩句，以「死生相續」的觀點解讀《老子》
「出生入死」的意義；其次，則是以〈天地〉「萬物一府，死生同
狀」（卷五上〈天地〉第十二，頁 407）解讀《老子》的「不可得而親，
不可得而疏」。最後，「死生固不足以累其心」的見解，是以莊子
所強調的「外死生」（卷十下〈天下〉第三十三，頁 1099）詮註老子「聞
道者」的理境。「死生相續」、「死生同狀」、「外死生」向為莊
子生死哲學的論述重點，但老子學說並不在此處用心，這樣的訓釋
顯然有借題發揮的嫌疑。

　　職是之故，從王安石學派各注家之注文中，所條列出來的眾多
例證，可以初步析理出一個結論，此即援引《莊子》文句訓解《老
子》，當是其時閱讀《老子》的一種普遍風氣。這些文句的比附會
通，在老、莊共屬為一個義理脈絡的思維底下，大半能將老子思想
的精髓、奧意更加淋漓盡致地發揮出來。雖然偶有因老莊哲學著重
點的不同，溢出老子原旨而產生借題發揮的現象，但畢竟仍屬少
數。如此蓋能初步證明「以《莊》解《老》」的詮解模式，當具有
道家義理思想上視域融合的圓滿效果。就哲學的理論高度而言，也
確實提供了一條理解老子思想底蘊，相當可行的便利捷徑。

第三節　以《莊子》篇旨、寓言 詮解《老子》的面向

　　除了節錄《莊子》文句詮註《老子》之外，以《莊子》篇旨、寓言與《老子》各章句意旨相扣合的注解方式，也是王安石學派「以《莊》解《老》」的路徑之一。此即明顯表現在王雱注《老》中，如其以莊子〈齊物論〉中的齊物思想來證說《老子》二、三章的意旨時說：

> 離道而我，我則有彼，彼我既分，編類為二矣。此六對者，物之所以不齊，而喜、怒、哀、樂、生、死之變，更出迭入，而不能自止者也。凡此皆不冥夫陰、陽之本，而隨其末流，自生分別。執一廢百，以妄為常故耳。此篇第二與《莊子‧齊物論》相似，篇篇有序，可以理推。（頁88）

> 賢者出眾之稱，尚之則民夸企外慕，爭之端也。民衣食足，而性定矣。妄貴難得之貨，則求其無已，必至為盜。蓋民之生，皆由妄生分別。此篇務在齊物，使民復性。（頁90）

〈齊物論〉中一再申論事物以及價值判斷的相對性與流變性，因而提出「照之於天」、「因是」的認知態度❸。深入莊子觀點，乃以

---

❸　《莊子‧齊物論》中說：「物无非彼，物无非是。自彼則不見，自知則知之。故曰彼出於是，是亦因彼。彼是方生之說也，雖然，方生方死，方死方

為一切差別現象，諸如是非、成毀、榮辱、禍福、生死等，都是由於偏見執著所形成的。只有掙脫、超離人世間的一切差別現象，才能達到無待化境。因此，莊子乃藉著彰顯現象界的相對狀態，來破除人們對偏見的執著。此觀點與《老子》二章以「有無」、「難易」、「長短」、「高下」、「音聲」、「前後」等「六對」為代表，說明一切觀念的對立形成，乃是在對待關係中彼此彰顯出來的，且相對的存在狀態看似相反，實際又是相互依賴、彼此轉化的說法相類。觀前述引文中，王雱所申論的，乃以為一般人「離道而我，我則有彼，彼我既分，編類為二矣。」，也就是說，世人偏離大道而有我執，有我執，就有彼、我之分。若是陷溺、囿限在相對概念的執取一端中，就會有種種哀、樂情緒的夾纏干擾。物之所以不齊就在此，引文終結處說：「凡此皆不冥夫陰、陽之本，而隨其末流，自生分別。執一廢百，以妄為常故耳。」，就是發揮這個道理。王雱認為《老子》二章的主旨就在於「離六對之境，絕美惡之名，越生死流處」（頁90），此與莊子〈齊物論〉所強調的宗趣旨歸，確實交相吻合。荊公注《老》中所強調「惟聖人乃無對於萬物」的理境，亦與此說交相呼應❸❹。《老子》三章所言「不尚賢，使民不爭；不貴難得之貨，使民不為盜。」，王雱亦認為與齊物思想相契合。「不尚賢」、「不貴難得之貨」，即是超離世俗二元價值判斷的主觀執著，若能不執、不滯、不著，自然能「不尚」、

生：方可方不可，方不可方可；因是因非，因非因是。是以聖人不由，而照之於天，亦因是也。」，卷一下〈齊物論第二〉，頁66。

❸❹ 王安石在其《老子注》中說：「夫美者惡之對，善者不善之反；此物理之常。惟聖人乃無對於萬物，自非聖人之所為者皆有對矣。」頁27。

「不貴」。「不尚」、「不貴」，自然就不會「執一廢百」。這對重視君道的老子學說而言，是人君統理百姓，使民「不爭」、「不為盜」，回歸純樸本性最好的心性修養之一。王雱此處將老莊類比，於義理深度的發揮方面，可謂是切中肯綮的。

除了〈齊物論〉，王雱又援引〈養生主〉的篇旨來訓解《老子》〈曲則全〉章，他說：

> 至人沖虛，其行如水，無心於物，而順物之變，不與物迁，孰能傷之？故常全也。此篇大旨，與《莊子·養生主》相類。（頁139）

> 曲者虛己而應理，緣物為變，而不與物迁。凡上諸說，要在於是；全而歸之者，庖丁善刀而藏之之意。竊原此篇，養生之旨也。（頁150）❸❺

此處乃以莊子養生思想詮解《老子》二十二章。〈養生主〉一篇，旨在以「庖丁解牛」（卷二上〈養生主〉第三，頁117-124）一寓言，說明護養精神主體的重要性，提示出養生的方法莫過於順任自然。依王雱注文，精神主體要如何護養才能達到至人境界呢？其要領就在於「無心於物，而順物之變，不與物迁」。「無心」就能虛己、忘

---

❸❺ 此段文字當是詮解〈曲則全〉章第二十二結尾「古之所謂曲則全者，豈虛言哉？誠全而歸之」之注文，《老子崇寧五注》誤植入〈善行〉章第二十七之末。尹志華《北宋《老子》注研究》書後〈附錄：輯校王雱《老子注》〉，即將此段注文重新移置第二十二章中，頁290。

我，以此對應外物，就能不受外物牽累、殘傷，精神就能常全。以王雱解「枉則直」句為例，他說：「有我者，執我之直，以遇物，而不知物變之無窮，其直乃枉也。唯順物之枉，而不自有其直；則理直於中矣。」（頁139），其中論說的重點就放在「無我」（去我執）與「順物為變」❸❻（知物變之無窮）的工夫上。《老子》本章重點原在闡釋「不爭」的道理，以及萬物同歸於全的終極理境。王雱最後總結說：「唯沖虛不實，無心於物，物欲有之，而不得。而況能與之爭乎？此篇之義，要在忘我。故結之以不爭，而終始以曲則全也。」（頁141），觀其要義，就是以「無心」、「忘我」為養生的主要途徑，亦即以「沖虛不實、無心於物」❸❼的態度來處世、應物，如此即能不與物爭，以使萬物「存全而歸之」。〈養生主〉中「庖丁解牛」的「善刀而藏之」最能彰揚此意，王雱將《老子》此章重點滑轉為修養生命主體的工夫提點，可謂新意。

除此之外，王雱亦常以《莊子》寓言之寓意與老子思想相合觀。如其解《老子》「質真若渝」時，即以〈天地〉中漢陰丈人與子貢相對話的一段寓言交相訓釋，他說：

> 體性抱神，以遊乎世俗之間者，萬變從俗，而其真常真，故物莫知其真。彼漢陰丈人，子子以真為己任，而別乎世俗，乃子貢之徒所驚，而聖人以為假修渾沌者，豈所謂質真乎！

---

❸❻ 王雱《老子注》解「事善能」中即說：「唯變所適，故無不能也。」，頁103。

❸❼ 關於「無心」，王雱《老子注》解「故幾於道」中亦說：「人有心，心為火，火騰上而明；故好爭。唯忘心體道者，能利物，而無心勝物也。」，頁102。

（頁 181）

〈天地〉中以「明白入素，無為復朴，體性抱神，以遊世俗之間」
（卷五上〈天地〉第十二，頁 438）❸的漢陰丈人與南遊於楚的儒家子貢
相對話，用意在申說為政者當去除機心造作而保持真樸純潔的本然
天性。王雱此處以漢陰丈人的形象應合《老子》言大道「質真若
渝」的特性，頗堪玩味。王雱解「民多利器，國家滋昏」時曾說：

> 有利器，則必有機心；機心生，則下難知；故國家昏也。
> （頁 211）

此「機心」一辭，即據〈天地〉此段寓言中出。王雱以為國家之所
以昏亂，就在於層出不窮機謀巧變的心思，在下位的人民一旦機詐
相見，國家就難於統治了。另外，王雱解「禍兮，福之所倚；福
兮，禍之所伏；孰知其極？」中又說：

> 故禍福相代，如彼四時，聖人唯知其然，故事貴適中，不為

---

❸　此段寓言完整如下：「子貢南遊於楚，反於晉，過漢陰，見一丈人方將為圃
畦，鑿隧而入井，抱甕而出灌，搰搰然用力甚多而見功寡。子貢曰：『有械
於此，一日浸百畦，用力甚寡而見功多，夫子不欲乎？』為圃者卬而視之
曰：『奈何？』曰：『鑿木為機，後重前輕，挈水若抽，數如溢湯，其名為
槔。』為圃者忿然作色而笑曰：『吾聞之吾師，有機械者必有機事，有機事
者必有機心。機心存於胸中，則純白不備；純白不備，則神生不定；神生不
定者，道之所不載也。吾非不知，羞而不為也。』」，卷五上〈天地第十
二〉，頁 433-434。

> 已甚。若夫察察之政，欲崇正而禁奇，止妖而興善，以盡天
> 下之福，而不知奇正相生，妖善迭化，志欲為福，而不知福
> 極為禍；故莊周寓言於才與不才之間。然則，推而為政，其
> 亦在察與不察之間乎！故曰：其政悶悶。（頁213）

此是以〈山木〉「才與不才之間」❸一段的寓意來推衍《老子》為
政在「察與不察之間」的道理，繼之以「物極必反」的原理申明老
子追求「為政悶悶」的政治理念。在這裏，王雱以「欲崇正而禁
奇，止妖而興善，以盡天下之福，而不知奇正相生，妖善迭化，志
欲為福，而不知福極為禍。」的說法，來闡釋「事貴適中，不為已
甚」的觀點。莊子所謂「才與不才之間」，是說超離「材」、「不
材」的相對概念，既不執著「材」，也不執著「不材」，不墮入任
一偏見，才能免於繫累而合乎道之自然。這是說順應人的自然才
情，無所謂材，亦無所謂不材，才能成就大材，才能乘道德而浮
遊。王雱以此推衍老子為政之道在於不執著「察」，亦不執著「不
察」，其適中之道乃在於「悶悶」之政的清靜無為，順應人民淳

---

❸　《莊子·山木》中載：「莊子行於山中，見大木，枝葉盛茂，伐木者止其旁
而不取也。問其故，曰：『无所可用。』莊子曰：『此木以不材得終其天
夫！』夫子出於山，舍於故人之家。故人喜，命豎子殺雁而烹之。豎子請
曰：『其一能鳴，其一不能鳴，請奚殺？』主人曰：『殺不能鳴者。』明日，
弟子問於莊子曰：『昨日山中之木，以不材得終其天年；今主人之雁，以不
材死；先生將何處？』莊子笑曰：『周將處乎材與不材之間。材與不材之間，
似之而非也，故未免乎累。若夫乘道德而浮游則不然。無譽無訾，一龍一
蛇，與時俱化，而無肯專為；一上一下，以和為量，浮遊乎萬物之祖；物物
而不物於物，則胡可得而累邪！』」，卷七上〈山木第二十〉，頁667-668。

厚、自然本性的政治訴求。

在劉涇、陸佃、呂惠卿的注《老》之中，類似的詮解方式也有例證可尋：

> 自有之謂私，有物之謂欲；而巧利由以生，私欲少且寡；則巧利衰矣。莊子〈胠篋篇〉正以明聖、智、仁、義、巧、利之言，與此章同意。（劉涇《老子注》，頁340）

> 天地之於萬物，聖人之於百姓，泊然無係，而不滯於仁；適則用之，過則棄之而已。故云：芻狗之為物，其未陳也，盛之以篋衍，覆之以文繡；其既陳也，行者踐其者，樵者爨其軀；所謂適則用之，過則棄之者也。……若夫述古人之土梗，語先王之芻狗，屈於已陳之跡，膠於既殘之緒，欲以有為於日徂之世，此其所以多言數窮，不如守中之愈也。此一篇與莊子芻狗之意，大略同焉。（陸佃《老子注》，頁264-265）

> 由此觀之，取天下常以無事，及其有事，不足以取天下，觀莊周之所以應帝王者，而深求之則可知已。（呂惠卿《道德真經傳》卷三第十三、第十四，頁0383）

劉涇注文，是以〈胠篋〉篇旨謀合《老子》「絕聖棄智」章的義蘊。〈胠篋〉中論說聖智禮法的創制設立，原本是用來防盜制賊，現在卻被大盜小賊所竊取，作為護身獲利的名器工具，並且放任恣肆以逞一己之私。因此，文中主張不如絕棄聖智禮法，以免為盜賊

所利用，最後提出了「聖人生而大盜起」（卷四中〈胠篋〉第十，頁346）、「聖人不死，大盜不止」（卷四中〈胠篋〉第十，頁 350）的說法，這對於假藉聖智仁義禮法來為非作歹有很深刻的反省❹。劉涇以〈胠篋〉一篇的意旨說明老子何以提出「絕聖棄智」、「絕仁棄義」的緣由，實能揭示出老子並非本質上反對聖智仁義禮法的態度。陸佃的注文則以為老子〈天地不仁〉章原是與莊子〈天運〉中「芻狗之意」相謀合，此與前文王安石、蘇轍說法大致相類❹。而呂氏的注文則以莊子〈應帝王〉與老子政治學說相緒合。〈應帝王〉中表達莊子「無治主義」的思想，其間主張不干涉、不攪擾人民，不以權謀智巧治國，以順乎百姓的自然本性為主。呂惠卿以此解《老子》的「取天下常以無事」，亦能深得其意。根據以上論述，說明了以《莊子》篇旨、寓言詮解《老子》的方式，當亦是「以《莊》解《老》」的入路之一。

第四節　引用《莊子》重要術語詮解《老子》的面向

除了節錄《莊子》文句解《老》，或以《莊子》篇旨、寓言與《老子》各章意旨相緒合之外，引用莊子學說中的重要術語解

---

❹　〈胠篋〉中即說：「故絕聖棄知，大盜乃止；擿玉毀珠，小盜不起；焚符破璽，而民朴鄙；掊斗折衡，而民不爭；殫殘天下之聖法，而民始可與論議。」，卷四中〈胠篋〉第十，頁 353。

❹　參見本章第二節「節錄《莊子》文句詮解《老子》的面向」相關論述，頁219-221。

《老》，也是莊、老合觀的路徑之一。此間所徵引莊子學說中的重要術語，諸如：「真宰」、「真君」、「無我」、「喪我」、「至人」、「神人」、「以人滅天」、「以故滅命」、「反以相天」等等，在王安石學派注《老》解《老》中時而可見。首先是「真宰」、「真君」，此在王氏父子以及呂惠卿的注文中皆可見被援用之例：

> 蓋天之體不能生生，而生生者，真君也；而真君未嘗生。地之體不能化，而化化者，真宰也；而真宰未嘗化，則出顯諸仁。（王安石《老子注》，頁 34）

> 凡生莫不有真君，足以高天下；莫不有真宰，足以制萬物。而愚者失其良貴，逐物求榮；與奪之權在人之乎；而吾之憂喜繫於得失，豈不早且惑乎？（王雱《老子注》，頁 114-115）

> 其所自始與其所自生哉，夫是之謂真君，萬物莫不有真君焉，是之謂也。侯王若能守，則是以真君君萬物，萬物孰有得其真君，而不賓者乎。（呂惠卿《道德真經傳》卷二第十二，頁 0373）

〈齊物論〉中有說：「若有真宰，而特不得其眹。可行己信，而不見其形，有情而无形。百骸，九竅，六藏，賅而存焉，吾誰與為親？汝皆說之乎？其有私焉？如是皆有為臣妾乎？其臣妾不足以相治乎？其遞相為君臣乎？其有真君存焉？如求得其情與不得，無益

損乎其真。」（卷一下〈齊物論〉第二，頁 55-56），此中所言「真宰」、「真君」乃在描述同一本體，內容指涉相同，是指人的真心、真我，是形體軀骸的主宰、君王。它確然真實存在，但是無形體可見；它寄寓在人的形體軀骸之內，卻不為其所囿限。因此，「真宰」、「真君」是「主」、是「內」、是「人之良貴」，形體軀骸反而是「客」、是「外」。觀三人之注文，似亦有將「真宰」、「真君」解作「造物主」、「形上道體」的傾向，因而在理論高度上提升為宇宙萬物創生的依據，彼等所說：「生生者，真君也」、「化化者，真宰也」、「凡生莫不有真君，足以高天下；莫不有真宰，足以制萬物」、「其所自始與其所自生哉，夫是之謂真君」，即是此意之發揮。這是學者將莊子「真宰」、「真君」的原始意涵擴大，並以之應合老子言「形上道體」的創生意義，是主觀注解之下的結果❷。

其次，則是「無我」、「喪我」的運用。〈逍遙遊〉中有「至人無己」❸、〈齊物論〉中則有「吾喪我」❹一命題，「無己」、

---

❷ 陳鼓應即認為將「真宰」詮解為「造物」、「自然」或「道」，是一種誤詮。因為就〈齊物論〉上文言「非彼無我」，由種種情態形成的「我」，乃是假我；後文「終身役役」即是假我的活動，「吾喪我」的「喪我」即是去除假我，而求真心、真我（吾）的存在。參見《莊子今註今譯·上冊》（臺北：臺灣商務印書館，2000 年 12 月），頁 52。

❸ 〈逍遙遊〉中說：「至人无己，神人无功，聖人无名。」，卷一上〈逍遙遊〉第一，頁 17。

❹ 〈齊物論〉中說：「南郭子綦隱机而坐，仰天而噓，荅焉似喪其耦。顏成子游立侍乎前，曰：『何居乎？形固可使如槁木，而心固可使如死灰乎？今之隱机者，非昔之隱机者也。』子綦曰：『偃，不亦善乎，而問之也！今者吾

「喪我」即是「無我」。此中「我」與「己」之指涉義有二：其一
是指形軀假我，「無己」、「喪我」也就是透破對形軀的執著；其
二是指自我中心，「無己」、「喪我」也就是去除偏執我見，不以
自我中心的主觀認知態度去應人處世。因此，「無己」、「喪我」
可謂是勘破形軀執與認知執的一種工夫修養。莊子學說即要人由
「無己」、「喪我」而達到「忘我」之境，最後臻至物我一體。觀
王安石學派即喜以「無我」、「無己」、「喪我」闡釋老子相關學
說，王安石《老子注》中即說：

> 生之而不有其生，為之而不恃其為，功成而不居其功；此三
> 者，皆出於無我。（頁28）

> 虛而不屈，則無己而喪我者，所以絕物，而非所以成物。
> （頁35）

> 聖人無我也，有我則與物構；而物我相引矣。（頁37）

> 惟善攝生者，則能無我；無我，則不害於物；而物亦不能害
> 之矣。（頁65）

荊公以「無我」為善攝生者，並以「生而不有，為而不恃，長而不
宰」之玄德乃出自於「無我」工夫下所成就的理境。「有我」則以

喪我，汝知之乎？』」，卷一下〈齊物論〉第二，頁43-45。

「我」為中心，逐易與外物對立，終至物、我相引相害；以「無己而喪我」比況老子言天地間「虛而不屈」的生化作用，以象徵無己、喪我者心量之虛容寬大；又以「聖人無我」解「聖人後其身而身先」，以示謙退不爭的意涵。同樣的，王雱亦講「無我」：

> 有我而存之，則物皆吾敵；夫唯超然自喪，不有吾身者，物莫能傾之。（頁101）

> 故至人因時乘理，而接之以無我，則其出無方，而無應不窮也。（頁104）

> 道之在我，之謂德。德至則與道為一，道不可容，因德而顯。德者，無我從道而已。（頁136）

「有我」則將與外物為敵，而有了物、我之別，王雱因此主張「物我兼忘，不主分別」（頁134）❹，其又提出「至人無我」，以「無我」為至人的最高理境，並以「無我從道者」為「有德者」。王氏父子所謂「聖人無我」、「至人無我」，顯然都是以莊子學說來貫通《老子》。

通觀《老子》，「聖人」一詞共計出現三十餘次，其以「聖」

---

❹ 呂惠卿《道德真經傳》卷一第一中亦主張「物我皆忘」，其解「常無，欲以觀其妙」說：「為道至乎常，則心凝形釋，物我皆忘。」，頁0353。

比喻最高人格修養的境界。而「至人」❹⁶、「神人」❹⁷則是莊子學說中理想人格的形態。此用語在《老子》文本中原不曾出現，但在王雱、陸佃的注文中卻屢屢出現：

> 故至人因時乘理，而接之以無我，則其出無方，而無應不窮也。（王雱《老子注》，頁 104）

> 豫者，先事而戒之；謂至人無心於物，迫而後動。冬涉者，臨事逡巡，若不得已也。莊子曰：「不從事於務」。（王雱《老子注》，頁 120）

> 至人不見一物，善惡無所分，而不廢世人善惡諸法，但於其中灑然不累耳。（王雱《老子注》，頁 132）

> 至人不知死，不知生，故亦莫能死，亦莫能生；故曰未嘗死，未嘗生也。（王雱《老子注》，頁 196）

---

❹⁶ 〈齊物論〉中載：「王倪曰：『至人神矣！大澤焚而不能熱，河漢沍而不能寒，疾雷破山風振海而不能驚。若然者，乘雲氣，騎日月，而遊乎四海之外。死生无變於己，而況利害之端乎！』」，卷一下〈齊物論〉第二，頁 96。

❹⁷ 〈逍遙遊〉中說：「藐姑射之山，有神人居焉，肌膚若冰雪，綽約若處子。不食五穀，吸風飲露。乘雲氣，御飛龍，而遊乎四海之外。其神凝，使物不疵癘而年穀熟。……之人也，物莫之傷，大浸稽天而不溺，大旱金石流土山焦而不熱。是其塵垢粃糠，將猶陶鑄堯舜者也，孰肯以物為事！」，卷一上〈逍遙遊〉第一，頁 28-31。

夫至人不焚於火，不溺於水，虎不能搏，兕不能觸，乘虛不墜，觸石不礙，而未嘗有死。（陸佃《老子注》，頁278）

載營魄抱一，能無離乎？愛民治國，能無為乎，此聖人也。天門開闔能無雌乎？明白四達，能無知乎？此神人也。（陸佃《老子注》，頁270）

神人者，不即不離，無縛無脫；故不可得而親踈。不生不滅，無取無舍；故不可得而利害。不損不益，無得無失；故不可得而貴賤。夫惟如此，故能無對於物，旁日月，挾宇宙，天地為一官，萬物為一府，其緒餘足以為天下國家，其土苴足以治天下，其糠粃塵垢，足以陶鑄堯、舜，而天下之物，豈復有加哉！故曰：為天下貴。（陸佃《老子注》，頁287-288）

此乃憑藉《莊子》中的「至人」、「神人」形象，以加強描繪老子所言人格修養的最高理境。對於人格形象的凝塑，在莊、老互訓的情況之下，更擴大了老子論「聖」的實質內涵。他們所提出「至人無我」、「至人無心於物」、「至人超脫生死」、「至人灑然不累」、「神人無對於物」的種種形象，在《老子》文本中原是沒有強調的。且觀陸佃對於「神人」的刻畫，其言「神人」之所以為天下人所尊貴，乃因其有「不即不離，無縛無脫」、「不生不滅，無取無舍」、「不損不益，無得無失」的工夫境界，故能「無對於物，旁日月，挾宇宙，天地為一官，萬物為一府，其緒餘足以為天

下國家，其土苴足以治天下，其糠粃塵垢，足以陶鑄堯、舜，而天下之物，豈復有加哉！」，此中文句實脫胎自《莊子》多篇文章的組合❽。呂惠卿《道德真經傳》中言聖人「勝物而不傷」（卷三第二十八，頁 0390），亦是以莊子「至人」形象理解老子「聖人」的內容❾；呂氏又闡述說：「至德者，火不能熱，水不能溺，寒暑不能害，而禽獸不能賊，則安往而不克哉，故曰重積德則无不克。」（卷三第二十九，頁 0391），「至德者」的形象亦出自莊子〈秋水〉❿。凡此，實足以揭櫫學者對於老、莊哲學中最高人格理境的互通趨向。

　　其他零星出現的概念用語，更是多到不勝枚舉，諸如「以人滅天」、「以人助天」、「以人勝天」、「以故滅命」、「反以相天」等等。以王雱《老子注》為例，其中云：

> 事有常運，時至即成。莊子曰：「美成在久」。而民愚無知，昧於此理；躁而欲速，以人助天，故事已幾成，而每至自敗。此則以人勝天，以故滅命，以事勝道之過也。（頁226）

---

❽　如：「萬物為一府」出自〈天地〉，卷五上〈天地〉第十二，頁 407；「其糠粃塵垢，足以陶鑄堯、舜」出自〈逍遙遊〉，卷一上〈逍遙遊〉第一，頁 31；「其緒餘足以為天下國家，其土苴足以治天下」則語出〈讓王〉，卷九下〈讓王〉第二十八，頁 971。

❾　〈應帝王〉中說：「至人之用心若鏡，不將不迎，應而不藏，故能勝物而不傷。」，卷三下〈應帝王〉第七，頁 307。

❿　〈秋水〉中說：「至德者，火弗能熱，水弗能溺，寒暑弗能害，禽獸弗能賊。」，卷六下〈秋水〉第十七，頁 588。

> 以人滅天，以事勝道；借使幸免，蓋失所以生矣。三寶皆天
> 德，而本者也。（頁232）

> 輔自然者，莊子所謂「反以相天」是也。為之則以人滅天
> 矣，故不敢為。（頁249）

注文中所言「以人滅天」、「以故滅命」的概念出自〈秋水〉❺。
莊子以「天」為自然，以「人」為人為。「以人滅天」、「以故滅
命」皆是指以後起的人為造作來毀滅質樸自然的性命本真，此意實
同「以人助天」、「以人勝天」❺。王雱據此深刻闡釋老子順應自
然無為的思想主張，其以為「民之從事，常於幾成而敗之」的主要
原因，就在於「躁而欲速，以人助天」，並援引莊子〈人間世〉中
言「美成在久」❺來加強論說，藉以勸人應世接物當該以順任自然
為原則，切記不可躁動妄為而求速成；又以老子「三寶」皆「天
德」，故不能「以人滅天」、「以事勝道」；最後，則以〈達生〉

---

❺ 〈秋水〉中說：「曰：『何謂天？何謂人？』北海若曰：『牛馬四足，是謂
　　天；落馬首，穿牛鼻，是謂人。故曰，无以人滅天，无以故滅命，无以得殉
　　名。謹守而勿失，是謂反其真。』」，卷六下〈秋水〉第十七，頁590-591。

❺ 〈大宗師〉中說：「受而喜之，忘而復之，是之謂不以心捐道，不以人助
　　天。是之謂真人」，卷三上〈大宗師〉第六，頁229；又說：「天與人不相
　　勝也，是之謂真人。」，卷三上〈大宗師〉第六，頁234-235。

❺ 〈人間世〉中說：「遷令勸成殆事，美成在久，惡成不及改，可不慎
　　與！」，卷二中〈人間世〉第四，頁160。

中所言「反以相天」❺❹，申說老子「輔萬物之自然」的學說特色，故而以「不以人滅天」扣合老子的「不敢為」，以有效扼止人的輕舉妄為。此一系列的莊子術語，義理內涵皆相類，王雱的多處援引，顯示對莊子學說之熟稔，故其欲將老、莊融通為一的用心，乃是不言而喻的。

　　根據以上論述，實得以論證說明，引用《莊子》一書中的重要術語以詮解《老子》，亦是「以《莊》解《老》」的路徑之一。此對於以《莊子》視角閱讀《老子》的具體輪廓，當能更加清晰完整地建構而出。莊子思想淵源於《老子》，義理內涵自有其相通之處，王安石學派結合《莊子》以進行老子思想的理解，對於言簡意賅的《老子》各章句而言，其意義的釋放與闡發可謂更加深刻透徹。

第五節　結　語

　　實際上，針對王安石學派進行初步觀察分析之後，若我們再擴大研究對象，將可以發現「以《莊》解《老》」的詮解範型，大量出現在宋代注《老》解《老》之中。其中最明顯的，莫過於龔士卨《纂圖互注老子道德經》❺❺，其所謂「互注」路向之一，即是以不

---

❺❹　〈達生〉篇中說：「夫形全精復，與天為一。天地者，萬物之父母也，合則成體，散則成始。形精不虧，是謂能移；精而又精，反以相天。」，卷七上〈達生〉第十九，頁632。

❺❺　收入《無求備齋老子集成‧初編》。本章以下所引皆依此本，僅於引文後標示章名，不另作註。

多作說明的方式,直接徵引《莊子》一書中的文句或各篇主旨與
《老子》交相訓釋。如其解「行不言之教」,互注說:「莊〈田子
方篇〉:『故聖人行不言之教,道不可致,德不可至。』」(〈養
身〉第二);解「大道廢有仁義」,互注說:「莊〈馬蹄篇〉:
『道德不廢,安取仁義。』」(〈俗薄〉第十八);解「絕聖棄智,
民利百倍」,互注說:「莊〈胠篋篇〉:『絕聖棄智,大盜乃
止。』」(〈還淳〉第十九)等等。此種莊、老互注的方式,在龔氏
一書中佔有相當高的比例。其他老學研究者運用此一基本模式詮註
《老子》,當是可以想見的。江澂《道德真經疏義》中曾說:「莊
周之書與老氏相為表裏」❺,此應是當時學者的集體共識。黃茂材
《老子解序》中也說:「余覃思此經有年矣,專探老子之意為之註
解;意有未盡,則引《列》、《莊》及《易》與夫道家之書,庶幾
鑿開混沌、剖判鴻濛,以示後學云爾。」❺,其中亦指稱莊、老互
訓比較可以達到「盡意」的效果。此誠如釋德清《莊子內篇憨山
註》中所說:「莊子一書,乃老子之註疏,予嘗謂老子之有莊,如
孔之有孟,若悟徹老子之道,後觀此書,全從彼中變化出來。」
❺,在老、莊共構為道家整體的義理脈絡底下,資藉《莊子》以加
強論點的說明與闡發,確實是解《老》的一個重要途徑。職是之
故,前文所引魏源〈老子本義序〉中評議王雱、呂惠卿諸家「以

---

❺ 《道德真經疏義》(《正統道藏》第二十冊),〈善行〉章第二十七,頁
0823。

❺ 嚴靈峯輯校:《老子宋注叢殘》,頁 137。

❺ 憨山大師:《莊子內篇憨山註》(臺北:琉璃經房,1982 年 12 月),卷之
一,頁 1。

《莊》解《老》」的「不能得其真」，實非中肯的當之評述，而可
有再商榷、斟酌的餘地。

　　值得注意的是，「以《老》解《莊》」的莊學特色，也同時相
當程度地表現在王安石學派的注《莊》解《莊》中。王雱《南華真
經新傳》中，以老子言「功成身退，天之道也」解〈逍遙遊〉「堯
讓天下於許由」❺；以「大成若缺」解〈逍遙遊〉「吾自視缺然」
（頁 18）；以「吾有大患，為吾有身」解〈人間世〉「端而虛勉而
一」（頁 90）等皆是；再觀呂惠卿《莊子義》一書，「以《老》解
《莊》」的例證也是所在多有❻。凡此，皆有待進一步爬梳演繹，
藉以全面展現出其時莊、老互訓的學術思想走向，俾使得當期老學
史、莊學史具體圖象的建立更加詳實周備。而老、莊同屬為一條義

---

❺　《南華真經新傳》（《無求備齋莊子集成·初編》），卷一第六，頁 16。本
　　章以下所引皆依此本，僅於引文後標示頁數，不另作註。

❻　呂氏《莊子義》（《無求備齋莊子集成·初編》），卷六中即曾說：「易之
　　神明，老氏之恍惚，莊子之恬知，其實一也。」，頁 167。《莊子義》中
　　「以《老》解《莊》」的例子相當多見，如其解〈胠篋〉中說：「聖人之
　　治，常使民無為、無欲、無知也。故結繩而用之，無欲也。故甘其食、美其
　　服、樂其俗、安其居，鄰國相望，雞狗之聲相聞，民至老死不相往來，此至
　　德之世也。」，頁 99。此中對「至德之世」的詮釋即結合《老子》第三章與
　　八十章；解〈在宥〉中說：「萬物負陰抱陽，沖氣為和，人莫不有沖氣之
　　和，以與天地通，而堯使民樂其性，至大喜而毗於陽。桀使民苦其性，至大
　　怒而毗於陰，故傷其沖氣，而墮四時之施、寒暑之和不成，反傷人形
　　矣。」，頁 102。此中即援引《老子》第四十二章進行相關解讀；解〈庚桑
　　楚〉中說：「老聃之道，絕仁棄知，而不尚賢。非以明民，而愚之。故其臣
　　妾之，仁知者皆去而遠之。」，頁 227。凡此，「以《老》解《莊》」的例
　　子相當多見，不一而足。

理血脈的學譜關係，共組為道家基本內容的傳統看法，在此亦能得
到更加充分的論說與證成。

第七章　宋徽宗詮解《老子》的義理向度

第一節　問題的提出

　　《老子》是歷來被注解箋釋最多的經典之一，對於此書的再三詮釋，正象徵著「後老子」時期，老子思想不斷活化與重生的意義。歷代注《老》解《老》者，也確實因為身分與文化背景的不同，創造性的詮釋出多重面向的老子學風貌。蕭天石為了方便研究之故，曾將歷代眾多注解《老子》的著作予以分門別類，細分為演化、玄學、儒林、御注、道教、丹道、佛學、集解、校勘等派別❶。其中各類別可供現今學者討論發揮的議題有很多，而御注《老子》的一派，更是十分引人注目的焦點。熊鐵基曾說：

　　雖然講歷史不能只講帝王將相，但他們作為一個歷史時期的

---

❶　蕭天石：《道德經名注選輯（七）》（臺北：中國子學名著集成編印基金會，1978 年 12 月），〈道德經名注選輯七序〉，頁 3-6。

最高統治者，對當時社會產生不可忽視的重要影響，他們的
思想既有時代的、階級的烙印，也對時代思潮的發展變化產
生著一定的影響。從這個角度，看一看他們如何從《老子》
思想中汲取精神營養，看一看《老子》思想與當時的政治之
間具有怎樣的關係，都是很有意義的。這可幫助我們加深對
於傳統文化與古代社會的理解。❷

君王注《老》特別令人值得關注的是，可以資藉著注文以了解老子
思想與當時政治之間的深切關係，而其真正意義乃在於觀察如何將
老子的政治理念實踐在君王所統領的國家百姓之上，此面向的探究
確實有助於更進一步對傳統文化與古代社會的理解。高專誠《御註
老子》中曾如是說：

皇帝注《老子》，與學者的注釋相比，學術水平自然有所弗
及；不過，由于皇帝不是普通人，他們對于《老子》的理解
和解釋，肯定具有特殊的價值。從這類注疏中，不僅可以看
出這些皇帝的政治傾向和治國之道，還可以看到《老子》思
想在傳統中國政治中的巨大作用。❸

高氏的說法，直接點明御注《老子》中特別彰顯出的皇帝政治傾向

---

❷　劉韶軍點評：《唐玄宗宋徽宗明太祖清世祖《老子》御批點評》（長沙：湖
　　南人民出版社，1997 年 9 月），熊鐵基撰〈前言〉部分，頁 1。
❸　高專誠：《御註老子》（太原：山西古籍出版社，2003 年 1 月），〈自
　　序〉，頁 5。

和治國之道。因此，若能進一步探索君王老學思想中的政治思維及其治國、理國之道，當有助於老子詮釋史中，御注《老子》義理向度的具體觀察。

實際上，從魏晉到清代，君王注《老》解《老》者所在多有，可見得《老子》尤為最高統治者所推重。據嚴靈峯《老列莊三子知見書目》中所載，君王注解《老子》可知見目錄共計有：梁武帝《老子講疏》、《道德經注》；周文帝《老子注》、《老子義疏》；梁簡文帝《老子義》、《老子私記》；梁元帝《老子講疏》；唐睿宗《老子注疏》；唐玄宗《御註道德真經》、《道德真經疏》；宋徽宗《老子注》；明太祖《明太祖御註道德真經》；清世祖《御註道德經》等等❹。此中被完整保留下來的，僅有唐玄宗、宋徽宗、明太祖、清世祖四家注，對於君王的老子學研究，可謂提供相當可貴的參考資料。四朝皇帝的注《老》，殆因其身分的特殊性，皆以《老子》為治國、理國的寶典，彼等在解讀《老子》時，確實更能彰揚出老子哲學中的政治內涵。但也可能因為政治因素的導向，在某種程度上將老子思想應合個人的情勢需求，間而以己意斷之，造成義理滑失的現象。蕭天石在「御注派」下曾評介說：「御注派又稱君學派。此派以窮理盡性，坐忘遺照，虛無恬退，而一歸於清靜無為，端拱垂裳，而天下自化之旨為宗。唐睿宗、唐玄宗、梁武帝、周文帝、梁簡文帝、梁元帝、宋徽宗、明太

---

❹ 嚴靈峯編著：《老列莊三子知見書目》（臺北：中華叢書編審委員會，1965年 10 月），第一部「老子知見書目」，分見頁 35-38、58-60、92、139、194。

祖、清世祖等屬之。」❺，其中所言即頗能凸顯出御注派老學思想
中濃厚的黃老治術之基調，這是老子思想在政治上的一種術用。針
對保存完整的四朝御注《老子》而言，因為各個君王歷史處境、人
生經歷、文化修養的不同，諸多層面的多重影響，使得他們對《老
子》的理解或多或少存在著些許的差異。因此，針對御注《老子》
義理宗趣及其詮註取向的探究，當是值得認真面對的議題。本章主
要即以《宋徽宗御解道德真經》❻為關注對象，作為研究御注老學
思想的開端與起步，同時亦擬為宋代老子學中君王注《老》的歷史
圖象，勾勒出一個基本的輪廓。

　　從政治角度立論，宋徽宗趙佶向來被視為荒淫腐敗的典型。治
史學者多指責他崇佞道教、大興宮觀，又因為窮奢極欲，導致社會
矛頓尖銳化。內憂外患接踵而至的政治氛圍，使得他最後自取其
咎，國破身亡。然而，徽宗雖與傳統「聖君明主」的形象相距甚
遠，但也不能單向斥之為昏聵庸碌就了事。徽宗即位之初，還是希
望有所作為，只是當政治抱負得不到施展揮灑的空間，激烈的競爭
與惡鬥終於使他感到厭煩，才轉而寄意丹青、娛情花石。如果僅從

---

❺　同註❶書，頁 4。

❻　關於徽宗注《老》，《宋史‧藝文志》作《老子解》，參見《宋史》卷二百
　　五〈藝文四〉，頁 2447；《郡齋讀書志》則稱《御注老子》，參見〔宋〕晁
　　公武：《郡齋讀書志‧後志》，收入《四庫全書》（臺北：臺灣商務印書
　　館，1983 年）冊 674，頁 431；《正統道藏》第十九冊收錄則作《宋徽宗御
　　解道德真經》，頁 187-846；《老子知見書目》則作《老子注》，頁 92。因
　　此，稱徽宗注《老》為「御注」或「御解」皆無不可。本章以下所引徽宗御
　　注《老子》，皆依道藏本第十九冊《宋徽宗御解道德真經》，僅於文後標示
　　卷數、頁數，不另作註。

政治事功一面去評斷他，根本不能充分發掘出這個歷史人物的耀眼之處，亦誠非公允之評。若我們從文化史的角度來看，徽宗對於繁榮中國書法、繪畫藝術，整理古代書畫典籍，卻又作出了巨大貢獻，評論者也曾給予卓越書畫家形象的評價❼。因此，徽宗個人的歷史圖象究竟當該如何描繪才算完整？之於徽宗而言，他的生命是具有多重面向的，在他的種種學術性著作中❽，注《老》一書也確實有其可觀之處，若從老子思想史來加以定位的話，當亦可在宋代老子學的學術舞臺上佔得一席之地❾。嚴靈峯評述徽宗注《老》時就說：

> 注多引《易經》、《莊子》，頗為詳盡。❿

嚴氏以為徽宗注《老》「頗為詳盡」，而蕭天石、柳存仁、高專誠

---

❼　以上論點，參見滕新才：〈宋徽宗評議〉（《四川教育學院學報》，1995 年第 1 期），頁 27。

❽　除了編、撰書畫理論的著作之外，徽宗注解經典的相關著作有三：《西昇經注》（收入《正統道藏》第十九冊）、《宋徽宗御解道德真經》（收入《正統道藏》第十九冊）、《沖虛至德真經義解》（收入《正統道藏》第二十冊）。

❾　黃剑主編：《道家思想史綱》，第二十六章〈宋明統治者對道家思想的利用〉以專節的方式討論宋徽宗御注《老子》，並進行義理思想的闡釋。尹志華：《北宋《老子》注研究》，其中對於徽宗御注的討論亦散見各章之中。以宋代為數眾多的注《老》學者而言，徽宗被提舉出來加以討論，頗能凸顯出其在宋代老子學中的重要地位。

❿　《老列莊三子知見書目》第一部〈老子知見書目〉，宋徽宗《老子注》下所言，頁 92。

則分別評價說：

> 以帝王之尊，而詳注千古來以帝王學著稱之道德經，其獨得
> 特得之處，尤有足多者焉！以其親身體驗與理論合一，遠非
> 文人學士道流佛子之望文為解者，所能企及也。⓫

> 宋徽宗與唐玄宗在政治上俱未能獲得長治久安之局面，然其
> 於哲學名理，則悉浸沉甚深⋯⋯徽宗《道德經註》頗能作深
> 沉之思，且分析名相，亦與近世邏輯之理念相近。⓬

> 表現在《老子》注疏中，唐、宋二君更近乎學者的方式，且
> 與當時的文化潮流相適應，多在「義理」上下功夫，使本來
> 就很玄妙的《老子》「五千言」更加玄虛。相對而言，明、
> 清二君則選擇了簡明扼要的方式，不僅點到為止，而且多以
> 具體事物作比喻和引申。⓭

蕭氏認為徽宗以帝王之尊的特殊體驗詳注《老子》，因而有其「獨
得特得」的深刻見解，且進一步使老子理論與現實政治綰合得更加
緊密；柳氏則以徽宗注《老》「頗能作深沉之思」，其中的分析名
相，亦與近世邏輯的理念相近；高氏則以為徽宗更近乎學者的方

⓫　蕭天石：《道德經名注選輯（三）提要》，頁 2-3。
⓬　柳存仁：〈道藏本三聖註道德經之得失〉，收入《和風堂文集·上》（上
　　海：上海古籍出版社，1991 年 10 月），頁 487、489。
⓭　高專誠《御註老子·自序》，同註❸書，頁 6。

式，多在義理方面下功夫，故其詮解玄妙，有玄學專家的架勢。四人所給予的正面評價，顯示出徽宗御注當有其可觀、可取之處，不該因為政治上的「角色錯位」❹，而全部予以一筆勾消。《續修四庫全書提要》亦曾給予徽宗注《老》較唐玄宗《御注》「有過之而無不及」的正面肯定❺。因此，若我們能進一步析理徽宗注《老》「獨得特得」之處，重新安頓其在老子學史中的地位，一方面當能使其個人的歷史圖象更加鮮明立體，對於他的歷史評價也就比較能夠面面俱到，而不致於專斷偏頗。另一方面，之於宋代老子學多元化詮解的面向而言，當亦能有更加清晰完整的輪廓，俾使得宋代老子學有關專題、專家的研究，內容更為嚴謹詳實。

不同的理解視域，總是在不斷交融互攝，以形成新視域的過程中被把握、被理解，這就是詮釋學所謂「視域融合」的意義❻。對於位居一國之尊的徽宗而言，從現實的政治條件、處境出發的新視域，對於《老子》文本的解讀，蓋能得到一番新的發揮與應用，並且增益著後起研究者在種種理解向度上的可能憑藉與進路。因此，

---

❹　關此，參見張邦煒：〈宋徽宗角色錯位的由來〉一文，收入氏著《宋代政治文化史論》（北京：人民出版社，2005 年 10 月），頁 226-241。

❺　《續修四庫全書提要》評論徽宗御注《老子》說：「雖謂老子著書自名為經，未免拘於成見。而貴求食於母，亦沿明皇之誤。而以由解道，以得解德，唯阿同聲，善惡一性，皆依古誼，不事附會。較之明皇《御注》，有過之而無不及。」，參見王雲五編：《續修四庫全書提要》，頁 2102。

❻　關此，參見張鼎國：〈「較好地」還是「不同地」理解：從詮釋學論爭看經典註疏中的詮釋定位與取向問題〉，收入黃俊傑編：《中國經典詮釋傳統（一）通論篇》（臺北：財團法人喜瑪拉雅研究發展基金會，2002 年 6 月），頁 15-50。

徽宗眼中的《老子》究竟是一部怎樣的書？其間如何引發他的種種
思考，並且進行專屬於個人的理解？乃是值得深究的。據此思路，
本章首先就政治理念的角度加以釐析，企圖抉發徽宗的政治傾向和
治國之道，闡釋其如何在注解《老子》的同時，將先秦的老子思想
轉化成為自己的治國、理國之術，擬以「儒、道合流互動的政治素
求」與「『因其固然，付之自爾』的理國之道」兩個面向，作為義
理宗趣的旨向以進行爬梳，此主要是彰顯徽宗主觀自下己意之處，
與老子原意頗有一些距離。其次，則是以御注《老子》詮解方式的
趨向作為觀察論述的焦點，選擇以「援引《老子》詮解《老
子》」、「援引《莊子》詮解《老子》」兩個面向為重心，揭示出
徽宗亦有企圖客觀還原《老子》原意的用心，故以道家之言還之道
家。結語處則擬就徽宗「既主觀而又客觀」的詮解方式，進行有關
詮釋問題的根本反省。凡此種種，即以下文加以申說。

第二節　御注《老子》義理宗趣的旨向

一、儒、道合流互動的政治訴求

　　劉固盛《宋元老學研究》中認為宋代老子學發展方向的重點之
一，即在於發揮《老子》修身治國的思想，但這種闡釋已不僅限於
黃老內容，而是與儒家的政治學說互相溝通❼。此主要就表現在王

---

❼　《宋元老學研究》第二章〈宋元老學的傳衍與發展〉中說：「宋元老學在遠
　　離仙道法術之後，主要朝兩個方向發展。其一是重點發揮《老子》修身治國

安石學派以及宋徽宗、江澂的君臣注《老》之上。劉氏說：

> 疏理這一時期的老學著作，我們可以發現，以儒釋《老》又
> 分為兩個層面：其一是把傳統儒學中的政治道德學說與老子
> 思想結合起來，使老學為現實政治服務，這是在新的歷史時
> 期對老子政治學說的重要發揮；其二是新儒學也即理學與老
> 學的互相發明。……以儒家的政治道德學說解釋《老子》，
> 當首推王安石學派，包括王安石、王雱、陸佃、劉槩、劉涇
> 等人，他們都注解過《老子》，並顯示出援儒入老，協同孔
> 老，使老學為現實政治服務的共同傾向，宋徽宗之御注和江
> 澂疏義，亦可能受到了他們的影響。**⑱**

誠如劉氏所言，王安石學派與徽宗君臣注《老》的主要特色，就在
於將儒家的政治道德學說與老子思想相縐合，使老學為現實政治服
務，這是新的歷史時期對老子政治學說的重要闡釋與發揮。如王安
石〈論老子〉中所言：「無之所以為天下用者，以有禮樂刑政也。

的思想，但這種闡釋已不僅限於黃老內容，而是與儒家的政治學說互相溝
通；其二是重點闡述《老子》的哲學思想，其中當然不乏形而上的本體論內
容，但重心已由對本體論的研究轉為對心性論的探討，從而迎合了儒、道、
釋三教共同的時代要求。」，頁 39。

⑱ 同前註書，第三章〈治世之道：對老子政治學說的發揮〉，頁 54。劉固盛在
〈論王安石學派的老學思想〉一文中也說：「以儒家的政治道德學說解釋
《老子》，當首推王安石學派，該派王安石、王雱、陸佃、劉概、劉涇、呂
惠卿諸人，都注解過《老子》，并顯示出援儒入《老》、協同孔老、使老學
為現實政治服務的共同傾向，他們的注解具有時代的典型意義。」，頁 75。

如其廢轂輻於車，廢禮樂刑政於天下，而坐求其無之為用也，則亦近於愚矣。」⓱，其以為「無為」之所以能夠對社會起作用，乃是因為有了禮樂刑政的關係。如果治理國家廢除了禮樂刑政，徒然追求「無為」的作用，那就未免近於愚蠢。荊公將儒家「禮樂刑政之教」與道家「無為之教」相融為一的政治訴求，代表著此一時期老子與儒家政治學說互相溝通的主要基調。細觀《宋徽宗御解道德真經》中也有相類的說法，其解「絕聖棄智」中就說：

> 先王以人道治天下，至周而彌文。及其弊也，以文滅質，文
> 有餘而質不足，天下舉失其素樸之真，而日淪于私欲之習。
> 老氏當周之末世，方將祛其弊而使之反本，故攘棄仁義，絕
> 滅禮學，雖聖智亦在所擯。彼其心豈真以仁義聖智為不足以
> 治天下哉？先王之道若循環，救文者莫若質，故令有所屬，
> 謂見素抱樸，少私寡欲也。（卷一第三十七－三十八，頁 0801-
> 0802）

徽宗以為周世之弊乃在於「以文滅質，文有餘而質不足」，老子面

⓱ 嚴靈峯輯校：《老子崇寧五注》，附錄王安石〈論老子〉一文，頁 22。此處是就《老子》十一章「三十輻共一轂，當其無，有車之用。」的引申發揮。實際上，司馬光《道德真經論》（收入《正統道藏》第二十冊）中所持的立場也是如此。「始制有名」，卷二第五中解釋說：「聖人得道，必制而用之，不能無言。」，頁 0534；「既得其母，以知其子」，卷三第六則解釋為：「因道以立禮樂刑政」，頁 0537；司馬光顯然將儒家的禮樂刑政視為「道之用」，「制而用之」就是把禮樂刑政制度作為理國的一種規範，此與王安石學派的看法當是一致的。

對這樣的時代問題，才要「以質救文」，因此才會有攘棄仁義、絕滅禮學，以歸向素樸的主張。徽宗不免自問：「彼（老子）其心豈真以仁義聖智為不足以治天下哉？」，其對於老子之所以提出「絕聖棄智」、「絕仁棄義」進行辯解，認為絕棄仁義、聖智並非老子思想的本意，其終極目的就是為了要「以質救文」。在這個前提之下，徽宗所閱讀的《老子》，就不是與儒家截然對立的。在他與《老子》的直接對話中，老子所要擯除反對的是儒家德化禮治下所產生「以文滅質」的流弊，而非德化禮治本身，他曾說「繁文飾貌無益于治」（卷二第十四，頁 0810）❷⓿，「繁文飾貌」就是「文有餘而質不足」。儒家仁義之教在施化的過程當中，若能避免「文有餘而質不足」的負面現象，知道時時「反本」，進而去甚、去奢、去泰，徽宗乃以為是足以治理天下的。且「先王之道若循環，救文者莫若質」，儒家所代表的「文」與道家所代表的「質」當該有一個共存的平衡基點，而在治國理念上相依相須，達到一種儒、道互補、交融共濟的理論旨趣，這其實是徽宗注《老》中相當重要的問題意識。

　　在實際的政治運作中，政和八年徽宗曾下詔宣稱：「使黃帝、

---

❷⓿　《宋大詔令集》（北京：中華書局，1997 年 12 月），卷第二百二十四〈政事七十七〉〈道釋下‧老子陞史記列傳之首在京神霄宮刻御注道德經御筆手詔——政和八年八月十二日〉中曾載，徽宗執政期間，曾主張將《老子》提升為《史記》列傳之首，並在京神霄宮刻御注《道德經》，以垂無窮。究觀老氏深原道德之本，而黜太甚繁飾之華，蓋將救文之弊，使天下毋失其樸，舉復于無為恬淡之真，頁 864。此詔令中所言即顯示出當時「以文滅質」的景況。

老子、堯、舜、周、孔之教，偕行于今日。」❷，他的治國方略明確主張「以儒道合而為一」❷。此觀點在御注《老子》中也經常流露出來，其中「以儒解《老》」的詮註取向，當該是儒、道會通最直接的一種入路，如此形式也就自然促成了內容上儒、道融通的旨歸。在義理宗趣方面，御注所強調的儒家仁義之教與孔、老相為終始的政治理念，與徽宗實際的政治操作是緊密相扣的。御注《老子》首章中就說：

> 孔子之作《易》，至〈說卦〉然後言妙。而老氏以此首篇，聖人之言相為終始。（卷一第三，頁0784）

徽宗以《易傳》為孔子所作，並將〈說卦〉言「妙」❷與《老子》首章言「妙」相合觀，以為「聖人之言相為終始」❷，此將孔、老皆視為聖人，以為聖人學說都是相通的，意在達到統合儒、道的目的。因此，御注中正面肯定儒家道德學說的觀點便時而可見，如其言：

---

❷ 《宋大詔令集》，卷第二百二十四〈政事七十七〉〈道釋下·天下學校諸生添治內經等御筆手詔——政和八年八月二十一日〉，頁864。

❷ 〔清〕徐承學《資治通鑑後編》，收入《四庫全書》冊334，卷一百，頁12。

❷ 〈說卦〉中說：「神也者，妙萬物而為言者也。」，參見《周易正義》，卷第九〈說卦〉第九，頁184。

❷ 今本《易傳》以〈雜卦〉為尾篇，徽宗所見到的《易傳》，可能是以〈說卦〉為最後一篇，所以才會說「聖人之言相為終始」。

仁義禮智，隨量而受，因時而施，是德而已。（卷三第一，頁
0816）

仁人無敵於天下，故以戰則勝。（卷四第十二，頁0838）

萬物皆備於我矣，反身而誠，樂莫大焉，故以身觀身而身
治，推此類也。天下有常然，以之觀天下，而天下治。（卷
三第二十五，頁0828）

國君好仁，天下無敵。安其危而利其菑，樂其所以亡者，怨
之所歸，禍之所集也。（卷二第十六－十七，頁0811-0812）

此顯然是要以儒家的仁義之教作為治國之方的輔佐與資助，藉此以
闡發儒、道合流互動、相融共濟的思想。注文中節錄《孟子・盡心
下》「仁人無敵於天下」❷⑤的政治概念詮解《老子》「夫慈，以戰
則勝，以守則固」，是將儒家重視的「仁」與老子所提舉的「慈」
合觀；又以《孟子・盡心上》「反身而誠，樂莫大焉」❷⑥推言治政
理國之道；以「仁者無敵」的概念詮解「樂殺人者，不可得志於天
下矣」。其中對於仁政誠心的諸多強調，是以儒家的視域對《老
子》進行新詮，藉以表明儒、道合流互動的政治訴求。然而，這對
好談「慈」而不喜談「仁」的老子學說而言，不能不說是義理上的

---

❷⑤　《四書章句集注・孟子集注》，卷十四，頁512。
❷⑥　同前註書，卷十三，頁491。

一種轉化。

其次，《老子》第四章「道沖，而用之或不盈」句，原以「道沖」言道體的「虛空之狀」❷，徽宗則以儒家的「中」詮解道家的「沖」，以「道中」為「道沖」，其詮解如下：

> 道有情有信，故有用；無為無形，故不盈。經曰：「萬物負陰而抱陽，沖氣以為和。」萬物之理，偏乎陽則強，或失之過；偏乎陰則弱，或失之不及。無過不及，是謂沖氣。沖者，中也，是謂大和。「高者抑之，下者舉之，有餘者取之，不足者予之。」道之用，無適而不得其中也。（卷一第八，頁 0787）

以徽宗「道治天下」而言，「道」的實質內容實兼具有儒、道的義蘊，此處即是將道家的「沖虛之道」與儒家的「中和之道」合而為一。注文中以為「道」是生發萬物的原理，偏於陽則剛強，偏於陰則虛弱，前者失之太過，後者流於不及。陰陽之氣和諧適中，就叫作「沖氣」，可以稱做「大和」。御注以為「道」之所以無法發揮作用，就在於「過」與「不及」。因此，「沖」就是「適中」，指陰陽之氣和諧適中的一種狀態。御注隨後節錄《老子》七十七章

---

❷ 陳鼓應：《老子今註今譯及評介》解釋「道沖」為：「『沖』，古字為『盅』，訓虛。『沖』傅奕本作『盅』《說文》：『盅，器虛也；《老子》曰：「道盅而用之。」』」，頁 64。因此，「道沖」應是「道虛」之意。

「高者抑之，下者舉之；有餘者取之，不足者予之。」❷❽來證成本章「道沖」之意，申說大道不竭的發揮作用，完全都是「無適而不得其中」的結果。此處以「中」解「沖」，是徽宗「儒道為一」問題意識下的詮解，以「中和」比附「沖虛」❷❾，雖然實現了儒、道之間的溝通，但是對於原意的誤詮，也是應該加以批評的。

　　《老子》三十七章「不欲以靜，天下將自正」，徽宗所闡釋「道治天下」的理念，也是儒、道融通下的詮解視角，他是這樣說的：

> 水靜則平中準，大匠取法焉。不欲以靜，則不失其正，先自正矣，故天下將自正。《易》曰：「乾道變化，各正性命」，乾道變化則無為也，各正性命則不欲以靜，天下將自正也。以道治天下，至於各正性命，此之謂治之至。（卷二第二十五，頁0816）

注文中強調君王的修身之道，其自身若能做到清靜、不貪求，天下自然就能安定。徽宗以為《易經·乾卦·象傳》中所說的「乾道變化」就是「無為」；「各正性命」，就是不起貪欲、歸於寧靜❸❶。

---

❷❽　《老子周易王弼注校釋》，頁 186。今本《老子》下半句作「有餘者損之，不足者補之。」。

❷❾　《御注》卷三第十解「萬物負陰而抱陽，沖氣以為和」中也曾說：「必有陰陽之中，沖氣是已。」，頁0821。此處亦是以「中」釋「沖」。

❸❶　《易經·乾卦·象傳》中說「乾道變化，各正性命。」，參見《周易正義》，卷第一〈乾傳〉第一，頁10。

用大道治理天下，只有達到了「各正性命」的理想，才可說是治理天下的極至。以百姓的「各正性命」為「治之至」，是以《易傳》來比附《老子》，而「天道性命相貫通」的思路，則是受到儒家性理之學的深刻影響。難怪乎御注中又說：「與道同體，則各安其性命之情，其利博矣。」（卷一第三十七，頁0801）、「學以致道，見道而絕學，損之又損之，以至於無為而無不為，則任其性命之情，無適而不樂，故無憂。」（卷一第三十八，頁0802），此即是以「性命之情」的得以安頓，來作為「道治天下」的理想化境。凡此，誠如上文所申說，以儒家政治道德學說與老子思想相互發明的觀點，可說是徽宗理國之道的主要基調，這大約就是儒、道相為終始、合流互動的一種政治訴求，是為御注《老子》義理宗趣的旨向之一。

二、「因其固然，付之自爾」的理國之道

　　先秦時期老子原創思想建立之後，「後老子」時期發展的主流之一，即是為統治者提供一整套「御國役民」的手段或策略，如此便有了政治上所謂的「黃老道家」，主要是以齊國稷下道家為主❸。御注《老子》蓋因君王特殊身分之故，對於政治思想的相關闡

---

❸　馮達文、郭齊勇：《新編中國哲學史·上冊》（臺北：洪葉文化事業有限公司，2005年10月），第五章〈道家思想的弘揚與莊子的精神追求〉中即說：「老子之後，道家思想大致沿著兩個方向展開：一是以個人生命為中心，關切的是自我、自由與本真；一是以社會政治為中心，最終落實而為君人南面之術。……後者主要指稷下學派的一批人物。這批人物力圖把老子的思想與齊國本土流傳下來的管子（名仲）的思想予以貫通，從而使道家得以由形上追求下落下來轉向形下操作，以為統治者提供一套御國役民的手段或策略。」，頁116。此外，陳德和也認識到了戰國中期之初，對於老子思想

述明顯較多，而其中所體現出來的基調之一，就是黃老治術的內容。最明顯的例子，莫過於徽宗詮解《老子》六十章「治大國，若烹小鮮。」中所言：

> 事大眾而數搖之，則少成功。藏大器而數徙之，則多敗傷。烹小鮮而數撓之，則潰。治大國而數變法，則惑。是以治國貴清靜，而民自定。（卷四第二，頁 0833）

御注明顯承繼韓非〈解老〉觀點而來❸，此中引入「變法」的觀念，並強調「法」的穩定性，如其說：「治大國而數變法，則惑。」，《老子》文本原不言「法」，更遑論「變法」。注文中又言：「是以治國貴清靜，而民自定」，則是黃老治術中「無為而治」的最高化境。隨後，在此章注文中，徽宗便一再強調「無為而治」的重要性，他說：

> 聖人者，神民萬物之主也，不得已而臨蒞天下，莫若無為。

的義理發揮就明顯形成兩大主流，此即是北方齊國的稷下道家和南方楚地一帶的莊子思想。稷下道家思想由於側重在君人南面之術的發揮，屬於領袖國家的政治管理學；莊子學說則特就心靈境界的拓昇開顯以及精神理想的恢宏超拔來定義老子的思想。參見氏著〈戰國老學的兩大主流——政治化老學與境界化老學〉（《鵝湖學誌》第 35 期，2005 年 12 月），頁 60-102。御注《老子》的理解視域，特別能演繹君人南面之術的思想。

❸ 韓非〈解老〉中即說：「治大國而數變法，則民苦之。是以有道之君，貴虛靜而重變法。」，參見陳奇猷校注：《韓非子集釋》（臺北：漢京出版社，1983 年 5 月），頁 355。

道常無為，以涖天下，則人無不治。（卷四第二－三，頁 0833）

觀此注文，其言「不得已而臨涖天下，莫若無為。」，殆可以想見御注安頓「無為」、「有為」兩者之關係，蓋將有偏重「無為」一邊的義理取向。此蓋與黃老道家思維較為接近，亦是漢初七十年來，力主「無為」以休養生息的關鍵所在。而黃老治術中的清靜無為之道，在落入具體施化的實踐過程當中，也確實極易導向無所作為的消極傾向。二十九章「為者敗之」，御注解釋說：「能為而不能無為，則智有所困。」（卷二第十三，頁 0810），只能「有為」而不能「無為」，智慮就會受到限制。據此，可以感受到在「無為」、「有為」的關係之間，「無為」似乎更具有一理論優先性的地位。

徽宗進一步說：

其難也，若有為以經世；其易也，若無為而適己。（卷一第四，頁 0785）

此即特別凸顯出「有為以經世」的艱難性，而「無為而適己」則顯得相對容易。這也就是說，要用「有為之道」去治國經世是困難的，而要做到個人一己的「無為逍遙」、「自適自得」則顯然容易多了。之於徽宗，這種說法確實可以為他政治事功的毫無建樹，找到一個開脫解罪的藉口。御注中又說：

夫無為而寡過者易，有為而無患者難。既利物而有為，則其

於無尤也難矣。（卷一第十六，頁0791）

其以為只要「無為」，就會少犯過錯，比較容易實現做到；而一旦「有為」，要不遇到禍患災難，就很難做到了。以位居人君的徽宗而言，在「其難也，若有為以經世。」、「有為而無患者難」的思考前提之下，使得他在面對治理天下一事，很有可能導致一種畏難、遲疑、退縮的心態。最後，政治上的「無為」，就逐漸演變成怠惰懶散、安於現狀、不思進取而無所作為的傾向，這便嚴重誤解老子「無為」的義理內涵。觀其解「是以聖人處無為之事，行不言之教」中即說：

> 為則有成虧，言則有當愆，曾未免乎累。（卷一第四，頁
> 0785）

徽宗認為一個人若有所作為就要負擔成功或失敗的結果，一如語言一旦說出口就要面對對或錯的責任一樣，這些思慮擔憂都難免使人落入種種繫累之中。此其實也呼應了他所說的：「聖人不從事於務，故無敗。」（卷四第八，頁 0836）。因此，面對「變法」，徽宗並無任何興趣，他說：「治大國而數變法，則惑。」（卷四第二，頁 0833），即透露出對當時變法並不秉持積極肯定的態度，「變法」既是政治的實際運作，在理論上便是一種「有為」，對於傾向「無為」的徽宗來說，其實並不熱衷。御注首章中也曾說：

> 不立一物，茲謂之常無；不廢一物，茲謂之常有。（卷一第

二，頁 0784）

「不立一物」、「不廢一物」就是維持現狀、無所作為、消極守成，此是將《老子》首章的形上玄論轉化成為政治上的理國思維，是以己意斷之、隨意比附。如此消極的心態，也難怪徽宗會說：

> 以仁愛民，以智治國，施教化、修法則，以善一世，其於無為也難矣。（卷一第十九，頁 0792）

這是說若以仁義愛民、智慧治國，以推行教化、修定法則的方式來善理一國，如此要做到「無為」的確相當困難。明顯點出御注老學思想中偏重「無為」一邊的義理趨向，此殆與其原初所主張偕行儒、道的政治訴求，頗有自相矛盾之處❸。然而，這或許也是徽宗以自身的政治處境與《老子》深刻對話之後，藉以抒發帝王心志的結果，其間所流露出抽象理論與現實政治操作之下的矛盾衝突，誠然是可以想像的。

---

❸ 劉固盛：《宋元老學研究》，第三章〈治世之道：對老子政治學說的發揮〉中即說：「然而，在《御解道德真經》中，儒道並沒有真正『合而同之』，因為裏面存在一個根本的缺陷，那就是老子的『無為』被解釋成了消極地順應自然，不廢一物，不立一物，完全放棄了有為，這和儒家的積極進取、注重人的作為是相矛盾的。」，頁 74；黃劍主編：《道家思想史綱》，第二十六章〈宋明統治者對道家思想的利用〉第一節「宋徽宗《御解道德真經》」中也指出：「徽宗治國，最後弄得國破家亡，不能說與他的消極無為沒有關係。《宋史》在總結徽宗的失誤時，指出他『溺信虛無』、『怠棄國政』，看來是合乎實際的。」，頁 517。

　　總之，在徽宗政治化老學的理解前提之下，在上的君德就該表現「無為」，此是黃老道術的基調，御注中說：「上必無為而用天下」（卷四第十二，頁 0842）❸❹，在「無為」、「有為」之間，身為君王的就該「無為而治」，這也就是徽宗之所以說：「道常無為，以蒞天下，則人無不治。」（卷四第三，頁 0833）。於是，徽宗極力發揚君王的無為之德。據他的說法，「無為」就是因順萬事萬物自然本有的情狀，就像陰陽的運行、四季的更迭，一切變化都是自然推衍、不待人力，它自己就能自生自治、自足自成，而政治上的無為之道也是如此。因此，其遂提出以「因其固然，付之自爾」（卷一第六，頁 0786）❸❺為治國的理想方式，御注中即說：

　　物有作也，順之以觀其復。物有生也，因之以致其成，豈有
　　不治者哉？（卷一第八，頁 0787）

---

❸❹　《莊子‧天道》中說：「上必无為而用天下，下必有為為天下用，此不易之
　　道也。」，《莊子集釋》，卷五中〈天道〉第十三，頁 465。此觀點應是莊
　　子後學中染有黃老思想的學者所提出。

❸❺　《御注》卷一第六中說：「聖人不得已而臨蒞天下，一視而同仁，篤近而舉
　　遠，因其固然，付之自爾，何容心焉？」，頁 0786；卷四第八中又說：「因
　　其固然，付之自爾，而無怵迫之情，邊遽之勞焉，故曰徐清。」，頁 0798。
　　「因其固然」語出《莊子‧養生主》，《莊子集釋》，卷二上〈養生主〉第
　　三，頁 119；而「付之自爾」則是郭象注《莊子‧人間世》的用語，《莊子
　　集釋》，卷二中〈人間世〉第四郭象注曰：「付之自爾，而理自生成。生成
　　非我也，豈為治亂易節哉！」，頁 183。尹志華：《北宋《老子》注研究》
　　中即說：「北宋《老子》注家所闡釋的『無為』，作為一種政治原則和行為
　　方式，其基本特徵就是『因其自然』。」，頁 144。所謂「因其自然」就是
　　「因其固然」。

> 天地之於萬物，聖人之於百姓，輔其自然。……彼萬物之自生，百姓之自治，曾何容心焉？（卷一第十，頁0788）

> 污者潔之，險者夷之。順物之理，無容心焉，故無不治。因地而為曲直，因器而為方圓，趣變無常而常，可以為平，無能者若是乎？（卷一第十五，頁0790）

> 無事者，道之真。國以正定，兵以奇勝，道之真。無容私焉，順物自然，而天下治矣。（卷三第二十八，頁0830）

> 順物之變，而委蛇曲折，不求其肆，故若屈。（卷三第十三，頁0822）

> 反無非傷也，順其理則全。（卷四第四，頁0834）

> 順理而索，循道而行，天下無難矣。（卷四第十六，頁0840）

注文中一再申說「因順自然」的見解，君王只要「順之以觀其復」、「因之以致其成」，就可以實現理想大治。換言之，所謂完善的「無為之治」，就是以「順物之理」、「順物之變」、「順物自然」為其基本原則，此說明徽宗所認知的「無為」，基本上就是「因順自然」的道理。「污者潔之，險者夷之。」」、「因地而為曲直，因器而為方圓」即是指順應外物的自然情狀來行事。引文中言：「順物之理，無容心焉，故無不治。」、「順其理則全」、

「順理而索，循道而行，天下無難矣。」，都是「無為而治」的要義。治國理民只要做到「因」、「順」二字，任理之自爾、順物之自然，萬物就會自生自成，百姓就能自治自理。易言之，君王治理天下，應當聽任、順應人民的自然本性，而不參以私心、私意來約束控制人民，不以個人的意志強加到人民身上，如此天下便能太平，而不至於勞神操心於天下，此即「無容私焉，順物自然，而天下治矣。」❸的道理，亦是所謂「因其固然，付之自爾」的內在理蘊。

　　總而言之，因順依從事物的自然本性，就能治理一切，此是統馭天下的總體原則，如此萬物就只是自生自長，百姓就只是自理自治，他們並沒有被宰制、掌控的壓力感存在，而君王亦能不為天下所繫累、困縛，而能逍遙自適、自在自得，此即是徽宗「太上之治」❸的理想藍圖。據此，徽宗「因其固然，付之自爾」的說法，其哲學的理論高度似乎亦得以肯定。然而，可惜的是，在理論鋪陳的過程當中，首先是誤詮了老子「無為」的內涵，落入無所事事、獨任虛無的義理傾向之中。其次，又因偏重「無為」一邊，遂導致「無為」、「有為」兩者失衡，而理論全盤落空的危機也就隨之產

---

❸　此亦即《莊子·應帝王》中所言：「无无名人曰：『汝遊心於淡，合氣於漠，順物自然而無容私焉，而天下治矣。』」，《莊子集釋》，卷三下〈應帝王〉第七，頁 294。

❸　《御注》卷一第三十六解《老子》十七章「功成事遂，百姓皆曰我自然」中說：「帝王之功，聖人之餘事也。使民甘其食，美其服，安其俗，樂其業，而餘事足以成帝王之功。然謂我自然而已，曰：『帝力何有於我哉？』此之謂太上之治。」，頁 0801。

生，此殆非《老子》原意，而是御注的自我發揮。回顧徽宗現實的政治處境，其消極守成而又無所作為的政治操作，確實呼應了此一理論缺失的情況。

第三節　御注《老子》詮解方式的趨向

任繼愈主編《道藏提要》中，評點徽宗注《老》時曾說：「是註極崇《老子》。註中引《莊》、《列》、《語》、《孟》、《詩》、《書》等，皆印證其理。」❸，可見得援引各家典籍與《老子》交相訓釋的多元化樣貌，殆為御注的主要特色之一。實際上，除了《莊》、《列》、《語》、《孟》、《詩》、《書》之外，御注中所徵錄的典籍，細部觀察發現尚有《周易》、《老子》、《史記》、《禮記》、《韓非子》、《素問經》等等。據此，御注的旁徵博引，或摘錄經典中的文句，或援引各家派義理概念、專用術語以證解老子思想者皆所在多有。此處受限於篇幅，在詮註方式的取向中，僅選擇闡述御注《老子》中「引《老》解《老》」以及「引《莊》解《老》」兩個詮解面向。這是道家義理思想的一種視域融合，以道家之言還之道家，最能看出徽宗企圖貼近《老子》原意的用心，故此處乃以此為著墨的焦點所在。以下即就此重點加以尋索檢別，以發明御注《老子》詮註取向的特色。

---

❸　《道藏提要》（北京：中國社會科學出版社，2005 年 12 月），頁 294。

一、援引《老子》詮解《老子》的面向

對於如何證成「經典思想的原貌？」黃俊傑曾提出兩個還原的途徑：一是將經典置於它所處的歷史脈絡之中；二是將對經典的解釋置於經典自身的脈絡之中❸。確實，以老子所處的時代背景及其自身的文理脈絡來閱讀《老子》，應該是回歸經典思想原貌的最佳途徑。就《老子》而言，以《老子》的視角來閱讀《老子》，各章句之間的訓釋體會，是經典內部全體與部分之間的一種循環論證，亦即是所謂「詮釋的循環」❹。深入點掇御注《老子》詮解的基本趨向，發現徽宗特別喜歡援引《老子》來解釋《老子》，此當是所謂的「以經解經」，深信文本前後呼應，整體貫穿一致，各章句之間可以互相輔助解釋。在眾多詮解的義理向度中，此種取向最能避免過度詮釋，或者粗暴詮釋以至於扭曲誤解原意的現象發生。宏觀御注注文，徽宗或顯式地標明「經曰」，以作為《老子》各章句互注的一種模式；或隱式地不表明「經曰」，僅直接節錄《老子》文句，夾雜在其他注文之中以互詮。不管或顯或隱，此種「以《老》解《老》」的詮解基型頻頻出現在御注之中。此實足以說明御注詮解取向中，「以《老》解《老》」的方式，應該是在自覺意識下所

---

❸　參見黃俊傑：《東亞儒學史的新視野》（臺北：喜瑪拉雅研究發展基金會，2001 年），〈貳、從儒家經典詮釋史觀點論解經者的「歷史性」及其相關問題〉，頁 57-59。

❹　所謂「詮釋的循環」，其中含有兩層意義：一、是經典內部全體與部分之間的循環；二、是經典與詮釋者之間的循環。參見李清良：〈黃俊傑論中國經典詮釋傳統：類型，方法與特質〉一文，收入《中國詮釋學·第一輯》（濟南：山東人民出版社，2003 年 10 月），頁 271。

形成的，而其間亦透顯出徽宗回歸原典精神的正確方向。

首先，《御注》中註明「經曰」以互注的例子相當多見，其中被徵引次數最多見的，根據觀察統計，殆為《老子》二十八章。此章中的文句經常被節錄引用，藉以與《老子》其他各章句互訓，茲先將例子臚列而出，再予以說明：

> 經曰：「知其雄，守其雌，為天下谿。」聖人體天道之變化，卷舒啟閉，不違乎時，柔剛微彰，惟其所用。然未嘗先人而常隨人，未嘗勝物而常下物，故天下樂推而不厭，能為雌，於是乎在。（卷一第二十，頁 0793）

> 經曰：「樸散則為器。」樸，未嘗斲。抱樸，則靜一而不變。（卷一第三十八，頁 0802）

> 經曰：「復歸於嬰兒。」（卷一第四十，頁 0803）

> 虛而能應，應而不竭，虛而能受，受而不藏。經曰：「為天下谷，常德乃足。」（卷三第八，頁 0820）

> 天下皆以剛強敵物，而我獨寓於柔靜不爭之地，則人孰勝之者？是乃所以交天下之道也。經曰：「知其雄，守其雌，為天下谿。」（卷四第三，頁 0833）

此五條注文「經曰」之下所稱引的文句，語皆出自《老子》二十八

章❹。徽宗節錄「知其雄，守其雌，為天下谿。」訓釋《老子》十章的「天門開闔，能為雌乎？」以及六十一章的「天下之交，天下之牝。牝常以靜勝牡，以靜為下。」。這幾處的意旨皆在強調「守雌」觀點，是故予以互訓。「雄」是雄強，象徵剛動、躁進；「雌」是雌柔，象徵柔靜、謙下。老子言「知雄守雌」，是指對於「雄強」一面有了深刻透徹的理解，而後能自處於「雌柔」的一面。因此，思想的重點是在「守雌」，曉喻世人持守柔靜、謙下之道，就像谿谷的處下不爭、虛而能受，那麼就永遠不會匱乏、窮盡❹。十章的「能為雌乎？」，「為雌」亦即是「守雌」。而六十一章的「天下之牝」，「牝」亦是雌柔，而「牡」則是雄強。「牝常以靜勝牡，以靜為下。」，也是強調「守雌」的原則。在這個基礎點上引申發揮，「守雌」同時也含有內收、凝斂、含藏的意義，也就是指示人不可鋒芒畢露、恃剛凌物、強悍暴戾❹。徽宗說：「聰明聖智，守之以愚，與此（守雌）同義。」（卷一第二十，頁 0793），「守雌」、「守愚」皆是取其含藏內斂的象徵意義。因此，針對這

---

❹　《老子》二十八章全文如下：「知其雄，守其雌，為天下谿。為天下谿，常德不離，復歸於嬰兒。知其白，守其黑，為天下式。為天下式，常德不忒，復歸於無極。知其榮，守其辱，為天下谷。為天下谷，常德乃足，復歸於樸。樸散則為器，聖人用之則為官長。故大制不割。」，《老子周易王弼注校釋》，頁 74-75。

❹　《御解道德真經》卷二第十一解二十八章「知其雄，守其雌，為天下谿。」徽宗注曰：「雄以剛勝物，雌柔靜而已。聖人之智，知所以勝物矣，而自處于柔靜，萬物皆往貲焉而不匱，故為天下谿。」，頁 0809。

❹　《老子》二十八章的相關闡釋，參見陳鼓應：《老子今註今譯及評介》，頁 159-163。

些義理概念相類的篇章，御注採取「以《老》解《老》」的方式予
以互訓合觀，俾使得《老子》的精神意旨，在部分與部分的互相照
應當中，達到呈現整體思想體系的效果，此乃可見得部分與整體之
間有機性的聯繫關係。此外，徽宗又引二十八章「樸散則為器」訓
釋十九章「抱樸」的義理內蘊。「樸」原是沒有經過雕琢的木頭，
象徵的是「質樸自然」，老子以「樸」比喻道的全體，真樸的道分
散之後成為萬物，有道者若能沿用真樸，使天下復歸於樸，繼而保
全「道」的全體，就能「靜一而不變」。同樣的，以二十八章「復
歸於嬰兒」與二十章「若嬰兒之未孩」兩句合觀，此殆因兩章皆有
「嬰兒」一辭之故。「嬰兒」象徵純真，「復歸於嬰兒」是說精神
上保有赤子的純真自然，而沒有機心巧詐，這在《老子》中原也有
固定的象徵意義。又引二十八章「為天下谷，常德乃足。」與四十
一章「上德若谷」互訓；「谷」就是「谿」，況喻人應像「谿」、
「谷」一樣虛而能受、謙下涵容。徽宗此處將《老子》各章中相同
的概念交相比附，應是切中肯綮的。

其次，雖然沒有明示「經曰」，直接將《老子》文句夾雜於注
文之中的，也有引錄二十八章的例子，如其闡釋三章「弱其志」時
說：

> 志者，心之所知。……志強則或殉名而不息，或逐貨而無
> 厭，或伐其功，或矜其能，去道益遠。……聖人之志，每自
> 下之，而人高之。每自後也，而人先之。「知其雄，守其
> 雌，知其榮，守其辱」，是之謂「弱其志」。（卷一第七，頁
> 0786）

注文中先以「志強者」來做反面的論說，其「或殉名而不息」、
「或逐貨而無厭」、「或伐其功」、「或矜其能」，距離大道其實更
遠。根據御注之意，徽宗以為「弱其志」，是要人含藏內斂、掩蓋
鋒芒、處下不爭，故其言「聖人之志，每自下之，而人高之。每自後
也，而人先之。」，「下」與「後」皆是表示一個人若是心志凝斂、
謙卑，外物就越是難以對他造成傷害，此與「守雌」、「守愚」所
象徵的意涵並無二致。因此，御注最後便以「知其雄，守其雌，知
其榮，守其辱。」，做為「弱其志」的一個注腳。另外，十五章「敦
兮其若樸」，御注中說：「敦者，厚之至。性本至厚，如木之樸，未
散為器。」（卷一第三十，頁 0798），此亦是引用二十八章「樸散則
為器」，強調人性原始本質尚未被割裂之前的渾樸完整。凡此，實
可看出徽宗特別鍾愛徵引二十八章的詮註取向。其他尚有注明「經
曰」之例，茲再略舉數例，俾使觀點的論證推衍更加周延詳實：

> 道有情有信，故有用；無為無形，故不盈。經曰：「萬物負
> 陰而抱陽，沖氣以為和。」萬物之理，偏乎陽則強，或失之
> 過。偏乎陰則弱，或失之不及。無過不及，是謂沖氣。（卷
> 一第八，頁 0787）

> 有積也，故不足；無藏也，故有餘。至人無積，亦虛而已。
> 保此道而以天下之美為盡在己者，亦已小矣，故不欲盈。經
> 曰：「大白若辱，盛德若不足。」❹（卷一第三十一，頁 0798）

---

❹　《老子周易王弼注校釋》作「廣德若不足」，頁 112。

　　積眾小不勝為大勝者，惟聖人能之。經曰：「天下莫柔弱於
　　水，而攻堅強者莫之能先。」❹❺（卷二第二十三，頁 0815）

引文中，首先援引四十二章「萬物負陰而抱陽，沖氣以為和。」與
四章「道沖而用之，或不盈」互訓❹❻。其次，則是援引四十一章
「大白若辱，盛德若不足。」解十五章「保此道者不欲盈」，皆是
強調不顯露鋒芒的人生態度；最後，則以七十八章「天下莫柔弱於
水，而攻堅強者莫之能先。」與三十六章「柔之勝剛，弱之勝
強。」互證，其中交互發明老子「柔弱勝剛強」的理論思維，可謂
的當❹❼。

　　除此之外，根據筆者的尋索檢別，發現雖然未明示「經曰」，
但是直接節錄《老子》文句夾雜在注文之中以闡發義理的，更是多
到不可勝數。例如：引十二章「聖人為腹不為目」解三章「實其
腹」（卷一第六，頁 0786）；引二章「有無相生」解十一章「故有之
以為利，無之以為用。」（卷一第二十一，頁 0793）；引四十一章「大
音希聲」解十四章「聽之不聞名曰希」（卷一第二十六，頁 0796）；引
三十八章「失道而後德，失德而後仁，失仁而後義。」解十八章
「大道廢，有仁義。」（卷一第三十六，頁 0801）；引三章「不見可

---

❹❺　《老子周易王弼注校釋》作「而攻堅強者莫之能勝」，頁 187。
❹❻　關於此則注文，本章文前曾加以闡釋發揮，此處不再贅述。
❹❼　《御注》中亦以七十八章「天下莫柔弱於水，而攻堅強者莫之能先。」與八
　　　章的「夫惟不爭，故無尤矣。」互訓。卷一第十六中云：「上善利物，若水
　　　之性。雖利物而不擇所利，不與物爭，而物莫能與之爭，故無尤矣。故曰
　　　『天下莫柔弱於水，而攻堅強者莫之能先。』」，頁 0791。

欲，使心不亂」解四十六章「罪莫大於可欲」（卷三第十四，頁0823）；引首章「無，名天地之始；有，名萬物之母。」解五十二章「天下有始，以為天下母。」（卷三第二十一，頁0826）；引五章「多言數窮」解五十六章「知者不言，言者不知。」（卷三第二十七，頁0829）；引三章「不尚賢，使民不爭；不貴難得之貨，則民不為盜。」解五十七章「我無欲而民自樸」（卷三第三十，頁0831）；引十九章「見素抱樸，少私寡欲」解五十七章「其民淳淳」（卷三第三十，頁0831）；引七十六章「剛強者死之徒，柔弱者生之徒。」解七十三章「勇於敢則殺，勇於不敢則活。」（卷四第十八，頁0841）等等。凡此，可見徽宗所併舉合觀的各章句，皆是屬於辭語相類或義理概念相近者，因而更能清楚彰顯出老子哲學所強調的各個重點。此實可謂御注以《老子》之言發明《老子》的詮註方式，在其詮解的各式取向中，當是回歸老子精神的最佳方式，在各章句的互證訓釋之中，其企圖回歸還原《老子》的用心應該是可以被肯定的。

二、援引《莊子》詮解《老子》的面向

御注《老子》另一個鮮明的特色，就是大量援引《莊子》來訓解《老子》。尹志華即曾說：

> 宋徽宗《老子注》的另一顯著特點是以《莊》解《老》。[48]

---

[48]　《北宋《老子注》研究》第一章〈緒論〉，頁 25。

柳存仁也說：

> 其（宋徽宗）御註中引證最多者為《莊子》，常援《莊子》
> 原文入己文中往往混不可辨，更不舉其篇章，惟細究《莊
> 子》一一對覈，始能分別剔出耳。此亦可見徽宗心目中之道
> 家，老子外即莊子，並老、莊關係之切。……以《莊》釋
> 《老》，可謂頗有見地。❹

柳氏認為御注最常援引《莊子》證解《老子》，可見得徽宗心目中
的道家系譜，老子之外便是莊子，兩者關係之密切。因此，對於御
注以《莊》釋《老》的訓解方式，給予「頗有見地」的評價。職是
之故，針對御注《老子》「以《莊》釋《老》」的部分，當該有進
一步疏理之必要，藉此以彰明御注《老子》另一顯著的特點。

　　御注中徵引《莊子》的頻率，確實相當頻繁。其間的詮解方
式，或節引《莊子》中的一大段文字或幾句話，與老子學說相證
解；或引用莊子學說中的專屬術語、義理概念與老子思想交相訓
釋。此處限於篇幅，僅簡略歸納幾個要點加以申述❺。首先，御注
習慣用「莊子（周）所謂……」的方式夾入注文當中，作為論點推
衍的一種證成或結論。茲先列舉數例如下，再予以說明：

---

❹　參見氏著〈道藏本三聖註道德經之得失〉一文，頁 487。
❺　關於「以《莊》解《老》」，本書第六章〈援引《莊子》詮解《老子》的義
　　理向度〉中，已有詳論，頁 211-250。此處之所以再申論，乃為了全面凸顯出
　　徽宗御注以道家之言還之道家的詮解方式，故以《老》、《莊》的閱讀視角
　　為觀察重點。

處無為之事，莊子所謂「無為而用天下」也。（卷一第四，頁0785）

和其光，莊子所謂「光矣而不耀」也；同其塵，莊子所謂「與物委蛇，而同其波」也。（卷一第九，頁0787）

象者，物之始見。帝者，神之應物。物生而後有象，帝出而後妙物。象帝者，群物之始，而道實先之。莊子所謂「神鬼神帝，生天生地」是也。（卷一第十，頁0788）

失道而後德，失德而後仁，失仁而後義。仁以立人，義以立我，而去道也遠矣。韓愈不原聖人道德之意，迺以謂仁與義為定名，道與德為虛位，老子之小仁義，其所見者小也。莊子所謂「蔽蒙之民」。（卷一第三十六，頁0801）

樸以喻道之全體，形名而降，大則制小。道之全體，不離于性，小而辨物。莊周所謂「其有真君存焉」。（卷二第十七，頁0812）

引文中簡要節錄《莊子》各篇中的一兩句話作為證解老子思想的依據。首先，援引〈天道〉「上必无為而用天下」❺詮解《老子》的「聖人處無為之事」，藉以申說聖王以「無為」面對天下的主張；

---

❺　《莊子集釋》，卷五中〈天道〉第十三，頁465。

其次,則引〈刻意〉「光矣而不耀」❺詮解「和其光」,是以發光卻不耀眼況喻不炫耀於物,以證解「和其光」。並以〈庚桑楚〉「與物委蛇,而同其波」❺證解「同其塵」,是以接物無心、順物自然,委曲隨順、同波共流訓釋「同其塵」;又引〈大宗師〉「神鬼神帝,生天生地」❺闡釋「道」的「象帝之先」,以說明「道」作為宇宙萬物形上本體的終極依據;引〈繕性〉「蔽蒙之民」❺比附不了解「大道廢,有仁義」之真意者,針對韓愈對老子道德仁義之說的批評,徽宗以為就是所謂蔽塞愚昧者;最後,則以〈齊物論〉「其有真君存焉」❺解「樸雖小,天下莫能臣」❺。老子以「樸」比喻大道的整體,代表著大道質樸幽微的特性,它雖然幽隱不可見卻又真實存在於萬物之中,彷若主宰一般,御注以為莊子所謂「真君」即是此意,這是以「真君」為「造物主」為「道」,藉此以彰顯其作為宇宙萬物的真實主宰之意。

就《老子》首章句讀而言,此章有以「無」、「有」為讀,亦有以「無欲」、「有欲」為讀,自從王弼以「無欲」、「有欲」作

---

❺　《莊子集釋》,卷六上〈刻意〉第十五,頁539。

❺　《莊子集釋》,卷八上〈庚桑楚〉第二十三,頁785。

❺　《莊子集釋》,卷三上〈大宗師〉第六,頁247。

❺　《莊子集釋》,卷六上〈繕性〉第十六,頁547。

❺　《莊子集釋》,卷一下〈齊物論〉第二,頁56。

❺　三十二章「道常無名樸雖小天下莫能臣」,歷來有兩種句讀:一為「道常無名、樸。雖小,天下莫能臣。」;一為「道常無名。樸雖小,天下莫能臣。」。徽宗是屬於後者之句讀。

解釋，後人多依從之❺❽。徽宗則主張以「有」、「無」為讀，主要就是援引《莊子》文句作為依據，御注中說：

> 莊子曰：「建之以常無有」，不立一物，茲謂之常無；不廢一物，茲謂之常有。（卷一第二，頁 0784）

徽宗摘錄〈天下〉論關尹、老聃一段中的「建之以常無有」❺❾，以說明此處當以「常無」、「常有」為斷句❻⓪，此是援引《莊子》作為判斷的依據，也是引《莊》證《老》。除此之外，又引〈天地〉：「有機械者必有機事，有機事者必有機心。機心生則純白不備。」❻❶，解讀《老子》的「人多利器，國家滋昏。」（卷三第二十九，頁 0830）；以〈人間世〉：「桂可食，故伐之；漆可用，故割之。人皆知有用之用，而莫知無用之用。」❻❷，解讀《老子》的「眾人皆有以，我獨頑且鄙。」（卷一第四十一，頁 0803）。其間以「眾人皆有以」比附「有用之用」；以「我獨頑且鄙」比附「無用

---

❺❽　王弼注說：「故常無欲空虛，可以觀其始物之妙。……故常有欲，可以觀其終物之徼也。」，《周易老子王弼注校釋》，頁 1-2。

❺❾　《莊子集釋》，卷十下〈天下〉第三十三，頁 1093。

❻⓪　王安石《老子注》最早以「無」、「有」為讀，其注《老》中說：「道之本出於無，故常無，以自觀其妙；道之用常歸於有，故常有，得以自觀其徼。」，《老子崇寧五注》，頁 24。相關細節的諸多討論，可參見陳鼓應《老子今註今譯及評介》，頁 49-51。

❻❶　《莊子集釋》，卷五上〈天地〉第十二，頁 433。末一句《莊子集釋》作「機心存於胸中，則純白不備。」。

❻❷　《莊子集釋》，卷二中〈人間世〉第四，頁 186。

之用」，可謂相當適切。凡此，是為莊、老互證的基本入路之一。

其次，援用《莊子》一書中的專用術語或義理概念來訓釋《老子》的也相當多，其中「坐忘」一說被徵引的頻率最高。例如：

> 譬如人身，墮肢體，黜聰明，離形去智，通於大同，則無入而不自得也。世之人以物易性，故累物而不能忘勢。以形累心，故喪心而不能忘形，其患大矣。人之生也，百骸九竅六臟賅而存焉，吾誰能為親，認而有之，皆惑也。體道者解乎此，故孔子曰：「朝聞道，夕死可矣。」孟子曰：「夭壽不貳」顏子曰：「回坐忘矣。」夫死生亦大矣，而無變于己，況得喪禍福之所介乎？此古之至人，所以不以利累形，不以形累心，視萬物與我將擇焉而不可得，則吾身非吾有也。
> （卷一第二十四－二十五，頁0795）

> 不思而得，不勉而中，不行而至，上德也。不思則不得，不勉則不中，不行則不至，下德也。德有上下，此聖賢之所以分歟！離形去智，通於大同，仁義禮智，蓋將簡之而弗得，故無以為。（卷三第一，頁0816）

> 致道者，墮肢體，黜聰明，離形去知，而萬事銷忘，故日損。（卷三第十六，頁0824）

《莊子·大宗師》中說：「墮肢體，黜聰明，離形去知，同於大

通,此謂坐忘。」❻,此是以破除「認知執」、「形軀執」,進而與「大道」通而為一,就是「坐忘」。細觀注文,徽宗首先援引「坐忘」解《老子》十三章「貴大患若身」以及「吾所以有大患者,為吾有身」,注文中一再強調人的「不以形累心」,重點就在於「忘形」,故說:「以形累心,故喪心而不能忘形,其患大矣。」。此是以莊子「坐忘」中的「離形」(墮肢體)來說明「忘形」,進一步申論「有身」(即有形)之大患;其次,則以「坐忘」闡釋上德者的「無以為」。聖者無心作為,他對於仁義禮智不會耿耿於懷,不加思慮就很得體,不加勉強就很適中,不必行走也能到達,一舉手、一投足都是上德者的表現。這其實是強調莊子「坐忘」中的「去智」,以「去智」為去除機巧之智,也就是去除有心、虛偽的作為。因此,面對仁義禮智的「無以為」(無心作為),才是所謂「上德者」。最後,則資藉「坐忘」之說以闡發「為道日損」的意涵。致道者以減法的方式自我修養,希望不斷減少利欲的繫累,擺脫對形體、外物的執迷,乃至於萬事銷忘,這就是「日損」。凡此,因為老、莊調性一致的緣故,多數能夠深化老子思想,而在理解上臻至更高的層次。此外,又以《莊子·天道》中的「天樂」詮解老子「虛靜」一概念。徽宗說:

> 致虛而要其極,守靜而至于篤,則萬態雖雜而吾心常徹,萬
> 變雖殊而吾心常寂,此之謂「天樂」。非體道者,不足以與
> 此。(卷一第三十二,頁 0799)

---

❻ 《莊子集釋》,卷三上〈大宗師〉第六,頁 284。

〈天道〉中說：「言以虛靜推於天地，通於萬物，此之謂天樂。」
❻❹，可見「天樂」就是「虛靜」的工夫做到極致篤實之後，此心常
徹、常寂，而與天地萬物通而為一的體道境界，故徽宗乃藉此與
《老子》十六章「致虛極，守靜篤」交相擬配，以進行義理上的格
義。此詮解不僅擴大對《老子》一書的理解視角，另一方面也能達
到道家義理思想上視域融合的極佳效果，可謂是老子詮釋史中最能
接近《老子》原意的解讀途徑。

第四節　結　語

　　劉笑敢以為詮解古代經典必然會面臨兩個定向的問題，他說：

> 這是兩個方向的解讀：一方面是面向歷史和古代文本的回溯
> 的探尋，另一方面是面向現實和未來而產生的感受和思考。
> 從理論上、邏輯上來講，這兩種定向顯然是有矛盾和衝突
> 的；但是從實際的詮釋過程來說，這兩種定向或過程是難以
> 剝離的，也很少有詮釋者自覺地討論這兩種定向之間的關係
> 問題。❻❺

細察徽宗御注《老子》當中，也確實顯現出這兩個定向的解讀。他

---

❻❹　《莊子集釋》，卷五中〈天道〉第十三，頁463。
❻❺　劉笑敢：《老子古今・上卷》（北京：中國社會科學出版社，2006 年 5
　　月），導論二〈回歸歷史與面向現實〉，頁44。

一方面或許曾自覺地想要回溯文本，因此在詮註取向的趨勢上，大量援引《老子》、《莊子》進行老子思想的相關闡釋，深化並且擴大道家義理思想理解與詮釋的視域，進一步企圖回歸道家學譜的思想體系之中。相較於同一時期其他注《老》解《老》的學者而言，徽宗的大量援引《老子》、《莊子》，以道家之言還之道家，誠然是其顯著特點，充分凸顯出嘗試趨近《老子》原意的一種用心，是屬於客觀詮釋的定向。然而，另一方面，以徽宗一國之尊的特殊身分來說，面對現實政局的強烈感受與多方壓力，也逼使得他在詮解《老子》的過程當中，經過不斷與現實政治處境相叩問之後，提出一些與時代問題相呼應的看法，而這些觀點則可能與《老子》原意有著些許的落差。這說明了當徽宗「面向現實和未來而產生的感受和思考」時，可能會迫使他對《老子》進行一些不同於他人觀點的新詮，以至於距離《老子》原始精神越來越遠，而走向主觀詮解的定向。

在本章「御注《老子》義理宗趣的旨向」部分，徽宗一方面雖然強調「儒、道合流互動的政治訴求」，對於儒家仁義之教並不排斥，甚且提出孔、老相為終始的政治理念。然而，另一方面他又強調「因其固然，付之自爾」的為政之道，以君德「無為」作為治國的理想方針。但在理論鋪陳的過程當中，首先是因為誤詮老子「無為」之意，遂落入無所事事、獨任虛無的義理思維之中，又因偏重「無為」一邊的理論導向，使得「無為」、「有為」兩者失衡，「無為之治」遂演變成怠惰懶散、安於現狀、不思進取而又無所作為的傾向。如此，便與其「儒、道合流互動的政治訴求」一主張，產生自相矛盾的現象。這是主觀注解的結果，帶有著極為強烈的個

人詮解色彩，其一方面重視儒家仁義之教，另一方面又有濃烈的黃老治術的基調，其間的衝突矛盾，是徽宗與時代現實政治環境進行深刻對話之後，面對自我處境所激盪出來的老學樣貌。

綜而言之，這兩個詮解的定向：一個是走近原典的核心，客觀地詮釋經典的原意；一個是與原典精神漸行漸遠，建立詮釋者個人特有的哲學體系。表面上看，顯然有著撕裂性的矛盾與衝突存在，但就中國哲學經典的詮釋傳統而言，這兩個定向在實際的詮釋過程當中卻又是難以剝離的。我們不敢論斷徽宗到底有沒有意識到這兩者之間的關係，就像劉笑敢所說的，很少有詮釋者自覺地討論或面對這兩種定向之間的問題❻❻。然而，我們可以確定的是，以中國的注疏傳統來說，正是因為這兩個詮解的定向，才能凝結出每個時代各個詮註者特有的風格與特色。以徽宗御注《老子》而言，確實具有這種「既主觀而又客觀」的詮解特質，其大量以《老子》、《莊子》的視角閱讀《老子》，展現出客觀還原《老子》原意的用心；復以一國之君的特殊身分，企圖自下己意，提出屬於個人一己的政治理論主張，又帶有著濃厚的主觀詮解的意味。這樣的矛盾衝突，正可謂徽宗御注的特色所在，亦是其詮註《老子》「獨得特得」之處。

---

❻❻ 關此，另可參見劉笑敢：〈經典詮釋與體系建構：中國哲學詮釋傳統的成熟與特點芻議〉一文，收錄於李明輝編：《儒家經典詮釋方法》（臺北：國立臺灣大學出版中心，2004 年 6 月），頁 33-58。

第八章
江澂《道德眞經疏義》對
御注《老子》的闡發

第一節　問題的提出

　　宋代老子學發展方向的重點之一，即在於與儒家政治學說互相
溝通，此主要表現在王安石學派以及宋徽宗、江澂的君臣注《老》
之上。劉固盛說：

> 以儒家的政治道德學說解釋《老子》，當首推王安石學派，
> 包括王安石、王雱、陸佃、劉槩、劉涇等人，他們都注解過
> 《老子》，並顯示出援儒入老，協同孔老，使老學為現實政
> 治服務的共同傾向，宋徽宗之御注和江澂疏義，亦可能受到
> 了他們的影響。❶

---

❶　《宋元老學研究》第三章〈治世之道：對老子政治學說的發揮〉，頁54。

誠如引文所述，王安石學派以及宋徽宗、江澂君臣注《老》的主要特色之一，就在於援儒入《老》、協同孔老，將儒家的政治道德學說與老子思想相縫合，使老學為現實政治服務。這是新的歷史時期對老子政治學說所謂「明理國之道」❷的重要闡釋與發揮，也使得他們的注解充分表現出時代的典型意義。關於王安石學派與宋徽宗個人的老學思想，相關研究已累積了一些成果，而對於江澂老學思想的著墨，則幾乎付之闕如。根據劉氏的說法，此條脈絡既是宋代老子學發展方向的重點之一，將宋徽宗與江澂君臣注《老》一併合觀，進行整體性的思考，深入省察君臣二人政治思想是否同調，當是一個可以再發揮的老學面向與研究議題。

《宋徽宗御解道德真經》頒示天下之後，太學生江澂曾為之疏解，寫成了《道德真經疏義》❸一書。江澂《疏義》既是針對御注

---

❷　章東超《明代老學研究》（華中師範大學歷史文化學院博士學位論文，2004年 5 月），第二章〈明代《老子》注書宗趣指歸〉中曾說：「宋元時期注《老》的另外一個顯著的宗趣就是將《老子》書看作理國之書，著重從政治思想的角度發揮《老子》的思想學說，也即杜光庭所謂的『明理國之道』。由於《老子》書對於政治思想的陳述非常直接，故屬於此一宗趣的《老子》注書無須多言，注家多為儒學出身的知識分子及官僚。」，頁 47。

❸　《道德真經疏義》，收入《正統道藏》第二十、二十一冊。本章以下所引徽宗注《老》之注文以及江澂之疏文皆依此本，僅於引文後標示卷數、頁數，不另作註。實際上，除了江澂，章安亦有《宋徽宗道德真經解義》，收入《正統道藏》第二十冊。章安、江澂成書年代的先後，就現有資料無從考訂。本章為行文簡潔之故，統稱《宋徽宗御解道德真經》為御注《老子》，《道德真經疏義》統稱《疏義》，《宋徽宗道德真經解義》統稱《解義》。根據筆者對《疏義》、《解義》的初步觀察，章安在義理發揮方面實較江澂《疏義》粗略，衍義內容亦相對單薄。《疏義》經常長篇大論，深入推衍御

《老子》而來，將兩者吸納成為一個有機聯繫的整體，進行種種相關問題的反省與思考，當該是值得認真勾稽的議題。江澂在《道德真經疏義序》中曾說：

> 其（《老子》）言甚簡，其旨甚遠，蓋非聖人不能與此。降周而來，為之說者，殆百有餘家，類皆蔽於己見，不識道真，言之迂踈。其志將以尊崇聖道，而適為抵迕。要非道足以優入聖域，而得於神解者，或不可與明焉。……竊觀聖學淵懿，而言之要妙，廣大悉備，如《易》之有《繫》，真所謂聖人之文者也。（序第一，頁 0375）

江澂雖然標榜御注《老子》為「神解」、「真所謂聖人之文者」，然而對於御注的義理闡發，卻非亦步亦趨，簡單沿襲而已。其在閱讀御注《老子》之時，一方面多所承繼發揚，另一方面也自下己意，在「神解」之外，充分發揮一些不同於君王的看法。其間也有岔出徽宗「神解」的義理脈絡之外，以建構屬於自家老學觀點的地方，甚而有以人臣角度補充御注缺陷與不足之處。因此，以《疏義》為研究對象，細部爬梳江澂如何疏解御注《老子》，提出相關問題的思考與討論，當具有學術之價值。

對於江澂《疏義》，劉固盛曾評價說：

注《老子》的義理內涵，個人意見的發揮較為精詳深刻。故本章在研究對象的選取上，以評價較高的江澂《疏義》為關注的對象。案：《宋徽宗御解道德真經》單獨之注文亦收錄在《正統道藏》第十九冊，此章之論述焦點原以江澂疏文為重心，故以注、疏合併的江澂本作為依據。

> 江澂雖是為宋徽宗《老子》御注作疏，但他對《老子》思想的理解無疑要比宋徽宗全面而深刻一些。❹

此中提出《疏義》相較於御注「全面而深刻一些」的說法，頗值得我們一探究竟。針對《疏義》較御注「深刻一些」的評價，初步即可舉出例證加以申說。例如：《老子》十章的「專氣致柔」，御注注文說：

> 孟子曰：其為氣也，至大至剛，以直養而無害，則塞乎天地之間。老氏之專氣，則曰致柔，何也？至剛以行義，至柔以復性，古之道術，無乎不在。（卷三第五，頁0767）

御注實欲會通孟、老論氣之說，故將孟子的養氣至剛❺與老子的專氣致柔合觀互訓。為了調融一剛一柔之說，御注乃以至剛為「行義」、致柔為「復性」，藉此以會通二者之關係。細觀江澂此處疏文，與徽宗的注文相較，似乎更深刻一些，他說：

> 孟子言至剛，主行義言之，論氣之用也。老氏言致柔，主復性言之，論氣之本也。若關尹取其純氣，壺子取其衡氣，言各有當，亦若是而已。古之道術，无乎不在者，以此。」

---

❹ 《宋元老學研究》第三章〈治世之道：對老子政治學說的發揮〉，頁82。
❺ 孟子「養氣」之說，載於〈公孫丑上〉「養氣知言」章。參見《四書章句集注·孟子集注》，卷三，頁318-319。

（卷三第六，頁 0768）

江澂以為孟子「言至剛」是「論氣之用」，老子「言致柔」是「論氣之本」，以「氣之用」、「氣之本」來調合徽宗「至剛以行義，至柔以復性」的說法。此論說即以氣柔為本，氣剛為用，將孟、老一剛一柔之說，以本體義、作用義加以融攝統一。接著又援引《莊子·達生》中所載關尹的「取其純氣」❻、壺子的「取其衡氣」❼，來說明「言各有當」，以證成徽宗言「古之道術，無乎不在」的道理。平心而論，江澂的衍義實較具哲學的理論高度，所謂「深刻一些」的評價，據此或能得到初步證實。

　　此外，對於《疏義》較御注「全面一些」的評價，同樣也可舉出具體實例。二十章「眾人皆有以，我獨頑且鄙」，徽宗詮註說：

　　　　桂可食，故伐之。漆可用，故割之。人皆知有用之用，而莫知无用之用。眾人皆有以，是謂有用之用。我獨頑且鄙，是謂无用之用。（卷五第十八－十九，頁 0806）

御注節錄《莊子·人間世》❽中的一段文字與《老子》交相訓釋，

---

❻　關尹的「取其純氣」，參見《莊子·達生》。《莊子集釋》，卷七上〈達生〉第十九，頁 634。《列子·黃帝第二》中亦有相關記載，參見《列子》（臺北：藝文印書館，1975 年 9 月）卷第二，頁 22。

❼　壺子的「取其衡氣」，參見《莊子集釋》，卷三下〈應帝王〉第七，頁 302。《列子·黃帝第二》中亦有相關記載，參見《列子》卷第二，頁 31。

❽　參見《莊子集釋》，卷二中〈人間世〉第四，頁 186。

主要觀點是以「眾人皆有以」為「有用之用」，「我獨頑且鄙」為
「無用之用」，藉此以進行義理上的比附。江澂《疏義》中，則以
更全面的觀察角度闡述徽宗此段注文，他說：

> 經世之道，以無用之用為至。桂可食，故伐之。漆可用，故
> 割之。皆有用之用，此材之患者也。人皆知自伐其智，自矜
> 其能，為有用之用，不知支離其德，乃無用之用焉。眾人皆
> 有以，是為有用之用，以其材故也。我獨頑且鄙，是為無用
> 之用，以不材故也。頑與冥頑之頑同，鄙與都鄙之鄙同。頑
> 則不飾智，言其無知。鄙則不見美，言其無文。神人以此為
> 不材，而不材乃所以為大材也，則無用之為用明矣。莊周於
> 〈人間世〉始言曲轅社，又言商丘大木，終言桂以可食而
> 伐，漆以可用而割，蓋明無用之用與有用之用不同如此。然
> 則遊人間世而吉凶與民同患，可不知此。（卷五第十九，頁
> 0806）

江澂認為經世之道乃以「無用之用」為極至，他就著〈人間世〉一
文，更全面地發揮「無用之用」的寓意。疏文中言「自伐其智，自
矜其能」為「有用之用」，以此為「材之患者」；言「支離其
德」、「無知無文」為「無用之用」，以此為「神人之大材」。其
間以「頑則不飾智」言「無知」，「鄙則不見美」言「無文」，可
謂佳解。最後，則串連〈人間世〉中「櫟社樹」、「商丘大木」❾

---

❾　相關寓言，參見《莊子集釋》，卷二中〈人間世〉第四，頁170-186。

等寓言故事，以明示「無用之用」的要旨。此可見江澂雖緊依徽宗注文作疏，在義理內蘊的闡發方面，確實能夠調適上遂地抉發出御注《老子》的理論宗趣，觀此疏文即可得到印證。因此，江澂對於老子思想的理解無疑要比宋徽宗「全面而深刻一些」的說法，便值得我們對《疏義》投以相當關注的眼神。

　　職是之故，繼第七章〈宋徽宗詮解《老子》的義理向度〉之後，續以江澂《疏義》為聚焦的對象，企圖抉發其如何在徽宗注《老》的「神解」之外，表達出屬於個人一己的老學思想。根據目前有關宋代老子學的種種研究成果來看，對於君臣注《老》一議題的整體性觀察，專書中或有略述，然多點到為止，足見可以再發揮的空間還很大❿。因此，本章即以兩條進路作為探究的切入點：一是就《疏義》「深化御注《老子》中的儒家意識」而言，申說江澂更為強烈鮮明的儒家精神。二則是就《疏義》「轉化御注《老子》偏重『無為』的傾向」而言，深入剖析江澂理解「無為」的內蘊，實與御注《老子》有所不同。進一步闡述《疏義》中極力綰合「無為」、「有為」的「體」、「用」關係，以轉化御注偏執「無為」一邊的義理趨向。凡此，即以下文加以闡釋。

---

❿　劉固盛《宋元老學研究》第三章〈治世之道：對老子政治學說的發揮〉第二節「無為有為之間」，針對徽宗、江澂君臣注《老》的詮解向度有簡要的論述。在這個基礎點上，可資發揮之處還很多；尹志華《北宋《老子注》研究》，則採專題的方式書寫，對於徽宗注《老》、江澂《疏義》的相關論述並沒有集中討論，僅在談到某些觀念時（如：第五章〈無為論〉），精要的擇取幾條文獻加以說明，系統性的論述仍有待加強補充。

第二節　深化御注《老子》中的儒家意識

　　嚴靈峯《老子知見書目》中，點出了江澂《疏義》疏解御注的特色，他說：

> 依徽宗注本逐章分段分句作疏，以《周易》、《莊子》文理為參證。**⓫**

嚴氏所謂「以《周易》、《莊子》文理為參證」，可說是《疏義》疏解御注《老子》的主要特徵**⓬**，而《易》、《老》合觀，則應是儒道折衷的問題意識所致。關於儒道偕行的主張，江澂與御注可謂步調一致。如其疏解御注「孔子之作《易》，至〈說卦〉然後言妙。而老氏以此首篇，聖人之言相為終始。」時即說：

> 《易》之為書，自窮理盡性以至於命，蓋以言入道之序，攝用歸體也。老氏之書，以歸根復命為先，蓋以言行道之頓，從體起用也。《易》託象數以示神，老氏同有無以示玄，言雖不同，而相為始終，雖設教不倫，其揆一也。（卷一第十一，頁 0741）

⓫　《老列莊三子知見書目》（臺北：中華叢書編審委員會，1965 年 10 月），第一部《老子知見書目》，頁 92。

⓬　《老子知見書目》對宋徽宗《老子注》評述說：「注多引《易經》、《莊子》，頗為詳盡。」，頁 92。此可見江澂的引用《周易》、《莊子》，殆是依循徽宗的詮解取向而來。

疏文中將〈說卦傳〉「窮理盡性以至於命」❸與《老子》「歸根復命」比附合觀，以前者為「入道之序」，後者為「行道之頓」，一為「攝用歸體」，一為「從體起用」，以此會通《易》、《老》的性命學說。並以《易》寄託「象數」示「神」，《老》則合同「有無」言「玄」，表面言語殊異，其實相為始終。雖然施行教化的方式不同，道理則是一致的。此說即可見得君臣之間，存在著儒道偕行、不相衝突的共識。

　　然而，即便有著些許共識，亦不足以代表身為人臣的江澂，對於御注《老子》的義理思想就是照單全收，僅作為君王單向的傳聲筒而已❹。他雖然「依徽宗注本逐章分段分句作疏」，但是或者創造性的承繼、或者歧出轉向，想要建構屬於個人老學思想的心思也是有的。首先，針對義理的承繼而言，《疏義》中儒家意識的發揚實際上比御注《老子》來得更加鮮明強烈，故其承繼並非簡單沿襲而已，實亦顯現出深化之跡。我們可以嘗試從幾個觀察的角度來推衍此說。《老子》六十九章「是謂行無行；攘無臂；仍無敵；執無兵」，徽宗只簡單詮註各句說：「善為士者不武，行而無迹；善戰者不怒；善勝敵者不爭；用人之力，故無事於執兵。」，此是以《老子》六十八章所言「不爭之德」❺詮註六十九章「反戰無爭」

---

❸　《周易正義》，卷第九〈說卦〉第九，頁 183。

❹　《疏義》卷五第三中曾言：「苟以君之所言而然，所行而善，以諂其君，非所謂忠。」，頁 0798。據此言或亦可推測江澂《疏》，對於御注《老子》當非單向應和的可能傾向。

❺　《老子》六十八章云：「善為士者不武，善戰者不怒，善勝敵者不與，善用人者為之下。是謂不爭之德，是謂用人之力，是謂配天古之極也。」，《老

的理蘊。然而，細觀《疏義》，其對於徽宗注文，則句句援引儒典
文獻來進行疏解。其解徽宗「善為士者不武」說：「士志於道而據
於德者，故善為士者不武」，是引用《論語·述而》的「志於道，
據於德」❶⑯；徽宗說「善戰者不怒」，《疏義》則說：「仁者必有
勇，雖不怒而威。」，是節錄《論語·憲問》的「仁者必有勇」
❶⑰；徽宗說「善勝敵者不爭」，《疏義》則說：「仁者無敵，雖不
爭而勝。」，是援引《孟子·梁惠王上》的「仁者無敵」❶⑱；徽宗
說「用人之力，故無事於執兵」，江澂則徵引《孟子·公孫丑下》
的「威天下不以兵革之利」⑲（卷十三第八一九，頁 0091）來證解。凡
此，似乎透顯出江澂更為鮮明強烈的儒家傾向，此中直接援引《論
語》、《孟子》疏解御注《老子》「反戰無爭」的義理內涵，可謂
彰顯其儒家意識相當直接的一種詮解進路。

其次，若需要歷史經驗中的具體事例作為論證上的推衍與應
合，江澂也經常資藉堯、舜的功跡、德性作為理想典範的代表，似
乎相當期許徽宗成為儒者聖王的形象。十七章「功成事遂，百姓皆
曰我自然」，徽宗據此論其所謂「太上之治」的藍圖，江澂疏文則
針對此段注文⑳說：

子周易王弼注校釋》，頁 172。

⑯　《四書章句集注·論語集注》，卷四，頁 126。

⑰　《四書章句集注·論語集注》，卷七，頁 208。

⑱　《四書章句集注·孟子集注》，卷一，頁 285。

⑲　《四書章句集注·孟子集注》，卷四，頁 335。

⑳　御注注文說：「帝王之功，聖人之餘事也。使民甘其食，美其服，安其俗，
樂其業，而餘事足以成帝王之功。然謂我自然而已，曰帝力何有於我哉？此
之謂太上之治。」，《疏義》卷四第三十，頁 0796。

故百姓日用而不知，則謂我自然，曰帝力何有於我哉？昔堯
治天下，康衢有莫匪爾極之謠，所謂太上之治，其在茲時
乎。（卷四第三十－三十一，頁0796）

此是以「堯治天下」為「太上之治」的時代表徵。堯時康衢童謠是
這麼唱的：「立我蒸民，莫匪爾極。不識不知，順帝之則。」❷，
江澂以此作為徽宗「帝力何有於我哉？」的最佳注腳。以「堯治天
下」為例，不能不說是儒家意識的展現。此外，二章「是以聖人處
無為之事」，御注注文說：「處無為之事，莊子所謂無為而用天下
也。」，江澂的疏文則說：

蓋用天下，則已接於事矣。惟本於無為，則雖事而未嘗涉為
之之迹。舜之不事詔而萬物成，其得此也。（卷一第十五，頁
0743）

此中以舜為例，援引《荀子・解蔽》中所說：「昔者舜之治天下
也，不以事詔而萬物成。」❷，藉此訓釋御注援引《莊子・天道》

❷　《列子》，卷第四〈仲尼〉第四中載：「堯治天下五十年，不知天下治歟？
不治歟？不知億兆之願戴己歟？不願戴己歟？顧問左右，左右不知。問外
朝，外朝不知。問在野，在野不知。堯乃微服游於康衢，聞兒童謠曰：『立
我蒸民，莫匪爾極。不識不知，順帝之則。』堯喜問曰：『誰教爾為此
言？』童兒曰：『我聞之大夫。』問大夫，大夫曰：『古詩也。』堯還宮，
召舜，因禪以天下。舜不辭而受之。」，頁62。

❷　王先謙：《荀子集解》（臺北：藝文印書館，2000年5月），卷弟十五〈解
蔽篇〉弟二十一，頁655。

「無為而用天下」㉓的內蘊。江澂乃以為舜的「不以事詔而萬物成」，乃是因為「本於無為」，故能「雖事而未嘗涉為之之迹」。雖說儒、道兩家在政治的最高理境上，皆可言「無為而治」，精神上固有其相通之處。但以舜為例證來衍義老子「無為而治」的思想，當仍屬儒、道會通的思維理路。六十一章「大國不過欲兼畜人，小國不過欲入事人，兩者各得其所欲，故大者宜為下。」，針對御注注文㉔，江澂亦疏解說：

> 行謙沖之道，天地且爾，況於人乎？堯以允恭而光被四表，舜以溫恭而玄德升聞，凡以法天地而已。（卷十一第三十，頁0068）

此是以堯的「允恭」、舜的「溫恭」形象，作為實踐天地「謙沖之道」的一種表徵。此中援引《尚書・堯典》中說：「允恭克讓，光被四表」㉕，以及〈舜典〉中說：「溫恭允塞，玄德升聞」㉖，以堯敬事謙讓的德性光輝覆蓋四方之外，舜溫和謙讓的德性光輝貫通天地上下，訓解御注言：「人法地，地法天，故大者宜為下。」的

㉓　《莊子集釋》，卷五中〈天道〉第十三中說：「上必无為而用天下，下必有為為天下用，此不易之道也。」，頁465。

㉔　御注注文說：「天道下濟而光明，故無不覆。地道卑而上行，故能承天。人法地，地法天，故大者宜為下。」，《疏義》卷十一第二十九，頁0067。

㉕　《尚書正義》（十三經注疏本，臺北：藝文印書館，2001年12月），卷第二〈堯典〉第一，頁19下。

㉖　《尚書正義》，卷第三〈舜典〉第二，頁34上。

義理內涵。言下之意，當是身為臣子的，希望君王多以歷史經驗中的堯、舜為楷模，修養謙下涵容的德性，以效法天地謙沖之道。這樣的例子在《疏義》中相當多見❷，側顯出江澂在徽宗的執政帶領之下，熱切企盼他能以堯、舜自許的心情，而此亦或是《疏義》中特別重視君王修身之道的原因所在。

　　因此，《疏義》中以儒者形象作為老子相關學說的代言人，也就不足以為奇了。徽宗詮解十五章「古之善為士者，微妙玄通，深不可識」時說：

> 列禦寇居鄭圃四十年，人無識者。老子謂孔子曰：良賈深藏若虛，君子盛德，容貌若愚。其謂是歟？（卷四第一，頁0781）

江澂《疏義》則就徽宗所言列禦寇的「人無識者」，總結說：「孟

---

❷　以堯、舜為例證的義理推衍，《疏義》中所在多有，茲再臚列數例，以加強論證。如：卷三第四中：「迎之不見其首，孰原其所始？隨之不見其後，孰要其所終？皆一之精通而然也。故莊子曰：聖人貴精。舜之戒禹，其曰：惟精惟一。其知此歟？」，頁0767；卷四第二十六：「所以利物者莫如澤，舜以好生之德洽于民心，至周則發政施仁，所謂澤加于民也。……昔舜有膻行，百姓慕之而鄧墟來十萬之家；文王有靈德，民皆樂之而靈臺歌始附之眾。帝王之治所以致民之親者，以此。然則聖人豈有心於民之親譽哉？盛德大業加施乎天下，而親譽之至，有不期然而然者矣。」，頁0794；卷十二第五：「所謂自治非外鑠也，求諸己而已，能求諸己，則用人惟己矣。昔帝堯克明俊德，以至黎民於變時雍，文王誕先登于岸，以至於以御于家邦，每得諸此。」，頁0070。凡此，顯示江澂企盼徽宗以堯、舜為學習典範的深切期許。

子所謂君子之所為，眾人固不識謂是。」（卷四第三，頁 0782），此中所言「君子」，就孟子此章文意脈絡判斷，指的是「孔子」❷；而徽宗所援引《史記》❷之說，江澂則就此言：「此顏子如愚，孔子賢之。」❸（卷四第三，頁 0782）。疏文中分別以「孔子」的「眾人固不識」印證列禦寇的「人無識者」；以「顏子如愚」比附《史記》中老子所說的「君子盛德，容貌若愚」，咸以儒門人物的形象作為思想上的縮合。這樣的例子在《疏義》中確實很多。例如：以孔子的「有德」形象闡釋《老子》的「上德不德，是以有德」，江澂說：

> 昔孔子以天縱之將聖，於答公西華之問，則曰若聖與仁，則吾豈敢。於答子貢之問，則曰聖則吾不能，固不居其聖矣。然而時清而清，時任而任，時和而和，集三子之大成，孟子以為聖之時。且曰自生民以來，未有如夫子者，其有德可知已。（卷八第三，頁 0002）

---

❷ 《孟子集注·告子下》，卷十二中說：「（孟子）曰：孔子為魯司寇，不用，從而祭，燔肉不至，不稅冕而行。不知者以為為肉也，其知者以為為無禮也。乃孔子則欲以微罪行，不欲為苟去。君子之所為，眾人固不識也。」，《四書章句集注》，頁 479。

❷ 瀧川龜太郎著《史記會注考證》（臺北：萬卷樓圖書公司，1996 年 10月），卷六十三〈老子韓非列傳〉第三，頁 845 上。

❸ 《論語集注·為政》，卷一中說：「子曰：『吾與回言終日，不違如愚。退而省其私，亦足以發。回也不愚。』」，《四書章句集注》，頁 73。

此間結合了《論語》〈子罕〉[31]、〈述而〉[32]，《孟子》〈公孫丑上〉[33]、〈萬章下〉[34]中對於孔子的種種評述，藉此深入闡釋老子「上德不德，是以有德」的義理內涵，是以孔子的「有德」形象印證老子「上德不德」的學說[35]。此外，又以顏回的「安貧樂道」闡釋《老子》的「名與身孰親？身與貨孰多？」，江澂說：

> 顏回樂簞瓢陋巷，人不堪其憂，未聞其累於貨。所重者，道而已。（卷九第十三，頁0024）

---

[31]　《四書章句集注・論語集注》，卷五中說：「大宰問於子貢曰：『夫子聖者與？何其多能也？』子貢曰：『固天縱之將聖，又多能也。』」，頁149。

[32]　《四書章句集注・論語集注》，卷四中說：「子曰：『若聖與仁，則吾豈敢？抑為之不厭，誨人不倦，則可謂云爾已矣。』公西華曰：『正唯弟子不能學也。』」，頁136。

[33]　《四書章句集注・孟子集注》，卷三中說：「昔者子貢問於孔子曰：『夫子聖矣乎？』孔子曰：『聖則吾不能，我學不厭而教不倦也。』……有若曰：『豈惟民哉？……出於其類，拔乎其萃，自生民以來，未有盛於孔子也。』」，頁319-320。

[34]　《四書章句集注・孟子集注》，卷十中說：「伯夷，聖之清者也；伊尹，聖之任者也；柳惠，聖之和者也；孔子，聖之時者也。孔子之謂集大成。」，頁440。

[35]　江澂此段疏文，是針對御注注文言：「孔子不居其聖，而為聖之時，乃所以有德。」，《疏義》卷八第二，頁0002。《疏義》對御注注文的闡釋，統合《論語》、《孟子》中對於孔子的評價，以論孔子「有德」之形象，相較於御注實有更鮮明的儒家意識。

此則是以《論語・雍也》❸中言顏子不為貧竇所累，其心處之泰然，不改其樂的形象，據以申說老子思想。凡此，可見得以儒門人物形象詮註老子相關學說，實亦是江澂儒道會通的表現方式之一，在在彰顯出鮮明而清晰的儒家意識。

試看《疏義》中的幾則文字，以儒家觀點疏解御注《老子》中的政治思維，可謂唾手可得：

> 昔梁惠王願比死者一洒齊楚之恥，孟子告以仁者無敵，夫豈以兵強天下哉？（卷七第一，頁 0829）

> 《記》所謂身修而後家齊，家齊而後國治，國治而後天下平，正與此合。（卷十第二十八，頁 0048）

> 正國何先？定於一而已。蓋國以正定故也，孟子所謂「一正而國定」是已。（卷十一第六，頁 0056）

> 孟子曰：「王者之民，皡皡如也。」其政悶悶之謂歟？（卷十一第十二，頁 0059）

> 孟子曰：易其田疇，薄其稅斂，民可使富也；食之以時，用之以禮，財不可勝用也。（卷十四第一，頁 0103）

---

❸ 《四書章句集注・論語集注》，卷三中說：「賢哉，回也！一簞食，一瓢飲，在陋巷。人不堪其憂，回也不改其樂。賢哉，回也！」，頁 117。

引文中顯示江澂甚喜徵引儒典縮合御注《老子》中的政治思想。如其援引《孟子·梁惠王上》「仁者無敵」❸❼疏釋徽宗解「不以兵強天下」；以《禮記·大學》中說「身修而後家齊，家齊而後國治，國治而後天下平」❸❽應合御注解「故以身觀身，以家觀家，以鄉觀鄉，以國觀國，以天下觀天下。」；以《孟子·離婁上》「一正君而國定」❸❾疏釋徽宗解「以正治國」；以《孟子·盡心上》「王者之民，皞皞如也」❹⓿況喻徽宗解「其政悶悶」；以《孟子·盡心上》「易其田疇，薄其稅斂，民可使富也。」❹❶疏釋徽宗解「民之飢，以其上食稅之多也，是以饑。」。凡此，以摘錄儒典文獻疏解御注《老子》政治學說的方式，實可證成江澂政治理念中偕行儒道的明確主張，蓋與徽宗論點一致。

　　值得注意的是，江澂喜將儒家的「仁」與道家的「慈」合觀

---

❸❼　《四書章句集注·孟子集注》，卷一，頁 285。

❸❽　《四書章句集注·大學章句》中說：「身脩而后家齊，家齊而后國治，國治而后天下平」，頁 4。

❸❾　《孟子·離婁上》原文當作「一正君而國定」，江澂的援引漏了「君」字。《四書章句集注·孟子集注》，卷七中說：「孟子曰：『人不足與適也，政不足間也。惟大人為能格君心之非。君仁莫不仁，君義莫不義，君正莫不正。一正君而國定矣。』」，頁 399。

❹⓿　《四書章句集注·孟子集注》，卷十三中說：「孟子曰：『霸者之民，驩虞如也；王者之民，皞皞如也。』」，頁 494。江澂亦援引孟子此言解「太上，下知有之」，《疏義》卷四第二十六中說：「所謂下知有之者，以此。孟子謂『王者之民，皞皞如也。』，惟此時為然。」，頁 0794。

❹❶　《四書章句集注·孟子集注》，卷十三，頁 499。

❷。《老子》六十七章「夫慈，以戰則勝，以守則固」，江澂針對
徽宗注文❸大力發揚儒家仁政之說，《疏義》中說：

> 孟子曰：夫國君好仁，天下無敵。所謂仁人無敵於天下，以
> 民之所好在於仁也。仁者無敵，則能興大利，致大順。民之
> 歸仁，猶水之就下，故以戰則勝，而舉萬全之功也。《書》
> 曰民罔常懷，懷于有仁。荀子所謂民愛其上，若手足之捍頭
> 目，子弟之衛父兄。然則效死勿去，以守則固者，以民之所
> 懷在於仁也。昔成湯克寬克仁，乃能敷奏其勇，而莫敢不來
> 享，是仁人無敵於天下也。太王有至仁，故邠人從之如歸
> 市，是民愛其上也。在上者以德行仁而無敵，在下者心悅誠
> 服而愛上，故以戰則勝，以守則固。慈之為寶，豈小補哉。
> （卷十二第三十五，頁 0085）

此中首先融合《孟子》〈盡心下〉言「國君好仁，天下無敵」❹、
「仁人無敵於天下」❺，以及〈梁惠王上〉「仁者無敵」❻、〈離

---

❷　徽宗亦喜以「仁」訓「慈」。御注中即說：「慈以愛物，仁之實也。」，
　　《疏義》卷十二第三十，頁 0083。

❸　徽宗注文說：「仁人無敵於天下，故以戰則勝。民愛其上，若手足之捍頭
　　目，子弟之衛父兄，効死而弗去，故以守則固。」，《疏義》卷十二第三十
　　四，頁 0085。

❹　《四書章句集注·孟子集注》，卷十四，頁 512。此說俱見於〈離婁上〉，
　　《四書章句集注·孟子集注》，卷七，頁 390。

❺　《四書章句集注·孟子集注》，卷十四，頁 512。

❻　《四書章句集注·孟子集注》，卷一，頁 285。

婁上〉「民之歸仁也，猶水之就下」❼等等，廣泛徵引孟子仁政之
說。其次，則援引《尚書‧太甲下》「民罔常懷，懷于有仁。」
❽，以及引用《荀子‧議兵》：「臣之於君也，下之於上也，若子
之事父，弟之事兄，若手臂之扞頭目而覆胷腹也」❾之文意，結合
《孟子‧梁惠王下》「效死勿去」❺以說明「民之所懷在於仁也」
的道理。最後則以《尚書‧仲虺之誥》言成湯的「克寬克仁」❺與
《孟子‧梁惠王下》載「太王有至仁，故邠人從之如歸市」❺一事
為例證，總論儒家仁政之要義。如此長篇大論闡述儒家仁政之說，
代表江澂認為「仁」、「慈」在精神上自有其相通之處，故據此大
力發揚儒家仁政之言以比附老子之「慈」說。而其間旁徵博引的功
力，對於儒典文獻的熟稔，可謂表露無遺。除此之外，以儒典中的
哲學命題證解《老子》，當亦是江澂表現儒家意識的方式之一。
《疏義》中曾說：

> 《易》曰：窮理盡性以至於命。能順其理，斯可以窮理；能
> 盡其性，斯可以盡性；能保身，斯可以至於命。不善之所
> 保，不外是也。（卷十二第三-四，頁 0069-0070）

---

❼　《四書章句集注‧孟子集注》，卷七，頁 393。
❽　《尚書正義》，卷第八〈太甲下〉第七，頁 119 上。
❾　《荀子集解》，卷弟十〈議兵篇〉弟十五，頁 472。
❺　《四書章句集注‧孟子集注》，卷二，頁 311。
❺　《尚書正義》，卷第八〈仲虺之誥〉第二，頁 111 上。
❺　《四書章句集注‧孟子集注》，卷二，頁 311。

> 盡其心者，知其性也，知其性則知天矣。蓋仁根於心性所
> 有，天所命也。惟體仁則能盡性，惟盡性則能得天，故志於
> 仁者。（卷十二第三十五－三十六，頁 0085-0086）

兩則疏文中，各援用〈說卦傳〉「窮理盡性以至於命」❺❸以及《孟
子·盡心上》「盡心知性知天」❺❹來作為疏解御注《老子》的哲學
命題，明顯是將老子學說轉化成為一種道德性命之學，此蓋亦是江
澂儒家精神的深刻寫照。

實際上，江澂在疏解徽宗詮註《老子》十八章「大道廢，有仁
義」❺❺時，曾提出個人對老子思想的一番甚深見解，頗能表明其
儒、道不相對立的觀點：

> 韓愈不原聖人道德之意，乃以臆見曲說，謂仁與義為定名，
> 道與德為虛位。以老君小仁義為所見者小，殊不知仁義不外
> 道德，道德不廢，安取仁義？探本言之，雖曰攘棄仁義，而
> 仁義已行於道德之間矣。是其心豈真以仁義為不足以治天下
> 哉？其小仁義，乃所以尊仁義也。正莊周所謂蔽蒙之民也。
> 後世之士蔽於俗學，無高明之見，聞老氏之道術，遂至於狂
> 而不信，而卑汙寒淺。末世窮年，不免為陋儒，愈有以發之

---

❺❸　同註❸。

❺❹　《四書章句集注·孟子集注》，卷十三，頁 489。

❺❺　御注注文說：「韓愈不原聖人道德之意，迺以謂仁與義為定名，道與德為虛
　　位，老君之小仁義，其所見者小也。莊子所謂蔽蒙之民。」，《疏義》卷五
　　第一，頁 0797。

也。（卷五第一一二，頁 0797-0798）

江澂以反面方式提問說：「是其心豈真以仁義為不足以治天下哉？」，正代表著他以為老子乃是認可「仁義之治」是足以治理天下的看法。其中所言：「探本言之，雖曰攘棄仁義，而仁義已行於道德之間矣。……其小仁義，乃所以尊仁義也。」，明顯認為老子並非本質上反對仁義道德，他所反對的是將仁義道德當作規範教條來強行遵守的方式。如果仁義道德是出自內心自然真誠的流露，當然還是值得肯定。故江澂以為儒、道交融共濟，本有其相通之處，並非斷為兩橛、截然對立的兩端，而在執政的方針策略中，彼此相依相須、並行不悖。這樣的觀點，自然造就江澂老學思想中較御注《老子》更為深刻的儒家意識，由其疏文中我們確實明顯看到了深化的痕跡。

第三節　轉化御注《老子》偏重「無為」的傾向

江澂《疏義》對於御注的闡釋發揮，除了深化御注老學思想中的儒家意識之外，其中岔出御注老學思想的理脈之外，突破「疏不破注」⑤⑥的原則，屬於自下己意的地方也是有的。觀察兩人對於

---

⑤⑥　「疏不破注」，實為《五經正義》中所呈現的現象。儒家「義疏」之體乃源於南北朝時期儒者對經書所作的再詮釋，並非僅是「注釋的注釋」而已。且「義疏」對於注文，除申述或補充其義外，對注說之不當或違反經義者，亦可加以訂正，並無「疏不破注」之體例。至唐代修撰《五經正義》，為統一

「無為」一辭的理解，以及「無為」、「有為」兩者關係的安頓，便可發現殊異之處。根據徽宗的說法，「無為」就是因順萬事、萬物自然本有的情狀，就像陰陽的運行、四季的更迭，一切變化都是自然推衍、不待人力，它自己就能自足自成、自生自治。而政治上的「無為之道」也是如此，其以為治國、理國只要做到「因」、「順」二字，也就是順任本然的樣子去發展，百姓自然能自理自治，那麼，君王的治理天下也就不必勞心傷神了。然而，「因順自然」與「無所作為」常常只有一線之隔，徽宗在這個模糊的界域之中經常搖擺不定，因為主張維持現狀、不務改變，故其注義便順勢朝著安於現狀、消極守成的趨向走去，對於「有為以經世」的政治事功，難免帶有猶疑、畏縮的心態。這樣的「無為而治」，結果就是不動、不做，一旦落入獨任虛無的義理思維之中，對於政治上的興事造業自然毫無建樹。徽宗誤解老子「無為」之意在先，之後對於「無為」、「有為」兩者關係的理論安頓，又有偏重「無為」一邊的導向。因此，理論全盤落空的危機就此發生。關於這方面的闡釋發揮，第七章〈宋徽宗詮解《老子》的義理向度〉中已有詳述，此處為了行文方便，僅大致點明要義，不擬再贅述❺⑦。

　　江澂彷彿意識到徽宗偏重「無為」一邊的義理趨向，故其在疏解御注《老子》的過程當中，經常將論述的重點轉化到強調「有

經訓，以作為科舉考試之依據，乃刪去舊注中違注之部分而專崇注說，此即「疏不破注」。參見張寶三：〈儒家經典詮釋傳統中注與疏之關係〉一文，收入國立政治大學文學院主編：《「孔學與二十一世紀」國際學術研討會論文集》（臺北：政治大學，2001 年 10 月 27 日），頁 315-338。

❺⑦　參見第七章第二節「御注《老子》義理宗趣的旨向」，頁 266-274。

為」之上，並且在其理論系統中極力鋪排「無為」、「有為」之間的密切關係，強調兩者缺一不可。最明顯的例子，莫過於江澂面對御注言：「施教化、修法則，以善一世，其於無為也難矣。聖人利澤施乎萬世，不為愛人。」，他疏解說：

> 施教化固未能棄事，修法則固未能息迹，以此善一世，皆未免乎有為，其於無為難矣。聖人不然，雖有為而不離於無為，而為出於無為，故利澤施乎萬世，不為愛人。（卷三第七－八，頁 0768-0769）

疏文中江澂首先呼應徽宗的說法，其言「施教化固未能棄事，修法則固未能息迹」，若要以此善治天下，就必須「有為」，如此要作到「無為」確實是困難的，此與徽宗觀點大抵尚稱一致。然而，接下來話鋒一轉，江澂則進一步申說聖人的治理天下並非如此，聖人雖然「施教化、修法則」，卻不會被這些「有為」的「事」、「迹」所繫累、困縛，因為他能本於「無心」，所以「雖有為而不離於無為，而為出於無為」。據此疏文，可見得江澂一開始雖然順著徽宗注文的義理脈絡加以疏解，但是其後似乎有意將理論的重點，轉化到強調「無為」、「有為」的密切關係之上。江澂在疏解御注言「處無為之事，莊子所謂無為而用天下也。」，也顯現出這樣的意圖，《疏義》中說：

> 匿而不可不為者，事也。無為之事，則為出於無為，是乃所謂無為而用天下也。蓋用天下，則已接於事矣。惟本於無

為，則雖事而未嘗涉為之之迹。舜之不事詔而萬物成，其得
此也。（卷一第十五，頁 0743）

對於《老子》二章言「聖人處無為之事」，徽宗援引《莊子》「無
為而用天下」❺❽來訓釋，似乎在強調「君德無為」的重點。而江澂
的闡發，則似乎也有著義理轉化的痕跡可尋。細觀疏文，實已將徽
宗「君德無為」的闡述重點，巧妙轉化到論說「無為」、「有為」
的密切關係之上。其以為所謂「處無為之事」並非指什麼事都不做
的意思，而是指「為出於無為」，重點是在「為」。若要治理天
下，是不可能不為各種事務的，此即「蓋用天下，則已接於事
矣」。接著，江澂則以舜的「不事詔而萬物成」為例證，申說「惟
本於無為，則雖事而未嘗涉為之之迹」，很明顯是要從徽宗「無
為」的理路之中，拉回到關注「有為」的重點之上，說明聖人雖然
「處無為之事」，但是仍然不落痕跡地成就天下事功，這就是江澂
以為莊子所謂「無為而用天下」的義蘊。

職是之故，對於「無為」、「有為」關係的論述，《疏義》中
所在多有。根據《老子》三章「為無為，則無不治」，江澂即明白
揭示出「無為」不能脫離「有為」的見解，對於「有為」的提點，
顯然較御注《老子》重視。《疏義》中說：

治天下者，一於無為而不知有為，則若聚塊積塵，無為而非

───────────────
❺❽ 《莊子集釋》，卷五中〈天道〉第十三中說：「上必无為而用天下，下必有
為為天下用，此不易之道也。」頁 465。

理；一於有為而不知無為，則若波流火馳，有為而非真。夫
惟有為不離於無為，無為不廢於有為，而為出於無為，其於
治天下有餘裕矣！（卷一第二十六，頁0749）

江澂此段疏文，點明「無為」、「有為」均是治理天下的方法，兩
者相依相須、缺一不可。如果因為主張「無為」，而讓自己像土塊
之聚、塵埃之積一般死寂，即使「無為」，也是不合理的，這是
「無為而不知有為」，乃至於若「聚塊積塵」❺❾。而如果因為主張
「有為」，而讓自己的心像波流之激、火馳之急一般外逐，即使是
「有為」，也是不能真實長久的，這是「有為而不知無為」，乃至
於若「波流火馳」❻⓿。可見得偏執「無為」或「有為」，皆非治理
天下之道。於是，江澂清楚提出「有為不離於無為」、「無為不廢
於有為」的見解，最後總結出「為出於無為，其於治天下有餘裕
矣」的理境。此將「無為」、「有為」融攝為一的觀點，應是在其
偕行儒道的問題意識下所架構出來的。這樣的思路，實際上比較符
合君臣治國、理國的真正需要，也能適當回應君臣之間所不時流露
出的儒家意識。同時也解消了徽宗御注一方面主張「儒、道合流互
動的政治素求」，另一方面又偏執「無為」一邊的矛頓衝突。而御
注將「無為」解成「無所作為」的理論內涵，嚴重違離《老子》一

---

❺❾　「聚塊積塵」語出《列子》。《列子》卷第四〈仲尼〉第四中說：「發无
　　　知，何能情？發不能，何能為？聚塊也，積塵也，雖无而非理也。」；頁
　　　63。

❻⓿　「火馳」語出《莊子》。《莊子集釋》，卷九上〈外物〉第二十六中說：
　　　「覆墜而不反，火馳而不顧。」，頁937。

書的精神方向，在此也被江澂《疏義》成功地予以義理轉化了。

尤有進者，江澂乃進一步以「體」、「用」綰合「無為」、「有為」的關係，其間所顯現的圓融理境，在哲學的理論高度上遠遠勝過御注《老子》。《老子》三十七章「道常無為而無不為」，御注僅簡要說：「寂然不動，感而遂通天下之故。」❻，《疏義》中則大肆發揮「無為」、「無不為」的「體」、「用」關係，他說：

> 道有體有用，無為其體也，無不為其用也。一於無為以求
> 道，則溺於幽寂，失道之體；一於無不為以求道，則滯於形
> 器，失道之用。夫惟寂然不動，無為而不廢於有為，感而遂
> 通天下之故。無不為而不離於無為，則道之至妙無餘蘊矣。
>
> （卷七第三十一，頁 0844）

「無為」是「道」之「體」，「無不為」是「道」之「用」，「道」的至妙之處就在於兼具「體」、「用」兩面。若滯於「無為以求道」，或滯於「無不為以求道」，皆是有所偏溺，前者「溺於幽寂，失道之體」，後者「滯於形器，失道之用」。因此，「無為而不廢於有為」、「無不為而不離於無為」，才是所謂「寂然不動，感而遂通天下之故」。這是《疏義》對御注的引申發揮，其以徽宗所言「寂然不動」（無為）為「體」，「感而遂通」（無不為）為「用」，「道」的整全面向是「即體即用」、「體用不二」的，

---

❻ 「寂然不動，感而遂通天下之故」語出〈繫辭〉，參見《周易正義》，卷第七〈繫辭上〉第七，頁 154。

就此乃歸結出「體用並重」的思路。關此論點，《疏義》中多處可見，如其言：

> 道常無為而無不為。無為者，道之真體，寂然不動是也。無不為者，道之妙用，感而遂通是也。惟其無為而無不為，故以天下之至柔而勝剛，以天下之至無而攝有，道之妙用，實寓於此。（卷九第十一，頁 0023）

「道」的奧妙之處就在於「以天下之至無而攝有」，此乃深刻說明「用」是「體」的發用，「體」是「用」的根本。易言之，「有為」是「無為」的發用，「無為」是「有為」之所以能夠發揮無窮作用的根本原則。在「道治天下」的理論前提之下，治理國家就應該效法「道」的「即體即用」，既要「無為」，又要「無不為」，「道之真體」即是「無為」，「道之妙用」即是「無不為」。此中憑藉形上道體「體」、「用」的雙重面向，予以安頓「無為」、「有為」的深切關係，呈現出江澂對老子哲學的理解，確實有其獨特深刻的領會。

　　值得注意的是，《疏義》更進一步將「無為」的內涵，轉化成為聖人生命的一種造道境界。使得「無為」一辭從政治上的術語，轉化成為形容生命理境的用語。《疏義》中說：

> 無為則寂然不動而能定也，無不為則感而遂通天下之故而能應也。靜而處己，內聖之道以全；動而接物，外王之業以成。（卷九第三十二－三十三，頁 0033-0034）

就江澂看來，君王掌握「無為」、「無不為」的「體」、「用」關
係之後，一方面能「無為」，是生命內定的自處之道；另一方面也
能「無不為」，是生命外動的處世之道。如此兼顧「內聖外王」，
即是「靜而處己，內聖之道以全；動而接物，外王之業以成。」。
「寂然不動」就是「無為」，是「靜而處己」；「感而遂通天下之
故」是「無不為」，是「動而接物」。據此，「無為」成為內聖之
道的靜定理境，為了要達到此一理境，便有種種工夫入路的提點。
因此，江澂特別強調聖人應世、治世時的自我修身之道。《疏義》
中即說：

> 知常則虛己遊世，達乎無疵，是非美惡不藏於心，然後能廣
> 乎無不容矣。聖人之治虛其心者，以此。（卷四第二十二，頁
> 0792）

> 聖人之應世，無心而已。惟无心，故於興事造業，皆緣於不
> 得已，莊子所謂不得已於事也。（卷八第二十八，頁0015）

> 心虛一而靜，惟虛故能運實，惟靜故能攝動。虛靜者，萬物
> 之本也。聖人極物之真而守其本，是以无所不包，而照知四
> 方。……聖人無心，法天而已。（卷十第一一二，頁0035）

> 唯道集虛，而聖人之治虛其心焉，故能體道之虛，群實皆
> 在，所攝所受彌廣。（卷十四第十四，頁0110）

疏文中一再出現「無心」、「虛靜」的工夫修養，此是聖人之所以能夠「道治天下」的關鍵所在。若能以此應世、治世，才能「以虛運實」、「以靜攝動」，也就能以著澹然自安的心境面對紛紜擾攘的事務，這就是「虛己遊世」。江澂曾說：「謂之无為，則澹然而已。」（卷九第二十三，頁 0029）、「故澹然無治，而無不治矣」（卷二第二十二，頁 0760）。「無為」成為一種恬靜的生命態度，如此方能實現江澂所言「聖人以道在天下，以政事治之，雖應物之有，常體道之無，即其酬酢之用，不離於淵虛之宗。」（卷十四第二，頁 0104）的道理。而「雖應物之有，常體道之無」，即是將「有為」、「無為」一體呈現的圓融理境。秉持此一治國原則，即是所謂「上德」，江澂說：「聖人之所以知化，亦无為无不為而已，是謂上德。」（卷八第二十，頁 0011）。此「上德」者，乃在於能兼知「體」、「用」，以「無為」的方式來成就「無不為」的天下事功，因此，聖人之治的終極目標還是必須有所治、有所為的。職是之故，江澂乃以為「無為」並非無所作為，「無為」之所以提出，是為了要成就「無不為」。聖人之所以能夠「虛己遊世」，就是因為能夠「體道之無」，能夠以「無心」、「虛靜」面對紛雜外務，一切澹然處之，最終也就能實現「終身言而無失言之愆，無不為而無有為之偽。」❷的理境。

　　針對江澂疏文，我們似乎可以這樣推測：對於徽宗政治事功的無所建樹，在身為臣子的內心深處，或許存在著一股莫名的焦慮與

---

❷　《疏義》卷二第九中江澂說：「虛己以遊世，必迫而後動，故終身言而無失言之愆，無不為而無有為之偽。」，頁 0754。

不安。於是，在疏解「無為」的過程當中，江澂極力淡化御注解作
「無所作為」的義理傾向，進一步將「無為」轉化成為一種生命的
造道境界，期許君王能透過「無心」、「虛靜」的工夫修養，達到
治理天下的「無不為」。而「道」的「體」、「用」雙重面向，亦
被推衍引申成「無為」、「有為」的「體」、「用」關係。以「道
治天下」──「道」的「體」、「用」兼具，將「無為」、「有
為」融攝為一，以達到治國的理想藍圖。這樣的圓融理境就是：
「體道之無，應物之有，於事則無為而成，於教則無言而心悅。舉
天下萬物之多，曾不足以芥蒂其智。」（卷一第十六，頁 0744）、
「雖無為而不廢於有為，體真無而常有也，雖事事而一出於無事，
即妙用而常無也。」（卷一第十二，頁 0742）。據此，實可說《疏
義》雖為御注《老子》作疏，在理論的深度、廣度上，確實有徽宗
所未能逮之處。

第四節　結　語

　　《老子》文本，經由徽宗「注解」，再到江澂「疏義」，君臣
之間的推廣衍繹，確實達到一個新的顛峰時期。因為君臣身分的特
殊性，詮釋的重點多著墨在治國的論題之上，而他們的盡心於《老
子》，當亦是思考著以此作為理國的方針。但是徽宗談「無為而
治」，終至於消極無所作為，導致政治現況幾乎到了委靡不振的地
步，不能不說是對老子思想的一種誤解。觀乎江澂《疏義》，其雖
為御注作疏，卻是一心想扭轉這樣的思維傾向。疏文中，他熱切期
盼徽宗能以堯、舜作為理想君王的學習典範，並以孔子、顏回的儒

者形象作為老子學說的代言人，尤其重視將儒家的仁政之說與老子政治思想相縮合，又大量援引儒典文獻及其哲學命題來證解老子相關學說等等，凸顯出江澂《疏義》較御注《老子》更為鮮明的儒家意識。其次，對於「無為」、「有為」的安頓，江澂以「體」、「用」關係加以縮合，進而強調兩者相依相須、缺一不可，此即轉化徽宗偏重「無為」一邊的義理趨向。尤有進者，江澂又特別強調聖人治理天下的自我修身之道，將「無為」的政治術語轉化成為一種「澹然恬靜」的生命理境，其工夫入路的提點，就在於「無心」、「虛靜」的修為。聖人「道治天下」，之所以能夠「虛己遊世」，就是因為能夠「體道之無，應物之有」，將「無為」、「有為」涵攝為一，以達到治國的理想極境。此與徽宗的老學思想，確實有著一些出入。

因此，含糊地將君、臣之間的老學思想混同為一，理所當然的以臣子做為君王思想的附庸，都是非常獨斷粗糙的理解。江澂的老學思想或許折射出御注《老子》的些許影響，但是，他所表現出以個人理解視域詮解《老子》的部分，也是不容忽視。江澂雖然「依徽宗注本逐章分段分句作疏」，但是或者創造性的承繼、或者歧出轉向，想要建構屬於自己老學思想的心思也是相當明顯的。因此，針對義理的承繼而言，《疏義》中儒家意識的發揚，實際上比御注來得更加鮮明強烈，故其承繼並非簡單沿襲而已，實已展露出深化之跡。而在歧出轉向方面，岔出御注老學思想的義理脈絡，突破「疏不破注」的原則，建構屬於江澂自己老學思想的地方也是常見的。對於老子學說中的專用術語，兩人的詮解亦非絕對一致，觀察兩人對於「無為」的理解，以及「無為」、「有為」關係的安頓，

便可發現殊異之處。凡此，蓋可證明將君臣注《老》一併合觀，進行整體性的思考，確實可以提供幾個觀察反省的角度，並且激盪出一些學術問題的討論，而對於宋代君注臣疏《老子》的具體圖象，據此亦得以勾勒出一個基本的輪廓。

第九章　結　論

第一節　「《老子》注我」
　　　　與「我注《老子》」

　　近年來，學者多喜借用西方詮釋學的理論觀點，深入反省有關
中國傳統經典詮釋的問題，因而有所謂「中國詮釋學」❶的提出，
其間所累積的研究成果相當豐碩可觀，啟發性與影響自不待言。在
眾多議論之中，以「哲學詮釋學」的理論內涵進行《老子》詮釋問
題的相關反省，特別顯得精到而深刻。因此，〈結論〉一章，除擬
討論宋代老子學中「我注《老子》」與「《老子》注我」兩個詮解

---

❶　黃俊傑在《孟學思想史論（卷二）》（臺北：中央研究院中國文哲研究所籌
　　備處，1997 年 6 月），第十一章〈結論：兼論中國詮釋學的特質〉中即提出
　　建立中國特色的詮釋學，他說：「所謂『中國詮釋學』，是指中國學術史上
　　源遠流長的經典註疏傳統中所呈現的，具有中國文化特質的詮釋學。」，頁
　　470；湯一介：〈能否創建中國的解釋學？〉（《學人》第 13 期，1998 年 3
　　月）、〈再論創建中國解釋學問題〉（《中國社會科學》，2001 年第 1 期）
　　二文中亦有相關之論述，其中指出了即使「能否創建中國的解釋學？」這一
　　問題目前尚不能得出確切的回答，但對中國解釋經典的歷史進行一番疏理，
　　起碼可以豐富西方解釋學的內容。

定向之間所引發的問題之外，亦嘗試以加達默爾「哲學詮釋學」為一參照系統，擇取其中幾個主要觀念，針對有宋一代老子學詮釋的諸多問題，進行深入的思考與反省。希望透過其理論視窗，對於中國哲學經典的詮釋問題，激盪出更深廣的回響與反應。最後，則是研究內容的回顧與展望，說明在目前既成的研究基礎上，如何將個人的研究繼續往前推展、延伸。

事實上，想要討論中國哲學經典詮釋的問題，必須在對哲學經典詮釋的歷史發展有一個充分完整的瞭解之後，才有可能進一步研析其間所生發的種種問題與細節。以《老子》一書的詮釋史而言，當我們仔細穿過有宋一代老子學詮釋趨向的整體觀察與疏理之後，確實發現一些問題值得細細思量、反覆探索。雖然最後不一定能得出終極真理，但學術研究的用心原不只在答案的追求與獲得，更在於不斷提問與如實思考的過程。以宋代老子學而言，其詮解的義理向度，大體可化約為兩個定向：其一是「我注《老子》」，重點在「《老子》」一書，係屬於客觀詮解的定向；其二是「《老子》注我」，重點在「我」，亦即詮釋者，係屬於主觀詮解的定向。前者是力求回歸《老子》文本的可能意義，也就是作者原意或本意；後者的詮解重心則是詮釋者透過詮註《老子》，擬以建立或構織而出的思想體系❷。這兩個詮解的定向，在宋代每一部詮釋《老子》的

---

❷　此處所謂「《老子》注我」、「我注《老子》」是轉化借用「六經注我」、「我注六經」的說法而來。一般認為，「六經注我」強調的是從義理方面對文本進行創新的、主觀的引申和自我發揮；而「我注六經」強調的則是歷史的、客觀的和文獻的注釋方式。經學史上「我注六經」、「六經注我」之說，現代人對此理解眾說紛紜，並無一致意見。劉笑敢以為「我注六經」、

作品之中，確實都存在著相當不同比例的交互作用。對於中國經典的注疏，劉笑敢即曾明示詮解必然會面臨兩種解讀定向的問題，他說：

> 這是兩個方向的解讀：一方面是面向歷史和古代文本的回溯的探尋，另一方面是面向現實和未來而產生的感受和思考。從理論上、邏輯上來講，這兩種定向顯然是有矛盾和衝突的；但是從實際的詮釋過程來說，這兩種定向或過程是難以剝離的，也很少有詮釋者自覺地討論這兩種定向之間的關係問題。❸

言下之意，即以為詮解的兩個定向：一個是走近原典的核心，客觀詮釋經典的原意，也就是所謂「我注六經」的解讀方向；另一個則是與原典初衷漸行漸遠，主觀建立詮釋者自身的哲學體系與想法，

「六經注我」本來與詮釋的方法無關，將其作為兩種注釋、詮釋、解讀、學習等方法的是當代人，在古代比較接近他所說的兩種定向是「郭象注《莊子》」與「《莊子》注郭象」。「我注六經」與「六經注我」作為兩種定向說的「方便假門」，與一般理解有重要不同。關此，參見氏著：《詮釋與定向：中國哲學研究方法之探究》（北京：商務印書館，2009年3月），第二章〈古今篇——「六經注我」還是「我注六經」？〉，頁60-96；以及〈「六經注我」還是「我注六經」：再論中國哲學研究中的兩種定向〉，收入劉笑敢主編：《中國哲學與文化》第五輯：「六經注我」還是「我注六經」，頁29-60。

❸　劉笑敢：《老子古今·上卷》（北京：中國社會科學出版社，2006年5月），導論二〈回歸歷史與面向現實〉，頁44。

也就是所謂「六經注我」的解讀方向。表面看來，這兩個解讀方向似乎存在著撕裂性的矛盾與衝突，但就中國傳統經典的注釋而言，在實際操作過程當中，卻又是難以剝離的。根據劉先生的說法，這兩個解讀的方向，一方面是對文本及其作者歷史性的探索與追尋，另一方面又是詮釋者對當下、現實的，甚至是未來課題的思考和回答；一方面是文字的、語法的、文本的解讀，另一方面又是玄想的、理論的、哲學的建構；一方面是對他者——文本及其作者——的對談、推敲、叩問，另一方面又是詮釋者個人的精神創造和思想抒發❹。就一個理想的詮釋活動而言，或許對文本的歷史回溯，儘可能竭盡所能努力抉發、釋放出經典文本的原始精神與意義，才算是一個比較成功完滿的詮釋。然而，這樣的期許，也有可能造成經典在歷代所有的詮釋活動中，就只是一個如出一轍、不斷複製、照說一次的單調過程而已❺。因此，在更多的情況之下，將詮釋者個

---

❹ 參見劉笑敢：《詮釋與定向：中國哲學研究方法之探究》，第二章〈古今篇——「六經注我」還是「我注六經」？〉，頁 62；此外，另可參見劉笑敢：〈經典詮釋與體系建構——中國哲學詮釋傳統的成熟與特點芻議〉一文，收錄於李明輝編：《儒家經典詮釋方法》，頁 33-58。

❺ 朱伯崑在〈「照著講」和「接著講」——芝生先生治學方法淺談之一〉一文中曾說：「馮先生認為，對中國古代哲學典籍的研究，有兩種途徑：歷史的敘述和哲理的闡發。用通俗的話說，前者為『照著講』，後者為『接著講』。他在《新理學・緒論》中說：『我們說「承接」，因為我們是「接著」宋明以來底理學講底，而不是「照著」宋明以來底理學講底。』此表明，其所著的《新理學》，是接著宋明理學講的，不同於『照著』宋明理學講。兩者的區別在於『照著講』是哲學史家或歷史學家的任務，而『接著講』則是哲學家的任務。二者雖有聯繫，但不能混同。這對我們研究中國傳統哲學，有重要的指導意義。」，收入《燕園耕耘錄——朱伯崑學術論集

人的許多見解，添加、填進文本之中，或許會比「回歸原意」更能代表「中國詮釋學」的特色。剋就中國經典注疏的歷史發展而論，「六經注我」與「我注六經」的詮解趨向，雖然一併真實地呈現在詮解的理脈之中，但是「六經注我」的詮解方向，似乎更能代表「中國詮釋學」的主要特色。從注者自身而言，其一方面自詡個人的詮釋代表經典原意，另一方面自下己意之處，卻又所在多有。事實上，不也正因為這兩個詮解定向的異度走向，才能凝結出每個時代、各個詮註者特有的風格與特色。從開新的角度立論，亦可謂造就出多元化樣貌的經典圖象，而非只是一而再、再而三的刻版沿襲而已。以老子學的發展而言，幾乎每個時代都有不同身分的眾多學者與《老子》進行對話，詮註者雖然多半力主回歸《老子》原意，但在實際的操作過程當中，卻又難以避免憑藉詮釋以發揮個人哲學見解的意圖。因此，就詮解的兩個定向而言，「《老子》注我」實較「我注《老子》」引發研究者更多的注意與青睞。可惜的是，歷代的詮註者並無人自覺地去討論這兩個定向之間的問題。

　　綜覽宋代老子學的整體圖象，我們就會發現有關《老子》的注解詮釋，相較於其他時代，確實呈現出更豐富多元的面貌，在質、量上自有其殊勝之處。而其間儒、釋、道三家思想與《老子》一書合會融通的詮解特徵，則可謂達到一種巔峰的狀態，根據各本書各章具體論述之後，確實能回應這樣的說法。在援引各家典籍文獻及其義理思想詮解《老子》的範型當中，除了援引《老》、《列》、《莊》等道家一系的典籍文獻、哲學概念與《老子》交相證解，比

（上冊）》（臺北：臺灣學生書局，2001 年 3 月），頁 85。

較不會造成理解偏差之外，其他諸如：「以儒解《老》」、「以心性思想解《老》」、「以佛解《老》」，抑是「君臣解《老》」的詮解路向，都可以強烈感受到詮註者主觀詮解的思維傾向。這種不拘格套、獨抒胸臆的現象，在宋代老子學詮解的各式向度中，確實可以舉出不少實例。例如：就「以儒解《老》」而言，多數學者喜以孟子「養氣」之說與老子「專氣致柔」合觀，並進一步予以理論上的調融會通。觀王安石、王雱、葉夢得、宋徽宗、江澂等解《老》之作，皆依如是思路❻。然而，老子的「專氣致柔」，是專注凝聚人的生理血氣在最柔和平順的樣子，「氣柔」即是生命力極其寧靜安定，彷若嬰兒赤子一般，是保養回復到人初生時血氣柔和、不妄作的狀態，如此便能精充氣和。而孟子「養氣」則是主張「以志帥氣」，是以「志」來決定「氣」的方向，「志」是本，「氣」是末，本、末相互交養，所以當一面持其志，一面毋暴其氣。就孟子而言，「志」是「心之所之」，其不僅在心上確立道德創造的方向，更在「氣」上開出道德實踐的力量，此是其所謂「浩然之氣」。而「浩然之氣」的「至大至剛」、「直養無害」、「配義與道」、「集義所生」，便宣示著此生命之氣的發動，並非盲目無根的蠢動，而是以「志」為決定的方向，而此「志」是道德的志向，是天地的正理。因此，孟子的「氣剛」顯然與老子的「氣柔」在義理脈絡上存在著根本殊異，將兩者比附合觀顯然不盡恰當。此可謂消融了孟子「養氣」一說的道德意涵而對老子學說進行新詮，

---

❻　關此，本書第三章第三節「以《孟子》詮解《老子》的面向」中有詳論，頁97-103。

其間自我發揮的意圖相當分明。

　　又，「以心性思想詮解《老子》」的面向，同樣也是在《老子》文本中添加、填入一些原先所無的概念思維。老子思想的建構原非以人性問題為首出，此亦是其與儒家學說重點優先性之不同所在，而儒者王雱在其《老子注》中，卻大量討論性理學說，以構設自己的心性思想。五千言中原無「性」字，這樣的詮解趨向，使得老子學說中的形上思想、政治思想，皆歸宿於人性安立的問題，並且扣合王雱所謂「道性合一」的理論前提❼。明顯的，《老子》中鮮少談心論性，但在王雱《老子注》中卻得到極大的發揮，此當是主觀注解的結果，蓋與其時理學新儒的心性觀點交相呼應而產生的義理轉化，並不能忠於文本原意。而在「以佛解《老》」的義理向度中，借題發揮的例子更是不勝枚舉。道士邵若愚的《道德真經直解》最足以作為代表。其解《老》文字中充斥著濃厚的佛禪理趣，佛、道融通的意識在其注文中經常發酵，文本產生質變的現象不時發生。可資說明的是，在詮解「為學日益」一章中，邵氏所發揮的注義根本就是在發揚佛教思想，其真正意圖並非在詮釋《老子》，而是藉機宣說佛禪思想中「去著離執」的理念，並與老子「損」的哲學相結合，以之為達至老子「無為之道」的工夫路徑。以本來子道士的特殊身分而言，其另闢蹊徑的自我發揮其實相當特別，而葛長庚的《道德寶章》亦復如是❽。最後，則是就「君臣解《老》」

---

❼　關此，本書第四章第三節「王雱《老子注》的性理思想」中有詳論，頁 142-164。

❽　關此，本書第五章第三節「引用佛教重要術語詮解《老子》的面向」中有詳論，196-200。

的整體觀察而言，宋徽宗、江澂蓋因身為君、臣必須治國、理國的特殊身分，亦不時有借《老》以自抒胸臆的現象發生，兩人皆主「孔老相為終始」的政治理念，解《老》中鮮明的儒家意識可以想見。對於君臣二人而言，從現實的政治條件、處境出發的新視域，對於《老子》文本的解讀，或能得到一番新的發揮與應用，個人詮解的特色不言而喻。職是之故，根據以上論述，可以想見「《老子》注我」的詮釋定向，乃是透過詮解《老子》的活動過程之中，藉以闡發詮釋者個人老學觀點及其哲學見解的一種主觀意圖，這樣的解讀方向，在宋代老子學中確實居於主流的地位。

　　另一個解讀的方向──「我注《老子》」，相對的就比較能夠忠於作者原意。以經典文獻的互詮而言，此則集中表現在「以《莊》解《老》」、「以《老》解《老》」的詮解範型中。以《莊子》的視角閱讀《老子》，因為老、莊共屬道家學譜的脈絡底下，多數能達到視域融合的效果，使得老子思想的內在精髓與潛藏意涵更加深刻地被抉發出來。如此蓋能初步說明莊、老互訓的方式，確實有助於闡發老子思想的底蘊，而此亦是宋代老學研究者的普遍共識。因為老、莊思想調性一致的緣故，多數能夠深化或者擴延老子思想，使得理解臻至更深更廣的理論層次。故以《莊子》擬配《老子》進行思想上的格義，可謂眾多詮解向度中，較能與原意契合的方式之一，也較能達到一種客觀詮解的效果。除此之外，以經典自身為一封閉系統，並就其文本之間彼此交相訓釋以進行瞭解，亦是趨近文本原意的方便捷徑，此即是「以《老》解《老》」的向度，同樣也是回歸客觀原意比較安全有效的方式。以《老子》閱讀《老子》，各章句之間文理脈絡的訓釋解讀，是經典內部由整體到部

分，再由部分回到整體去的循環論證，這就是「方法論詮釋學」所謂的「詮釋學循環」❾，亦即是中國傳統「以經解經」之意，深信文本前後呼應，整體貫穿一致，各章句之間可以互相輔助解釋。可以相信的是，在眾多詮解路向中，此種解讀取向最能避免過度詮釋或者粗暴詮釋的現象發生。以《老子》一書中相類的章句一併合觀訓釋，確實頗能互相發明或深化原意，而達到以部分建構全體，以全體確立部分的有效循環論證。

　　宋代注《老》解《老》的每一部詮釋作品之中，經常同時兼具有「《老子》注我」與「我注《老子》」這兩個解讀的定向，詮解者一方面彷彿想回歸《老子》原意，另一方面也似乎想在理論上開新，以彰顯個人詮解《老子》的思想特色。在他們的解《老》之作中，「以儒解《老》」、「以佛解《老》」、「以《莊》《老》解《老》」的詮解向度，幾乎同時並存，且以著不同比例的存在方式

---

❾　「方法論詮釋學」以強調回歸作者意向的客觀詮釋為主，在史萊瑪赫（F. Schleiermacher）的詮釋學中，即特別重視所謂「詮釋學循環」的方法，藉以作為客觀重構作者意向的途徑之一。其觀點乃以為詮釋總是在脈絡的和相關的方式下進行的。瞭解文獻的過程就是由整體到部分，再由部分回到整體去，這個過程稱之為「詮釋學循環」。那麼，詮釋的工作要先瞭解文章的整體意義，再依此瞭解各段落的意義；瞭解各段落的意義，就更清楚整篇文章的意義了。無論如何，對文獻的詮釋，總是在由整體到部分，再由部分到整體的詮釋循環裏。因此，「詮釋學循環」的始點是對整體意義的瞭解。若沒有整體意義的瞭解，則詮釋無法展開。然而，如何才能預先瞭解整體的意義呢？史萊瑪赫也無法提供一個較妥當的答案。他只能訴諸一種直覺或神入而已，也就是一種神秘的直覺。關此，參見陳榮華：《葛達瑪詮釋學與中國哲學的詮釋》（臺北：明文書局，1998 年 3 月），第一章〈哲學詮釋學的基本性格〉，頁 2-9。

彼此產生交互作用。因此，一個是客觀詮釋經典的原意，一個是主觀建立詮釋者自身的哲學體系，在古典注釋與創構體系之間，兩者關係如何安頓，當是一個值得思考的問題。此誠如劉笑敢所言：

> 中國哲學詮釋傳統的突出特點是以經典詮釋的方式建構或表達新的哲學體系，這樣必然會出現經典文本自身意義與詮釋者的新體系之間的緊張或矛盾。因為，經典詮釋會帶來文本的限制，而體系建構則要求創造。那麼，經典詮釋與體系建構二者之間是什麼關係？二者孰輕孰重，孰先孰後？二者是否有衝突？如何可以合為一體？這可能是分析、評價中國哲學詮釋傳統最困難、最吃緊的地方。❿

引文中即明示中國哲學詮釋傳統的突出特點，就在於同時包含有客觀詮釋經典原意和主觀建立詮釋者自身哲學體系的雙重面向。其中指出「經典詮釋會帶來文本的限制，而體系建構則要求創造」，兩者之間是否存在著內在的矛盾和緊張？其間關係如何銜接轉化？輕重、先後關係如何？如何能合為一體？⓫想要面對解決這些問題確

---

❿　〈經典詮釋與體系建構──中國哲學詮釋傳統的成熟與特點芻議〉，頁 38。

⓫　關於此一問題的思索，林麗真：〈經典的詮釋與理統的建構──從王弼的「有無」、「動靜」二論談起〉一文中也指出說：「一個新時代的思想家在運思其天人哲學和歷史思維時，總是憑借著傳統經典，透過注疏的方式，試圖建立一種足以排解疑惑、引發共鳴的學說。其為經典作注或撰疏，代表奠基古訓、不違傳統；其為歧義尋求合匯融通，代表思想的涵容與會歸。然而，如何能在古典與新意、融通與創見之間取得平衡，在經典詮釋與哲學體系的建構之間取得一致？這也就是從事注經、解經、詮經者所需面對的問題

實有些棘手。以下即擬借用加達默爾「哲學詮釋學」的理論觀點，針對宋代老子學的詮釋問題，進行一些相關的後設反省與思考，雖然最後不一定有答案，但是思考的過程本身就是充滿價值的。

第二節　中國傳統哲學經典詮釋的幾點省思

面對中國傳統哲學經典詮釋所引發的相關問題，學者多嘗試以加達默爾「哲學詮釋學」⓬的觀點主張，作為一個新的理論指導方針與參考座標，據此或能得到一些新的啟示與影響，並進而透顯出中國哲學經典詮釋的主要特色所在。「哲學詮釋學」最引人注意的，首先就是「前見」⓭的提出。其以為詮釋者很難擺脫自己的

了。」，頁 75。收入劉笑敢主編：《中國哲學與文化》（桂林：廣西師範大學出版社，2007 年 11 月）第二輯：注釋，詮釋，還是創構？

⓬　關於「哲學詮釋學」的相關瞭解，主要參考〔德〕漢斯－格奧爾格·加達默爾著洪漢鼎譯：《真理與方法：哲學詮釋學的基本特徵（上卷）（下卷）》（上海：上海譯文出版社，2005 年 5 月）以及洪漢鼎、夏鎮平譯：《真理與方法：補充和索引》（臺北：時報文化出版企業有限公司，1995 年 7 月）二書。

⓭　〔德國〕馬丁·海德格著，王慶節、陳嘉映譯：《存在與時間》（臺北：桂冠圖書股份有限公司，2002 年 2 月），第一篇第五章〈「在之中」之為「在之中」〉中即說：「無論如何，解釋一向已經斷然地或有所保留地決定好了對某種概念方式表示贊同。解釋奠基於一種先行掌握（Vorgriff）之中。把某某東西作為某某東西加以解釋，這在本質上是通過先行具有、先行見到與先行掌握來起作用的。解釋從來不是對先行給定的東西所作的無前提的把握。……任何解釋工作之初都必然有這種先入之見，它作為隨著解釋就已經『設定了的』東西是先行給定了的，這就是說，是在先行具有、先行見到和先行掌握中先行給定了的。」，頁 209/151。「先行具有」、「先行見到」、

「前見」，而「前見」的形成則是由歷史文化背景與詮釋者個人
內、外多重因素相互堆疊所凝塑而成的。尹志華曾經考察《老子》
詮釋史上「六經注我」的主觀詮解現象，他從「時代思潮的影響」
以及詮釋者個人的「知識結構」、「身分」、「主觀目的」等面向
進行分析，推衍申論老學史上「六經注我」的現象何以盛行的原
因，歸納了歷代注解家在對《老子》文句進行具體詮釋時，為貫徹
「六經注我」的宗旨所採取的各種詮釋方法❿。尹先生所提出的
「時代思潮的影響」以及詮釋者個人的「身分背景」、「知識結
構」及其注《老》的「主觀目的」等等，都是形成「前見」的重要
元素。以宋代老子學而論，確實也表現出時人老學觀點的建立，亦
多受其歷史文化背景與詮釋者個人的諸多「前見」所左右❺。正是

「先行掌握」三者即構成理解的「先行結構」，加達默爾據此將他的老師海
德格所說的「先行結構」統稱為「前見」（或譯之為「先見」、「前見解」
或「前理解」）。《真理與方法：哲學詮釋學的基本特徵（上卷）》〈一種
詮釋學經驗理論的基本特徵〉中即說：「一切理解都必然包含某種前見，這
樣一種承認給予詮釋學問題尖銳的一擊。」，頁349/275。

❿ 尹志華：〈從老學史看「六經注我」的詮釋方法〉，收入劉孝敢主編：《中
國哲學與文化》第五輯：「六經注我」還是「我注六經」，頁61-74。

❺ 尹志華：《北宋《老子》注研究》第八章〈從西方詮釋學看北宋《老子》
注〉中觀察北宋注《老》的解讀定向時亦曾說：「站在哲學詮釋學的立場來
看，北宋《老子》注家雖然在主觀上想排斥一切『先見』，但事實上他們的
《老子》注必然要受一些『先見』的影響。哲學詮釋學已經指出，歷史文化
背景是任何詮釋者所無法擺脫的、也不應擺脫的『先見』，因為正是這些
『先見』構成了理解的前提。」，頁243-244。尹氏又說：「對中國古代的經
典詮釋學來說，在大多數的情況下，單純的『詮釋』並非主要目的。由於經
典在中國古代具有神聖的地位，因而古人在創立己見的時候，往往借助於經
典詮釋的方式來提高己見的權威性。由於創立己見是主要目的，當然他們要

這些「前見」構成了理解的前提，此對於回歸《老子》原意，當是一個不小的干擾與阻礙。然而，弔詭的是，也正因為有了這些「前見」，愈發能呈現出詮釋者個人鮮明的老學特色，而非只是眾人一致、毫無新意的詮釋活動。

因此，在宋代老子學的詮釋過程中，我們有可能看到一個道士，他為了回應儒、釋、道三教融通的學術氛圍，因而援引佛教觀點詮解《老子》。為了實現「會通三教」的「主觀目的」，他不可能把儒家思想置之度外，在詮解過程當中，必須把一些原非《老子》文本的東西，強行填入《老子》之中，不是儒、道並視，便是佛、道共觀，最後的結果若不是深化、擴延了老子思想，便是歧出轉向，岔出老子思想的道途而另闢蹊徑，最終將老子思想改頭換面一番；同樣的，我們也有可能看到一個理學專家，他受到自家「身分」與「知識結構」的影響，原本就偏向理學新儒的思維，那麼，儒者的身分背景及其學養、學歷等知識結構的多重質素，必然也會影響到他對老子學說的斟酌與判斷。尤其是理學家「闢佛老」的時代使命與課題，使得他對老子思想的評價不再純粹，而是充滿了成見與包袱。外緣的歷史文化背景加上自身的種種「前見」，諸多因素的多重干擾與糾葛，或多或少都有可能影響了對《老子》的真正認識；而當一個僧人注解《老子》時，戴著佛教的有色眼鏡去閱讀《老子》，他所見到的老學風景，必然也很難擺脫個人佛教思維的傾向，其所構織出來的老學圖象，濃厚的佛教況味可以想見，當他「以佛解《老》」時，重點恐怕不在詮註《老子》，而在於發揮自

帶著自覺的『先見』來詮釋經典。」，頁244。

身的佛學見解與涵養。因此,若將「前見」之說置入中國傳統哲學
經典的詮釋活動來思考,亦足以有發人深省之處。我們當進一步認
真思索的是,如何在可以被接受的限度範圍之內,保有個人的「前
見」,而又不致於歪曲誤解經典的原意。一方面達到創造性的詮
釋,另一方面亦小心謹慎地維護學術的莊嚴性,而不至於率性任意
的胡亂說解一通,這應該才是一個比較好的、理想而完滿的詮釋活
動。

　　加達默爾又提出所謂「視域融合」的觀點,此說對於中國哲學
經典的詮釋問題,亦有著極大的影響與沖擊,加達默爾說:

> 　　解釋者和文本都有各自的「視域」,所謂的理解就是這種視
> 域的融合。❶

「理解」就是「解釋者的視域」加上「文本的視域」,而「解釋者
的視域」又是由諸多「前見」所形成的。因此,在視域互融的多重
視角底下,「理解」的角度被拉大、加深,於是打開了更寬廣的視
窗,沖創出更豐富、多元的理解可能性。因為「解釋者的視域」避
不開「前見」,遂難免將「自己的意義」一起帶入文本之中,加達
默爾是這樣說的:

> 　　我所描述的視域融合就是這種統一的實現形式,它使得解釋
> 者在理解作品時不把他自己的意義一起帶入、就不能說出作

---

❶　《真理與方法:補充和索引》〈古典詮釋學和哲學詮釋學〉,頁 123/110。

品的本來意義。⓱

言下之意，即是強調詮釋活動不可能脫離詮釋者個人的理解視域，所謂將「自己的意義」一起帶入作品的本來意義之中，就是彰顯「前見」存在的理解前提。而整體的詮釋活動之所以能夠形成，就在於「解釋者的視域」與「文本的視域」交融互攝之後的一種具體實現。據此，劉笑敢也曾加以申述說：

> 伽達默爾認為理解不是解釋者主體的認知活動，而是詮釋者與文本之間內在的互動，是發現文本所要回答的問題、與文本對話、討論的過程，也就是解釋者的視域（意義空間、問題域、世界）與文本的視域完全合為一體的過程。⓲

因此，「視域融合」即是「詮釋者與文本之間內在的互動」，而此種關係就集中表現在「發現文本所要回答的問題、與文本對話、討

⓱　《真理與方法：補充和索引》〈第三版後記〉，頁 527/475。

⓲　劉笑敢：《詮釋與定向：中國哲學研究方法之探究》〈引論：中國哲學之身份與詮釋學理論〉，頁 15。袁保新：《從海德格、老子、孟子到當代新儒家》（臺北：臺灣學生書局，2008 年 10 月），〈捌、再論老子之道的義理定位〉一文中也說：「從韓非〈解老〉、〈喻老〉到當代前輩的義理闡釋，作品數量之多，品類之雜，決非一篇博士論文所能窮盡。尤其是從詮釋學的角度反省，每個詮釋系統其實都是詮釋者與經典長期對話所發展出的一個互融理境。雖然表面上詮釋者每一句話，似乎都是扣緊老子的文獻來說，但是這中間早已摻雜了詮釋者自己的問題意識，以及無所逃地背負著他（或者詮釋者所隸屬的時代）所使用的概念語言的框架。」，頁 252。

論的過程」，最後激盪出主、客交融一體的認知活動。因為加入了
詮釋者個人的獨特視域，使得「解釋者的視域與文本的視域完全合
為一體」的理解過程，別具一種獨創性，加達默爾立論的基礎是：

> 本文的意義超越它的作者，這並不只是暫時的，而是永遠如
> 此的。因此，理解就不只是一種複製的行為，而始終是一種
> 創造性的行為。⑲

其以為理解不是「複製的行為」，而始終是一種「創造性的行
為」，其間意義的締造永遠是開放性的、不絕如縷的，因為我們總
是以「不同的方式」在進行理解⑳。因此，絕對不會出現照著講
的、原樣理解的、一再複製的詮釋結果㉑。之於中國傳統哲學經典
的詮釋活動來說，此無疑點出了它的主要特色所在，而「前見」與

---

⑲　《真理與方法：哲學詮釋學的基本特徵（上卷）》，頁 383/302。

⑳　《真理與方法：哲學詮釋學的基本特徵（上卷）》中即說：「我們只消說，
　　如果我們一般有所理解，那麼我們總是以不同的方式在理解，這就夠
　　了。」，頁 383/302。

㉑　洪漢鼎：《詮釋學──它的歷史和當代的發展》（北京：人民出版社，2005
　　年10月），〈前言〉中即說：「當傳統的規範的詮釋學主張文本只能有一種
　　真正的意義時，哲學詮釋學則完全準備接受單一文本能得到不同意義的多元
　　論觀點，本來只對一種意義開放的詮釋學現在變成了對多元意義開放的詮釋
　　學，詮釋學從而具有了一種與時俱進的理論品格。」，頁 2。又說：「古典
　　詮釋學確實致力於這樣一種客觀性解釋，他們把解釋的標準視為作者意圖的
　　複製或重構，解釋是惟一性和絕對性的。就此而言，伽達默爾的哲學詮釋學
　　並不想追求這種所謂實在或文本意義的照像式或複製式的客觀性，因為這樣
　　一種客觀性丟棄了文本意義的開放性和解釋者的創造性。」，頁 5。

「視域融合」觀點的提出，也確實能夠為宋代老子學中「《老子》注我」的詮釋定向，何以居於主流地位，提供了一個後設反省的角度與機會。

然而，若因此獨斷地以為「前見」、「視域融合」等觀點的提出，即是主張眾聲喧嘩，縱容任何主觀隨意的說解，那也未免把問題看得過於輕率膚淺了。合理化一切良莠不齊的詮釋，以為一切詮釋皆具同等價值，沒有高低、對錯、精粗的區別，對於學術研究的嚴肅性來說，將會產生嚴重的不良影響❷，如此亦非加達默爾的本意，他說：

> 誰想理解，誰就從一開始便不能因為想盡可能徹底地和頑固地不聽本文的見解而圍於它自己的偶然的前見解中——直到本文的見解成為可聽見的並且取消了錯誤的理解為止。誰想

❷　劉笑敢：《詮釋與定向——中國哲學研究方法之探究》〈引論：中國哲學之身份與詮釋學理論〉中即說：「流行的簡單化、庸俗化的詮釋學理論背後隱藏著這樣一種觀點：一切詮釋都是視域融合的結果，因而各種詮釋都沒有高低對錯、雅俗精粗的區別，因而都有同等的價值。……這種強調理解的創造性，強調與作者不同的理解，反對追求更好的理解，的確可以引向僅以『不同』為標準的傾向，差異性成了最高或最後的價值標準，從而否定了較好的、較準確的理解的必要性與可能性。這可能導致學術研究中僅以標新立異為宗旨而不講證據和邏輯的有害傾向，儘管這不是伽達默爾的『本義』。這種單純的求新求異是無法導向嚴肅的思想創造和理論建構的。」，頁 16；此書〈內容提要〉第四點中亦言：「對『視域融合』理論的簡單化和庸俗化的理解縱容了對哲學經典的主觀隨意的解說，嚴重地瓦解和沖擊著中國哲學研究作為現代學術的嚴肅性，這並非哲學詮釋學家的本意，對此應該有足夠的警惕和自覺意識。」。

理解一個本文，誰就準備讓本文告訴他什麼。因此，一個受過詮釋學訓練的意識從一開始就必須對本文的另一種存在有敏感。但是，這樣一種敏感既不假定事物的「中立性」，又不假定自我消解，而是包含對我們自己的前見解和前見的有意識同化。我們必須認識我們自己的先入之見（Voreingenommenheit），使得本文可以表現自身在其另一種存在中，並因而有可能去肯定它實際的真理以反對我們自己的前見解。㉓

這段文字清楚說明解釋者面對「前見」，應該具備一種自覺意識與後設反省的能力，也就是說，必須先客觀地認識自己的「前見」，如果發現加入「前見」之後的文本意義，嚴重違離文本原始的客觀精神，解釋者應該自我反省。因此，受過詮釋學訓練的詮註者，必定一開始就有文本它在性的自覺意識。「知道本文可以表現自身在其另一種存在中」，也就是「一開始就必須對本文的另一種存在有

㉓ 《真理與方法：哲學詮釋學的基本特徵（上卷）》，頁 347-348/273-274。《真理與方法：補充和索引》〈論理解的循環〉中也說：「換句話說，儘管意見是一種活動的多種可能性，但在這種意向的多樣性中，亦即讀者能有意義地發現並因而能夠期待的意向的多樣性中卻並非可以任意意向，如果誰沒有聽到對方實際說的意思，那他最終也不能把它置於自己多種意義期待之中。因此這裏還有一個尺度。詮釋學任務越過自身進入一種實際的提問，而且總是受這種實際提問的共同規定。據此，詮釋學工作就有了堅實的根據。誰想理解，誰就不能聽任自己隨心所欲的前意見，以便盡可能始終一貫地不聽錯文本的意見──直到不可能不聽到這些意見並且摧毀任意的理解。誰想理解文本，誰就得準備讓文本講話。因此，受過詮釋學訓練的意識必定一開始就感受到文本的它在性。」，頁 68-69/60-61。

敏感」。透過這層反省,最後他有可能反過來反對或修正自己不合法的「前見」。這也就是說,詮釋者對於自己在文本的可能意義之上,所變造、添加上去的引申或補充,應該具備自覺意識,他沒有理由將「自己的意義」帶入文本之後,就一併視作文本原有的意義,他不應該「徹底地和頑固地不聽本文的見解而囿於它自己的偶然的前見解中」。凡此,一方面深刻點出了詮釋者對於「前見」的自覺意識與後設反省的重要性;另一方面也強調尊重文本原意與明確、考察「前見」是否具有正當性的想法。此誠如加達默爾所說:

> 但是理解完全地得到其真正可能性,只有當理解所設定的前見解不是任意的。這樣,下面這種說法是完全正確的,即解釋者無需丟棄他內心已有的前見解而直接地接觸本文,而是只要明確地考察他內心所有的前見解的正當性,也就是說,考察其根源和有效性。㉔

此即指出解釋者不必為了直接接觸文本,而丟棄內心所有的「前見」。比較重要的是,他反而必須具備有批判自己「前見」的一種能力,明確地考察「前見」是否合理,也就是說,明察它的根源和有效性。如此,便不會一昧地被「前見」所操控、支配。詮釋者必須在解釋活動的過程當中,盡可能地除去錯誤的或者不夠妥當的「前見」,保留有效而合法的「前見」,如是,則顯現出詮釋活動亦是一個不斷修正「前見」的過程。因此,加達默爾的「哲學詮釋

㉔ 《真理與方法:哲學詮釋學的基本特徵(上卷)》,頁 346/273。

學」雖然力主意義的多元性與開放性，但並非就是否認客觀真理，主張什麼都行的主觀主義❷。

　　宏觀宋代老學研究者的注《老》解《老》之作，詮釋者確實多偏向「《老子》注我」一定向。「前見」是必然存在的，或許他們對於「前見」是有所自覺的，但是似乎並沒能夠進一步自覺、客觀地反省詮釋活動過程中相關的方法與問題。他們幾乎一致認為自己的詮解《老子》，最能呼應作者原意，而這也經常是他們之所以詮註《老子》的主要原因所在，以為他人的詮解無法詳盡發揮《老子》真意，而自己的解讀則是可與《老子》原意產生真正共鳴的。他們自以為回歸《老子》的文本意向，但是在詮解過程中，明眼人一探即得的「前見」，卻又無時不出其左右，「時代思潮的影響」以及詮釋者個人的「知識結構」、「身分背景」，注《老》的「主觀目的」等等，在在主導著他們閱讀《老子》的理路方向，並且強烈影響著他們對老子思想歷史面貌的重構。余英時就曾在析理明太祖御注《老子》時說：

---

❷　洪漢鼎：《詮釋學——它的歷史和當代的發展》〈前言〉中即說：「顯然，哲學詮釋學拋棄的只是那種絕對主義的客觀性，而不是由事物本身而來的客觀性。與其說它尋求無客觀性的解釋，毋寧說它嚴格以客觀性名義要求解釋者；我們不是要消除客觀性，而是使客觀性可能，我們可以讓那些不合法的前見脫離那些有成效的、能為詮釋學客觀性鋪平道路的合法前見。總之，詮釋學主張意義多元性，但這不是主張什麼都行的相對主義；詮釋學主張意義相對性，但這不是否認客觀真理的主觀主義。相對性表明意義的開放性，多元性表明意義的創造性。無論是開放性還是創造性，都表明詮釋學的與時俱進的理論品格。」，頁6-7。

老子原文中說到「善攝生」的問題，明太祖借題發揮，最後
又回到他最關切的政治道德的教訓上面去。但這正是注文特
見精神之所在，我們自然不能用經生注疏的標準來衡量它。
讀到這些地方，我們簡直覺得明太祖不是在注「道德經」，
而是在發揮他的「六諭」。**㉖**

此所謂「正是注文特見精神之所在」，當是指御注《老子》借題發
揮所彰顯出來屬於君王個人的獨創特色。因此，明太祖用意不在注
解《老子》，而是在發揮他的「六諭」，也就是回到君王所特別關
切的政治道德的教訓上面去大作文章。而所謂「不能用經生注疏的
標準來衡量它」，當是意指不能以「是否符合《老子》原意？」來
作為判斷的準繩，並以之衡量是否具有學術上的價值。據此，余先
生似乎亦能欣賞不同身分背景的詮釋者對於老子思想在某種限度之
下的主觀發揮。

　　職是之故，此可謂同時包涵有兩層不同質地的義理內涵，一者
是它的原創意義，二者則是歷經時代淘洗，為詮釋者所添加、變造
上去的見解。這些添加或變造上去的見解，與其把它們當作一種客
觀知識探索的對象，不如進一步觀察它們在特定歷史時空環境之
下，如何能醞釀出這些特殊的想法。傅偉勳曾說：「真實的詮釋學
探討（必須）永遠帶有辯證開放（dialectical open-endedness）的學術性
格，也（必須）不斷地吸納適時可行的新觀點、新進路，形成永不

㉖　《歷史與思想》，〈唐、宋、明三帝老子注中的治術發微〉，頁85。

枯竭的學術活泉。」❷；龔鵬程也曾反省過這個問題，他說：「經典乃寫於古老世代之物，然其所謂『永恆』、『不朽』，意義非如木乃伊之不朽那樣，僵硬不動地擱在那兒，供人憑弔，以發思古之幽情。而是不斷與各個時代中人對話的。我們不斷拿我們這個時代的問題、困惑與需要去叩問它，它也提供了某些解答。」❷，此實深刻說明中國傳統經典與注疏系統之間的微妙關係，若果如此，注解家在可被容忍與接受的限度底下，對文本所進行的改造、補充或自我發揮，似乎也能以具有時代流變的歷史性意義與創構性價值的角度來加以肯定。而研究者可以大肆發揮探索的則是：「觀察它們在特定歷史時空環境之下，如何能醞釀出這些特殊的想法。」。若我們以此態度來面對宋代老子學中「《老子》注我」的詮解定向，便可以給予注解家一個較高的評價，而正是因為這樣的詮釋活動才得以使老子思想不斷活化重生，展現出一種不同於以往的新生命與新意義。這就是經典之所以為經典的「無時間性」，它不僅屬於某一特定的時間和空間，而且能克服歷史的距離，對不同時代甚至不同地點的人說話，經典因此是沒有時間性的，不受時空阻隔拘限的❷。此誠如黃俊傑所說的：「經典之所以永恆，正是因為在綿延不

---

❷　傅偉勳：《從創造的詮釋學到大乘佛學》（臺北：東大圖書股份有限公司，1999 年 5 月），〈創造的詮釋學及其應用——中國哲學方法論建構試論之一〉，頁 3。

❷　龔鵬程：〈商戰歷史演義的社會思想史解析〉（第二屆臺灣經驗研討會宣讀論文，1993 年 11 月 5 日-6 日），頁 15。

❷　加達默爾說：「我們所謂『經典』並不需要首先克服歷史的距離，因為在不斷與人們的聯繫之中，它已經自己克服了這種距離。因此經典無疑是『沒有時間性的』，然而這種無時間性本身正是歷史存在的一種模式。」。轉引自

絕的時間之流中，歷代都有繼起的詮釋者，不斷地懷抱著他們的問題進入經典的世界之中，向古聖先賢追索答案。於是，解經者與經典作者及『文本』（text）之間永無止境的創造性的對話，賦予經典以萬古而常新的生命，使經典穿越時間與空間的阻隔，與異代之解讀者如相與對話於一室，而千年如相會於一堂。」⓰，這就是經典所謂的「超時間性」與「超空間性」。因此，經典詮釋必然具有一種開放性的特質，只有在不同的時空之中，不斷吸納適時可行的新觀點、新進路，才能使經典得以吸引眾人目光，並綻放出永恆的智慧光芒。

　　然而，問題似乎也沒有想像的那麼簡單。如前所述，就現代學術的要求而言，必須再次強調的是，肯定「《老子》注我」這一解讀的定向，並非就是主張一切的詮釋都是合理可行的，對於那些似是而非、譁眾取寵的解讀，仍然有必要加以批評與指責。這也就是說，肯定對於《老子》所進行的多元化解釋，並非就意味著可以隨意任性的自由發揮。因為我們明顯知道，道家思想的義理血脈在先秦老、莊思想奠立基石之後，其理論架構的中心骨幹業已凝定成形，其原創意義亦逐步鞏固成形。剋就相關文獻而言，其間所蘊涵

張隆溪：〈經典在闡釋學上的意義〉，收入《中西文化研究十論》（上海：復旦大學出版社，2005 年 11 月），頁 181。案：所轉引之文字為張隆溪翻譯自 Hans-George Gadamer, Truth and Method, 2nd revised., translation revised by Joel Weinsheimer and Donald G. Marshall (New York: Crossroad, 1989), p.289-290。

⓰　黃俊傑：《東亞儒學史的新視野》〈貳、從儒家經典詮釋史觀點論解經者的「歷史性」及其相關問題〉，頁 60-61。

客觀、不變的義理內容，是具有學術的恆在意義的，並不是任誰想怎麼解釋、高興怎麼解釋都可以。「後老子」時期，歷代的疏通融合，注解家的身分背景、學歷涵養、時代學術氛圍，以及所面對的時代課題等等，一一與《老子》文本進行充分對話之後，在「文本的視域」與「解釋者的視域」多重視域的交融層疊底下，對於文本所可能有的歧出與誤詮，我們恐怕也很難等閒視之，還是可以依據學術理解的普遍共識予以檢別而出，並且針對謬詮的現象予以批判駁斥。如果一個所謂「創造的詮釋」，它漫無界限的挑戰傳統的理解，甚至顛覆解構舊有的學術共識，在古典與開新之間，一味地滅視傳統而以自我為中心。那麼，他的創新當該被質問、被懷疑，如果禁不起檢視與反省，就應該自覺地加以修正或放棄。因此，以為詮釋活動可以任意隨性，並不適合運用在中國傳統哲學經典的注疏之中，若此則有可能墮入一種詮釋上的虛無主義❸。因為就《老

---

❸ 此當是在借用詮釋學的理論觀點，反省傳統中國哲學經典注疏問題時，當再斟酌考量的問題。而這也是西方詮釋學理論不能夠充分解釋中國傳統經典詮釋問題的根本原因所在，因為西方學者的討論是以「詮釋本身」為主要的核心問題，而在中國的詮釋傳統中，核心問題則是在如何以詮釋經典的方式來構織自己的思想體系，兩者之間存在著明顯的不同。劉笑敢：〈經典詮釋與體系建構──中國哲學詮釋傳統的成熟與特點芻議〉中即說：「從根本上講，西方的詮釋理論不能充分解釋中國的哲學詮釋傳統是因為他們的理論討論的中心是與文本詮釋有關的問題，而不涉及體系建構的問題；而在中國哲學的詮釋傳統中，體系重構或建構是實質性問題，是不能回避或忽略的。」，頁 57；尹志華：《北宋《老子》注研究》第八章〈從西方詮釋學看北宋《老子》注〉中也說：「從根本上講，西方詮釋學理論之所以不能充分地解釋中國古代的經典詮釋傳統，是因為西方詮釋圍繞的核心問題是『詮釋』本身，而在中國古代經典詮釋中，核心問題是借詮釋『建構』自己的思

子》文本而言，其學說的義理內容，是奠基於古典文獻傳統之上的，其具有為人所共同相信的「歷史性」、「客觀性」與「可公度性」。詮註者為了自構理論體系所導致的過度詮釋或者粗暴詮釋，還是可以依據學術理解的共識與前提加以判讀出來的，如此才能達成「合理的」、「可靠的」與「有效的」解釋目的，並能夠為其他人所「擁有」與「接受」❸。雖然文本原意的貞定沒有必然保證，但專家之間終究可以取得多數人的認同，而凝聚出學術上的一種共識。無論如何，對於原意的追求與趨近是絕對不能輕言放棄的，否則哲學史的研究工作根本無法推展與進行❸。此誠如余英時所說的：

想體系。」，頁 244。

❸ 王中江：〈郭象哲學的一些困難及其解體——從「性分論」和「惑者說」來看〉一文中即說：「我們這裏的判斷和解釋方式，都是立足於相信『歷史性』、『客觀性』，相信『可公度性』，即相信作者的文本都有他自己所要表達的意思。……在以『歷史性』和『客觀性』作為經典解釋的前提時，我們所要求和希望的，不只是我個人提出了一個解釋，而且還希望我所提出的解釋是『合理的』、『可靠的』和『有效的』，並能夠為別人所『擁有』和『接受』。」，頁 180-181。收入劉笑敢主編：《中國哲學與文化》第二輯：注釋，詮釋，還是創構？

❸ 劉笑敢即曾以熊良山所著《道德經淺釋》為例，認為其隨心所欲所發揮的老學觀點，簡直是極端荒唐的解釋。熊氏牽強附會之處頗多，例如：將「無為而無不為」解釋成「開始什麼都不會，練到後來什麼都會」；將「善建者不拔」解釋為「搞建築的人，其建築不容易損壞」；將「如享太牢」解釋為「（心裏）實際像坐大牢一樣的痛苦」等等多達百處以上。關於劉笑敢的批判駁斥參見《詮釋與定向——中國哲學研究方法之探究》第二章〈古今篇——「六經注我」還是「我注六經」？〉，頁 91-93。

經典之所以歷久而彌新正在其對於不同時代的讀者，甚至同
一時代的不同讀者，有不同的啟示。但是這並不意味著經典
的解釋完全沒有客觀性，可以興到亂說。「時代經驗」所啟
示的「意義」是指 significance，而不是 meaning。後者是文
獻所表達的原意；這是訓詁考證的客觀對象。即使「詩無達
詁」，也不允許「望文生義」。significance 則近於中國經
學傳統中所說的「微言大義」；它涵蘊著文獻原意和外在事
物的關係。這個「外在事物」可以是一個人、一個時代，也
可以是其他作品，總之，它不在文獻原意之內。因此，經典
文獻的 meaning「歷久不變」，它的 significance 則「與時
俱新」。當然，這兩者在經典疏解中常常是分不開的，而且
一般地說，解經的程序是先通訓詁考證來確定其內在的
meaning，然後再進而評判其外在的 significance。但是這兩
者確屬於不同的層次或領域。❸

引文中即申明詮釋者不僅應該注意訓詁考證的工夫，也就是考察文
本的字面意義，以客觀趨近作者意向；同時，也該進一步深究文本
中的「微言大義」，也就是其間所可能蘊涵的深層義理，在不違逆
整體理論的思維脈絡底下，提出一些引申而出的創新見解與看法，
俾使創新植根於傳統的理解之中。此即一方面理解經典文獻「歷久
不變」的意義，另一方面對於其「與時俱新」的部分，也能予以發

---

❸　參見《猶記風吹水上鱗：錢穆與現代中國學術》（臺北：三民書局，1991 年
10 月），〈《周禮》考證和《周禮》的現代啟示〉，頁 165-166。

抉出來。這就是劉笑敢所謂詮解兩個定向之間的銜接與轉化，余先生也以為這兩個解讀的定向雖然隸屬於不同的層次領域，但是在經典疏解之中確實是常常分不開而無法割裂的。此可謂相當深刻地點出「中國詮釋學」的主要特色所在。

　　行文至此，尚有一問題必須再說明的。此即當我們在肯定「《老子》注我」此一詮解定向有它的思想創造性的同時，是否就代表著「我注《老子》」的詮解定向便毫無創造性可言？若如是想，也是誤解。「我注《老子》」的詮解定向，原是要努力趨近作者意向，進行一種客觀的詮釋與說解，此當亦需要創造性的思維，只不過此創造性並非個人的主觀創造而已❸。以宋代老子學來說，詮釋者透過「以《老》解《老》」、「以《莊》解《老》」的詮解模式，企圖更貼近、深化、擴延文獻的客觀意義，期許能與作者意向更深、更廣地契合，亦常有調適上遂的高明見解出現，實不能說毫無創造性可言。這也就是說，只要能發掘出更多、理解出更多、釋放出更多《老子》文本的意義，開啟更寬廣的理解視窗，解開《老子》書中語言文字的密碼，就不能說它沒有創造性，從而亦得以彰顯出學術的價值與意義。以「方法論詮釋學」的角度而言，他們所提出一切客觀詮釋的有效性方法，諸如：詮釋學循環、文法、語意學和心理學解釋等等，企圖客觀回歸作者心靈與意向的種種方法與主張，也對現代學術具有十足重要的啟發性，自然不該被忽略

---

❸　關此，劉笑敢亦有相當深入之反省，參見《詮釋與定向——中國哲學研究方法之探究》第二章〈古今篇——「六經注我」還是「我注六經」？〉，頁88-90。

與輕視㊱。因此，在客觀趨近作者意向與主觀建構思想這兩個詮解定向之間，實際上並非處於矛盾緊繃、激烈衝突的關係之中，而理應取得一種平衡、和諧的態勢。這也就是說，在經典的古典詮釋與哲學體系的建構之間，如何取得其合理性與有效性，當是所有注經、解經者應該自覺面對的重要課題。

關於此一問題的思索，近年來關切的眼神極為熾熱，學者亟欲建立中國詮釋學的企圖心相當旺盛。他們針對「六經注我」、「我注六經」兩個詮解的定向努力取得一種平衡而合理的發展，也認真地嘗試擬構出比較周延合理的「創造性詮釋」的多項形式條件，以防範在多元詮釋之下，所可能導致的詮釋暴力。早先，傅偉勳提出「創造的詮釋學」一說，即已順勢拉開熱烈討論的序幕。傅先生認為做為一般方法論的詮釋學，共可分為五個辯證的層次，且不得隨意越等跳級，這五個層次是：

1. 「實謂」層次——「原思想家（或原典）實際上說了什麼？」

2. 「意謂」層次——「原思想家想要表達什麼？」或「他所說的意思到底是什麼？」

3. 「蘊謂」層次——「原思想家可能要說什麼？」或「原思想家所說的可能蘊涵是什麼？」

㊱ 關於方法論的詮釋學，如〔德國〕施萊爾馬赫（Fr. D.E. Schleiermacher）、狄爾泰（Wilhelm Dilthey）以及〔義大利〕貝蒂（Emilio Betti）等人的理論主張，參見洪漢鼎譯：《詮釋學經典文選（上）（下）》（臺北：桂冠圖書股份有限公司，2005年5月）相關篇章。此處限於篇幅無法詳述。

4.「當謂」層次——「原思想家（本來）應當說出什麼？」
或「創造的詮釋學者應當為原思想家說出什麼？」

5.「必謂」層次——「原思想家現在必須說出什麼？」或
「為了解決原思想家未能完成的思想課題，創造的詮釋學
者現在必須踐行什麼？」❸

其以為第一個層次是詮釋活動必須經過的起點，是屬於前詮釋學的
原典考證工作，關涉乎原典校勘、版本考證與比較等等基本課題，
以詮釋的五個層次來說，只有此層算是具有「客觀性」的，是所謂
訓詁考據、文獻整理之學；第二個層次是依文解義的析文詮釋，通
過語意澄清、脈絡分析、前後文表面矛盾的邏輯消解、原思想家時
代背景的考察等等工夫，盡量客觀忠實地了解並詮釋原典的意思；
第三個層次是歷史詮釋，關涉乎種種思想史的理路線索，原思想家
與後代繼承者之間的前後思維連貫性的多面探討，以及歷史上已經
存在的、較為重要的原典詮釋等等，通過此類研究方式，了解原典
可能的思想蘊涵，如此則能超克「意謂」層次上可能產生的詮釋片
面性或詮釋者個人的主觀臆斷；第四個層次是屬於批判詮釋，詮釋
者設法在原典的表面結構底下掘發其深層結構，據此批判地考察在
「蘊謂」層次所找到的種種可能意蘊，從中發現最有詮釋理據或強
度的深層意蘊或根本義理出來，這就需要詮釋者個人的詮釋學洞

---

❸ 〈創造的詮釋學及其應用——中國哲學方法論建構試論之一〉，頁 10。案：
第五個層次，傅先生原稱「必謂」，後依劉述先的建議改為「創謂」。參見
傅偉勳《學問的生命與生命的學問》（臺北：正中書局，1994 年 1 月），
〈創造的詮釋學與思維方法論〉，頁239。

見，已非「意謂」層次的表層分析或平板而無深度的詮釋可比；到了第五個層次則是創造的詮釋學，詮釋者不但理解了原典，還要批判地超克原思想家的教義局限或內在難題，並嘗試解決其未能竟成的思想課題，因此，此一層次的創造性思維，實無法從其他四個層次中任意游離或抽離出來❸。由此可見，傅先生實亦欲縮合詮釋上所謂「繼往」與「開來」的密切關係，他的「繼往」是批判性的承繼過去已有的古典傳統，而他的「開來」則又是創新的面對現在與未來的一種新開展❹。故其所提出「創造的詮釋學」，即是思考如何能將古典傳統與思想創新合理地銜接為一體，是在經典注釋與哲學體系的建構之間儘量取得平衡一致的詮釋方法。其中乃包含了前詮釋學的原典考證工作，諸如：訓詁考據、文獻整理之學等等。而在進入詮釋活動的理解進程當中，則又必須統含有析文的、歷史

---

❸ 相關細節，參見〈創造的詮釋學及其應用——中國哲學方法論建構試論之一〉，頁 10-11。

❹ 傅偉勳在〈創造的詮釋學及其應用——中國哲學方法論建構試論之一〉一文中即說：「真正具有學術研究的進步性、無涯性而又完全免於任何框框教條（如死板的『唯心、唯物』馬列公式）的詮釋學，必須常恒不斷地統合我國傳統以來的『考據之學』（或佛家所云『依文解義』）與『義理之學』（或『依義解文』），也必須自我提昇之為極具『批判的繼承』（繼往）與『創造的發展』（開來）意義的一種我所主張的『創造的詮釋學』。」，頁 3；在〈創造的詮釋學與思維方法論〉一文中傅先生也說：「創造的詮釋學堅決反對任何徹底破壞傳統的『暴力』方式，也不承認不經過這些課題的認真探討，而兀自開創全新的思想傳統的可能性。創造的詮釋學站在傳統主義的保守立場與反傳統主義的冒進立場之間採取中道，主張思想文化傳統的繼往開來。創造的詮釋學當有助於現代學者培養正確處理『傳統』的治學態度。」，《學問的生命與生命的學問》，頁 226。

的、批判的、創造的種種詮釋層次，才能締造出一種完滿的理解。此中不僅涵攝了方法論詮釋學所關注的回歸文本意向的基本工作，而且也吸納了哲學詮釋學所強調允許的創造性詮釋的觀點❹。

此外，袁保新在其《老子哲學之詮釋與重建》一書中，亦擬構出「創造性詮釋」的幾個原則與方法，此是針對「現代讀者在理解上的要求」而提出的，其中認為合理完滿的詮釋活動，所應滿足的一些基本形式條件如下：

1. 一項合理的詮釋，其詮釋本身必須在邏輯上是一致的。
2. 一項合理的詮釋必須能夠還原到經典中，取得文獻的印證與支持，而其詮釋觀點籠罩的文獻愈廣，則詮釋就愈成功。
3. 一項合理的詮釋應該儘可能運用經典本身無疑義的文獻來解釋有疑義的章句，用清楚的觀念來解釋不清楚的觀念。
4. 一項合理的詮釋應該將經典本身視為在思想上一致和諧的

---

❹ 劉昌元：〈研究中國哲學所需遵循的解釋學原則〉一文中，對於傅先生的說法曾提出一些相關討論，其認為五個層次可以簡化為「意謂」與「蘊謂」兩個。「意謂」指文本的字面意思，而不是獨立於解釋者的文本的客觀意義；「蘊謂」指文本可能蘊涵的深層義理，它不必在文本作者的意向之內，而必須有脈絡證據的支持。收入沈清松主編：《跨世紀的中國哲學》（臺北：五南圖書出版公司，2001 年 6 月），頁 83-85。案：此「意謂」與「蘊謂」即前文所引余英時提出的「meaning」與「significance」。劉笑敢亦曾針對傅、劉二人的觀點，提出一些個人的看法，參見《詮釋與定向——中國哲學研究方法之探究》第七章〈文本篇——《老子》之雌性比喻的詮釋問題〉，頁 276-279。此處限於篇幅不擬詳述。

整體，避免將詮釋對象導入自相矛盾的立場。

5.一項合理的詮釋，必須一方面將詮釋主題置於它們隸屬的
特定時代與文化背景來了解，但另一方面也要能夠抽繹出
它不受時空拘限的思想觀念，而且儘可能用現代語言與哲
學經驗傳遞給讀者。

6.一項合理的詮釋，對其詮釋方法與原則應有充分的意識，
並願意透過與其他詮釋系統的對比，調整修正其方法與原
則。**❹**

袁先生上述的幾個原則與方法，同樣也是企圖達到主、客觀兼具，
完成合理而有效的詮釋工作，其中最重要的還是強調詮釋者對於詮
釋方法與原則的一種自覺性意識。細察袁先生所提出的六項基本條
件，實與傅先生「創造的詮釋學」一說有異曲同工之妙。凡此種種
說法的提出，對於宋代老子學所引發詮釋的相關問題，當能指引出
一條更為清晰明確的思考路向，而此中爭議性論題的提出與討論，
雖然沒能有一個定於一準的答案，但在思考琢磨的過程當中，似乎
也正確建立了一些觀念與想法。

第三節　研究的回顧與展望

《老子》是歷代被注解詮釋最多的著作之一，解讀《老子》的

---

❹ 袁保新：《老子哲學之詮釋與重建》第四章〈創造性詮釋的探討〉，頁 76-
77。

文字份量遠遠超過了它的文本自身，老子思想透過各個時代的諸家解釋，努力地繼續在學術舞臺上展露鋒芒，通過一代代學人的再詮釋，構築出各個不同時代特徵的老子學圖象。因此，注重歷代學者對《老子》所作的闡釋發揮，展開斷代式專家、專題的研究，當是全面性理解老子思想史一個至關重要的起點。因此，本書即以宋代老子學作為研究的範疇，其間關注的議題焦點與研究對象，有專家式的微觀論述，也有專題式的宏觀探索，期能透過幾個研究的通孔，一窺宋代老子學的多元化面貌。

就整體的研究架構而言，大致可以歸納出四個觀察的視域，分別是：「以儒解《老》」、「以佛解《老子》」、「以《莊》《老》解《老》」以及「君臣解《老》」等四個詮解的義理向度。此四個面向的探究，蓋以「以儒解《老》」的詮解範型著墨最多。此儒、道交涉的開展形式，主要有兩個詮解的基本模式：一是援引儒家經典文獻及其哲學觀點詮解《老子》；二是以儒家心性思想詮解《老子》。此中相關資料的爬梳與闡釋，蓋能更加凸顯出「以儒解《老》」是宋代老子學最主要的詮解進路，而足以作為此一時期老學思想的主要表徵。其次，「以佛解《老》」的詮解路向，則是佛、老交涉的一種觀察。此間開展的普遍基型亦有二：其一是直接以摘句、節錄的方式，援引佛典文獻詮解《老子》；其二則是徵引佛教概念命題、專用術語與老子學說交相訓釋。此中相關資料的點掇分析，蓋能對宋代老子學中佛、老的融攝統一，進行理路上的廓清。而「以《莊》《老》解《老》」的部分，則主要是就學者援引《莊子》文獻，資藉莊子學說解《老》；又或者以《老子》各章句交互訓釋的方式來解讀《老子》，藉此勾勒出以道家之言還之道家

的詮解向度。此詮解的進路，在老、莊係屬同一學譜的義理脈絡底下，最能闡揚老子思想的內在底蘊。最後，則是「君臣解《老》」的整體觀察，分別以宋徽宗御注《老子》以及江澂的疏解御注《老子》為論述核心。之於宋徽宗的君王身分而言，從現實政治的條件、處境出發的新視域，對於《老子》文本的解讀，概能得到一番新的發揮與應用。而御注《老子》頒示天下之後，太學生江澂為之疏解，他雖然標榜御注《老子》為「神解」，然而對於御注《老子》的義理闡發，實非亦步亦趨。其一方面多所承繼，另一方面也自下己意，在御注的「神解」之外，充分發揮一些不同於君王的看法。因此，江澂《疏義》既是針對御注《老子》而來，將兩書吸納成為一個有機聯繫的整體而加以闡幽發微，進行多項學術論題的反省與思考，當是一個值得認真勾稽的議題。本書即在此諸多研究焦點的闡釋發揮之下，企圖擬構出宋代老子學的多元化圖象。凡此，期能對宋代老子學各式各樣的詮解取向及其義理內涵的底蘊，描繪出更具體鮮明的輪廓與析理出更完整清晰的義理架構，俾使得當期專題、專家的研究更為詳實周備。

朱伯崑以為要深入開展老子思想的研究，當該「以歷史的方法，清理老學發展的過程」為主要入路，他是這樣說的：

> 對歷代解老的著述，應加以清理和總結。總結的目的有二：一是提示老學歷史的和邏輯的發展進程；從而了解老學的歷史地位及其對中國文化的影響；二是有助於理解《老子》思想的本來面貌，清洗後人對老子的種種解釋，正本而清源。總之，我的意見是，不能孤立地研究老子，或者說，就老子

> 書而研究老子；應將眼光放大，將老子思想置於其形成和發
> 展歷史過程中來認識老子的價值。即使後來注釋，雖然不符
> 合老子的本義，但反映了老學發展的不同階段，有其自身的
> 歷史價值，不應否定。❷

言下之意，即是強調以老子學研究作為深入探析老子思想的重要進
路。此一方面有助於理解《老子》思想的本來面貌，廓清後人對老
子的種種解釋，正本而清源；另一方面也能提示老學歷史的和邏輯
的發展進程，從而了解老學的歷史地位及其對中國文化的影響。因
此，注重歷代對《老子》的注解詮釋及其相關論說，是全面性了解
老子詮釋史的關鍵所在，也是構築老學史重要的研究方向。而展開
斷代式專題、專家的研析當是一個必要的路徑，只有通過對重要時
期的重要人物與重要著作，以及對重要議題深入開發剖析，才能不
斷提升老子學史相關研究的質與量，如此對於整體老子學史發展脈
絡的釐清與建立當亦能有實質的助益，此是為筆者研究之初衷與亟
欲達成之目標。

　　因此，立足在多年研究的基礎點上，未來的研究方向，毫無疑
問地仍將熱情與心血投注於各個時代老學史圖象的建立與構織之
上。目前的研究重心，已將觸角繼續往下延伸擴展，以「明代老子
學」為用心的對象與範疇，尤其明代老學研究者特別好發議論，彼
等針對宋代老子學觀點的種種評價與議論，當列為首要關注的焦點

---

❷　參見朱伯崑：〈重新評估老學——關於深入研究老子思想的幾點意見〉，收
　　於氏著《燕園耕耘錄——朱伯崑學術論集（下冊）》，頁485。

❸。因此，繼宋代老子學相關研究成果的提出之後，為了承續並延展個人的研究領域，擬再擴大研究版圖，以明代注《老》解《老》者為研究對象，深入觀察他們如何閱讀《老子》，如何在評注解析《老子》的過程當中，澄清前人對於老學思想的諸多誤解與謬詮，進一步建立屬於個人的老學見解與觀點，並且一探老子思想的奧義。凡此，對於《老子》一書內在底蘊的抉發及其思想的衡定，當會有更深刻的發明，希冀能在老子學的研究方面，貢獻一點個人微薄的心力與想法。細觀明代老子學的研究，目前所累積的學術成果極其有限，相關議題的開發與提出皆有待後學者繼續強力探索與充分討論。因此，往下延伸至明代老子學多面多向的觀察探析，當是筆者未來研究的自我期許與展望。

---

❸　筆者目前已完成的論文如下：〈薛蕙《老子集解》對程、朱老學之評議〉（臺灣師範大學國文學系《國文學報》第 45 期，2009 年 6 月），頁 107-138；〈薛蕙《老子集解》性命思想探析〉，臺灣師範大學國文學系《國文學報》第 46 期，2009 年 12 月），頁 1-30；〈老子非陰謀捭闔之術──以明人詮解《老子》三十六章為觀察之核心〉（臺灣師範大學國文學系《中國學術年刊》第 32 期春季號，2010 年 3 月），頁 29-64。

參引書目舉要

一、專書

㈠古代典籍

〔漢〕河上公：《老子道德經》（《無求備齋老子集成·初編》，臺北：藝文印書館，1962 年）

〔漢〕嚴遵：《道德真經指歸》（《無求備齋老子集成·初編》，臺北：藝文印書館，1962 年）

〔漢〕孔安國傳，孔穎達疏：《尚書正義》（《十三經注疏》，臺北：藝文印書館，2001 年）

〔魏〕王弼、韓康伯注，孔穎達疏：《周易正義》（《十三經注疏》，臺北：藝文印書館，1985 年）

〔魏〕王弼，樓宇烈校釋：《老子周易王弼注校釋》（臺北：華正書局，1983 年）

〔晉〕張湛：《列子》（臺北：藝文印書館，1975 年）

〔晉〕陳壽：《三國志》（臺北：鼎文書局，1990 年）

〔晉〕鳩羅摩什譯：《金剛般若波羅蜜經》（《大正新脩大藏經》，臺北：新文豐出版社，1973 年）

〔唐〕玄奘譯：《般若般羅蜜多心經》（《大正新脩大藏經》，臺北：新文豐出版社，1973 年）

〔唐〕成玄英：《輯成玄英道德經開題序訣義疏》（《無求備齋老子集成·初編》，臺北：藝文印書館，1962 年）

〔唐〕唐玄宗：《唐玄宗御註道德真經》（《正統道藏》，臺北：新文豐出版公司，1988 年）

〔唐〕陸希聲：《道德真經傳》（《無求備齋老子集成·初編》，臺北：藝文印書館，1962 年）

〔唐〕釋法海撰、丁福保註：《六祖壇經箋註》（臺北：文津出版社，1984 年）

〔唐〕杜光庭：《道德真經廣聖義》（《正統道藏》，臺北：新文豐出版公司，1988 年）

〔唐〕李翱：《李文公集》（四部叢刊本初編，縮印江南圖書館藏明成化刊本，上海：商務印書館，1965 年）

〔宋〕張載：《橫渠易說》（臺北：廣文書局，1974 年）

〔宋〕程頤：《易程傳》（《叢書集成新編》，臺北：新文豐出版公司，1985 年）

〔宋〕程顥、程頤：《二程集》（臺北：漢京文化，1983 年）

〔宋〕司馬光：《道德真經論》（《正統道藏》，臺北：新文豐出版公司，1988 年）

〔宋〕司馬光：《司馬文正公傳家集》（臺北：臺灣商務印書館，1968 年）

〔宋〕蘇軾：《蘇氏易傳》（《叢書集成新編》，臺北：新文豐出版公司，1985 年）

〔宋〕蘇軾、孔凡禮點校：《蘇軾文集》（北京：中華書局，1992 年）

〔宋〕蘇轍：《老子解》（《無求備齋老子集成·初編》，臺北：藝文印書館，1962 年）

〔宋〕蘇轍：《欒城集》（四庫備要本，臺北：臺灣中華書局，1935 年）

〔宋〕王安石：《老子注》（《老子崇寧五注》，臺北：成文出版社，1979 年）

〔宋〕王雱：《老子注》（《老子崇寧五注》，臺北：成文出版社，1979 年）

〔宋〕劉驥：《老子注》（《老子崇寧五注》，臺北：成文出版社，1979

年）

〔宋〕劉涇：《老子注》（《老子崇寧五注》，臺北：成文出版社，1979
年）

〔宋〕陸佃：《老子注》（《老子崇寧五注》，臺北：成文出版社，1979
年）

〔宋〕王雱：《南華真經新傳》（《無求備齋莊子集成·初編》，臺北：藝
文印書館，1972 年）

〔宋〕王雱：《南華真經拾遺》（《無求備齋莊子集成·初編》，臺北：藝
文印書館，1972 年）

〔宋〕朱熹：《四書章句集注》（臺北：大安出版社，2005 年）

〔宋〕朱熹，黎靖德編：《朱子語類》（北京：中華書局，1999 年）

〔宋〕朱熹：《朱子文集》（臺北：財團法人德富文教基金會，2000 年）

〔宋〕朱熹編：《近思錄》（臺北：臺灣商務印書館，1991 年）

〔宋〕朱熹、田中慶太郎校定：《周易本義》（影印國子監刊本，臺北：五
洲出版社）

〔宋〕宋徽宗：《宋徽宗御解道德真經》（《正統道藏》，臺北：新文豐出
版公司，1988 年）

〔宋〕宋徽宗：《西昇經注》（《正統道藏》，臺北：新文豐出版公司，
1988 年）

〔宋〕宋徽宗：《沖虛至德真經義解》（《正統道藏》，臺北：新文豐出版
公司，1988 年）

〔宋〕江澂：《宋徽宗道德真經疏義》（《正統道藏》，臺北：新文豐出版
公司，1988 年）

〔宋〕章安：《宋徽宗道德真經解義》（《正統道藏》，臺北：新文豐出版
公司，1988 年）

〔宋〕宋綬、宋敏求編，司義祖校點：《宋大詔令集》（北京：中華書局，
1997 年）

〔宋〕李霖：《道德真經取善集》（《正統道藏》，臺北：新文豐出版公

司，1988 年）

〔宋〕呂惠卿：《道德真經傳》（《正統道藏》，臺北：新文豐出版公司，1988 年）

〔宋〕呂惠卿：《莊子義》（《無求備齋老子集成・初編》，臺北：藝文印書館，1962 年）

〔宋〕林希逸：《老子鬳齋口義》（《無求備齋老子集成・初編》，臺北：藝文印書館，1962 年）

〔宋〕邵若愚：《道德真經直解》（《正統道藏》，臺北：新文豐出版公司，1988 年）

〔宋〕邵伯溫：《邵氏聞見錄》（北京：中華書局，1997 年）

〔宋〕范應元：《老子道德經古本集註》（《無求備齋老子集成・初編》，臺北：藝文印書館，1962 年）

〔宋〕員興宗：《老子解略》（《無求備齋老子集成・初編》，臺北：藝文印書館，1962 年）

〔宋〕晁公武：《郡齋讀書志》（《文淵閣四庫全書》，臺北：臺灣商務印書館，1986 年）

〔宋〕陳景元：《道德經注》（《道書輯校十種》，成都：巴蜀書社，2001 年）

〔宋〕陳象古：《道德真經解》（《正統道藏》，臺北：新文豐出版公司，1988 年）

〔宋〕程俱：《老子論》（《無求備齋老子集成・初編》，臺北：藝文印書館，1962 年）

〔宋〕程大昌：《易老通言》（《無求備齋老子集成・初編》，臺北：藝文印書館，1962 年）

〔宋〕彭耜《道德真經集注雜說》（《正統道藏》，臺北：新文豐出版公司，1988 年）

〔宋〕葛長庚：《道德寶章》（《無求備齋老子集成・初編》，臺北：藝文印書館，1962 年）

〔宋〕葉夢得：《老子解》（《無求備齋老子集成·初編》，臺北：藝文印書館，1962年）

〔宋〕葉夢得：《巖下放言》（《文淵閣四庫全書》，臺北：臺灣商務印書館，1983年）

〔宋〕趙秉文：《道德真經集解》（《無求備齋老子集成·初編》，臺北：藝文印書館，1962年）

〔宋〕劉辰翁：《老子道德經評點》（《無求備齋老子集成·初編》，臺北：藝文印書館，1962年）

〔宋〕子璿：《首楞嚴義疏注經》（《大正新脩大藏經》，臺北：新文豐出版社，1973年）

〔宋〕智磐：《佛祖統紀》（《大正新脩大藏經》，臺北：新文豐出版社，1973年）

〔元〕劉惟永：《道德真經集義》（《正統道藏》，臺北：新文豐出版公司，1988年）

〔元〕杜道堅《道德玄經原旨》（《正統道藏》，臺北：新文豐出版公司，1988年）

〔元〕吳澄：《道德真經註》（《無求備齋老子集成·初編》，臺北：藝文印書館，1962年）

〔元〕脫脫等撰：《宋史》（臺北：藝文印書館，1956年）

〔明〕王道《老子億》（《無求備齋老子集成·初編》，臺北：藝文印書館，1962年）

〔明〕洪應紹《道德經測》（《無求備齋老子集成·初編》，臺北：藝文印書館，1962年）

〔明〕焦竑：《老子翼》（臺北：廣文書局，1962年）

〔明〕釋德清：《莊子內篇憨山註》（臺北：琉璃經房，1982年）

〔明〕釋德清：《道德經解》（臺北：新文豐出版公司，1982年）

〔明〕龔修默：《老子或問》（《無求備齋老子集成·初編》，臺北：藝文印書館，1962年）

〔清〕王夫之：《老子衍》（《船山全書》，長沙：嶽麓書社，1993 年）

〔清〕王先謙：《荀子集解》（臺北：藝文印書館，2000 年）

〔清〕徐承學：《資治通鑑後編》（《文淵閣四庫全書》，臺北：臺灣商務
　　　印書館，1983 年）

〔清〕黃宗羲《宋元學案》（臺北：文津出版社，1987 年）

〔清〕魏源：《老子本義》（臺北：臺灣商務印書館，1965 年）

〔清〕魏源：《魏源集》（北京：中華書局，1983 年）

〔清〕永瑢·紀昀著：《四庫全書總目提要》（臺北：臺灣商務印書館，
　　　2001 年）

〔清〕郭慶藩編、王孝魚整理：《莊子集釋》（臺北：木鐸出版社，1988
　　　年）

㈡現代著作

王邦雄：《中國哲學論集》（臺北：臺灣學生書局，1986 年）

王邦雄：《老子的哲學》（臺北：東大圖書股份有限公司，1990 年）

王雲五編：《續修四庫全書提要》（臺北：臺灣商務印書館，1972 年）

王明：《道家和道教思想研究》（北京：中國社會科學出版社，1987 年）

王博：《老子思想的史官特色》（臺北：文津出版社，1993 年）

孔令宏：《宋代理學與道家、道教》（北京：中華書局，2006 年）

尹志華：《北宋《老子注》研究》（成都：巴蜀書社，2004 年）

尹振環：《重識老子與《老子》──其人其書其術其演變》（北京：商務印
　　　書館，2008 年）

朱伯崑：《易學哲學史》（臺北：藍燈文化事業股份有限公司，1991 年）

朱伯崑：《燕園耕耘錄──朱伯崑學術論集》（臺北：臺灣學生書局，2001
　　　年）

朱大星：《敦煌本《老子》研究》（北京：中華書局，2007 年）

牟宗三：《中國哲學十九講》（臺北：臺灣學生書局，1986 年）

牟宗三：《才性與玄理》（臺北：臺灣學生書局，1985 年）

牟宗三：《心體與性體》（臺北：正中書局，1987 年）

牟宗三：《圓善論》（臺北：臺灣學生書局，1985 年）

牟鐘鑒：《老子新說》（北京：金城出版社，2009 年）

任繼愈：《老子譯讀》（北京：北京圖書館出版社，2007 年）

任繼愈主編：《道藏提要》（北京：中國社會科學出版社，2005 年）

李程：《近代老學研究》（武漢：武漢大學出版社，2008 年）

李零：《人往低處走：《老子》天下第一》（北京：生活・讀書・新知三聯
　　書店，2008 年）

李霞：《生死智慧——道家生命觀研究》（北京：人民出版社，2004 年）

李周龍：《易學拾遺》（臺北：文津出版社，1992 年）

李明輝編：《儒家經典詮釋方法》（臺北：國立臺灣大學出版中心，2004
　　年）

余英時：《歷史與思想》（臺北：聯經出版公司，1977 年）

余英時：《猶記風吹水上鱗：錢穆與現代中國學術》（臺北：三民書局，
　　1991 年）

何建民：《道家思想的歷史轉折》（武昌：華中師範大學出版社，1997 年）

吳怡：《易經繫辭傳解義》（臺北：三民書局，1991 年）

吳怡：《禪與老莊》（臺北：三民書局，1999 年）

吳林伯校注：《老子新解：《道德經》釋義與串講》（北京：京華出版社，
　　1997 年）

沈清松主編：《跨世紀的中國哲學》（臺北：五南圖書出版公司，2001 年）

林明照：《先秦道家的禮樂觀》（臺北：五南圖書出版公司，2007 年）

柳存仁：《和風堂文集》（上海：上海古籍出版社，1991 年）

洪漢鼎主編：《中國詮釋學》第 1-3 輯（濟南：山東人民出版社，2003 年）

洪漢鼎：《詮釋學——它的歷史和當代的發展》（北京：人民出版社，2005
　　年）

姜國柱、朱葵菊著：《論人・人性》（邯鄲：海洋出版社，1988 年）

奚侗集解，方勇導讀，方勇標點整理：《老子》（上海：上海古籍出版社，
　　2007 年）

唐君毅：《中國哲學原論・原道篇》（臺北：臺灣學生書局，1986 年）

唐君毅：《哲學概論》（臺北：臺灣學生書局，1989 年）

高專誠：《御註老子》（太原：山西古籍出版社，2003 年）

袁保新：《老子哲學之詮釋與重建》（臺北：文津出版社，1991 年）

袁保新：《從海德格、老子、孟子到當代新儒家》（臺北：臺灣學生書局，
　　2008 年）

徐復觀：《中國人性論史・先秦篇》（臺北：臺灣商務印書館，1987 年）

徐小躍：《禪與老莊》（臺北：揚智文化，1994 年）

孫以楷：《《老子》注釋三種》（合肥：安徽人民出版社，2003 年）

梁啟超、胡樸安等著，黃河選編：《道家二十講》（北京：華夏出版社，
　　2008 年）

郭沂：《郭店竹簡與先秦學術思想》（上海：上海教育出版社，2001 年）

陳鼓應：《老子今註今譯及評介》（臺北：臺灣商務印書館，2000 年）

陳鼓應：《莊子今註今譯及評介》（臺北：臺灣商務印書館，2000 年）

陳鼓應：《老莊新論》（臺北：五南圖書出版有限公司，1995 年）

陳鼓應：《易傳與道家思想》（臺北：臺灣商務印書館，1994 年）

陳鼓應、白奚：《老子評傳》（南京：南京大學出版社，2001 年）

陳鼓應主編：《道家文化研究》第十九輯「玄學與重玄學」專號（北京：生
　　活・讀書・新知三聯書店，2002 年）

陳榮捷：《王陽明傳習錄詳註集評》（臺北：臺灣學生書局，1988 年）

陳榮華：《葛達瑪詮釋學與中國哲學的詮釋》（臺北：明文書局，1998 年）

陳奇猷校注：《韓非子集釋》（臺北：漢京出版社，1983 年）

陳少峰：《宋明理學與道家哲學》（上海：上海文化出版社，2001 年）

陳德和：《道家思想的哲學詮釋》（臺北：里仁書局，2005 年）

陳錫勇：《老子校正》（臺北：里仁書局，2003 年）

陳錫勇：《郭店楚簡老子論證》（臺北：里仁書局，2005 年）

陳錫勇：《老子釋義》（臺北：國家出版社，2006 年）

馮達文、郭齊勇：《新編中國哲學史》（臺北：洪葉文化，2005 年）

崔大華等著：《道家與中國文化精神》（鄭州：河南人民出版社，2003 年）

麥仲貴：《宋元理學家著述生卒年表》（香港：新亞研究所專刊之三，1968 年）

張默生：《老子章句新解》（臺北：樂天出版社，1972 年）

張智彥：《老子與中國文化》（貴陽：貴州人民出版社，2001 年）

張起鈞：《老子哲學》（臺北：正中書局，1997 年）

張隆溪：《中西文化研究十論》（上海：復旦大學出版社，2005 年）

張邦煒：《宋代政治文化史論》（北京：人民出版社，2005 年）

勞思光：《新編中國哲學史》（臺北：三民書局，1987 年）

湯用彤：《漢魏兩晉南北朝佛教史》（臺北：臺灣中華書局，1983 年）

黃釗主編：《道家思想史綱》（長沙：湖南師範大學出版社，1991 年）

黃俊傑：《孟學思想史論》（臺北：中央研究院中國文哲研究所籌備處，1997 年）

黃俊傑：《東亞儒學史的新視野》（臺北：喜瑪拉雅研究發展基金會，2001 年）

黃俊傑編：《中國經典詮釋傳統（一）通論篇》（臺北：財團法人喜瑪拉雅研究發展基金會，2002 年）

彭浩校編：《郭店楚簡《老子》校讀》（武漢：湖北人民出版社，2001 年）

傅偉勳：《從創造的詮釋學到大乘佛學》（臺北：東大圖書，1990 年）

傅偉勳：《學問的生命與生命的學問》（臺北：正中書局，1994 年）

楊慧傑：《天人關係論》（臺北：水牛出版社，1989 年）

楊樹達：《周易古義；老子古義》（上海：上海古籍出版社，2006 年）

董恩林：《唐代老學：重玄思辯中的理身理國之道》（北京：中國社會科學出版社，2002 年）

董恩林：《唐代《老子》詮釋文獻研究》（濟南：齊魯書社，2003 年）

熊鐵基、馬良懷、劉韶軍：《中國老學史》（福州：福建人民出版社，1997 年）

熊鐵基、劉韶軍、劉筱紅、吳琦、劉固盛：《二十世紀中國老學》（福州：

福建人民出版社，2001 年）

蒙文通：《道書輯校十種》（成都：巴蜀書社，2001 年）

蒙培元：《中國心性論》（臺北：臺灣學生書局，1990 年）

劉笑敢：《老子古今》（北京：中國社會科學出版社，2006 年）

劉笑敢：《詮釋與定向——中國哲學研究方法之探究》（北京：商務印書館，2009 年）

劉笑敢主編：《中國哲學與文化》第二輯：注釋，詮釋，還是創構？（桂林：廣西師範大學出版社，2007 年）

劉笑敢主編：《中國哲學與文化》第五輯：「六經注我」還是「我注六經」（桂林：廣西師範大學出版社，2009 年）

劉固盛：《宋元老學研究》（成都：巴蜀書社，2001 年）

劉固盛：《道教老學史》（武漢：華中師範大學出版社，2008 年）

劉固盛：《老莊學文獻及其思想研究》（長沙：岳麓書社，2009 年）

劉韶軍：《日本現代老子研究》（福州：福建人民出版社，2006 年）

劉韶軍點評：《唐玄宗宋徽宗明太祖清世祖《老子》御批點評》（長沙：湖南人民出版社，1997 年）

劉福增編著：《老子精讀》（臺北：五南圖書出版公司，2004 年）

蔣錫昌：《老子校詁》（臺北：東昇出版事業有限公司，1980 年）

鄧立光：《老子新詮：無為之治及其形上理則》（上海：上海古籍出版社，2007 年）

盧國龍：《道教哲學》（北京：華夏出版社，1998 年）

盧國龍：《宋儒微言》（北京：華夏出版社，2001 年）

韓廷傑釋譯：《中論》（臺北：佛光文化，1997 年）

戴璉璋：《易傳之形成及其思想》（臺北：文津出版社，1997 年）

魏元珪：《老子思想體系探索》（臺北：新文豐出版公司，1994 年）

蕭天石：《道德經名注選輯》（臺北：中國子學名著集成編印基金會，1978 年）

嚴北溟：《中國佛教哲學簡史》（臺北：木鐸出版社，1983 年）

嚴靈峯：《老子達解》（臺北：華正書局，1983 年）

嚴靈峯編著：《老列莊三子知見書目》（臺北：中華叢書編審委員會，1965
　　年）

嚴靈峯輯校：《老子宋注叢殘》（臺北：臺灣學生書局，1979 年）

嚴靈峯輯校：《老子崇寧五注》（臺北：成文出版社，1979 年）

瀧川龜太郎著：《史記會注考證》（臺北：萬卷樓圖書公司，1996 年）

(三)翻譯著作

〔美〕T‧伊格頓（Terry Eagleton）著，鍾嘉文譯《當代文學理論》（臺北：
　　南方叢書出版社，1988 年 1 月）

〔美〕安樂哲、郝大維著，何金俐譯《道不遠人：比較哲學視域中的《老
　　子》》（北京：學苑出版社，2006 年 10 月）

〔德〕瓦格納著，楊立華譯《王弼《老子注》研究》（南京：江蘇人民出版
　　社，2008 年 4 月）

〔日〕池田知久著，王啟發、曹峰譯：《道家思想的新研究：以《莊子》為
　　中心》（鄭州：中州古籍出版社，2009 年 5 月）

〔德〕馬丁‧海德格著，王慶節、陳嘉映譯：《存在與時間》（臺北：桂冠
　　圖書，2002 年 2 月）

〔德〕漢斯－格奧爾格‧加達默爾著，洪漢鼎譯：《真理與方法：哲學詮釋
　　學的基本特徵（上）（下）》（上海：上海譯文出版社，2005 年 5
　　月）

〔德〕漢斯－格奧爾格‧加達默爾著，洪漢鼎、夏鎮平譯：《真理與方法：
　　補充和索引》（臺北：時報文化出版，1995 年）

洪漢鼎譯：《詮釋學經典文選（上）（下）》（臺北：桂冠圖書股份有限公
　　司，2005 年）

二、期刊、會議論文

山田俊：〈呂惠卿關于《老子》《莊子》思想淺析〉（《宗教學研究》，
　　1998 年第 4 期）

尹志華：〈王安石的《老子注》探微〉（《江西社會科學》，2002 年第 11 期）

尹志華：〈試析北宋《老子》注家對“無為”的詮釋〉（《首都師範大學學報》，2004 年第 1 期）

江淑君：〈程明道一本論工夫歷程探微──以〈識仁篇〉、〈定性書〉為中心〉（《孔孟月刊》第 31 卷第 2 期，1992 年 10 月）

江淑君：〈論《六祖壇經》的「明心見性」與「解行雙修」〉（《中國文化月刊》203 期，1997 年 2 月）

江淑君：〈《金剛經》「無住」與「離相」探微〉（《中國文化月刊》第 180 期，1994 年 10 月）

江淑君：〈薛蕙《老子集解》對程、朱老學之評議〉（國立臺灣師範大學國文學系《國文學報》第 45 期，2009 年 6 月）

江淑君：〈薛蕙《老子集解》性命思想探析〉（國立臺灣師範大學國文學系《國文學報》第 46 期，2009 年 12 月）

江淑君：〈老子非陰謀捭闔之術──以明人詮解《老子》三十六章為觀察之核心〉（國立臺灣師範大學國文學系《中國學術年刊》第 32 期春季號，2010 年 3 月）

周曉光：〈論新安理學家程大昌〉（《安徽師範大學學報》，1994 年第 3 期）

陳德和：〈戰國老學的兩大主流──政治化老學與境界化老學〉（《鵝湖學誌》第 35 期，2005 年 12 月）

陳榮捷：〈戰國道家〉（《歷史語言研究所集刊》，第 44 本第 3 分，1972 年 10 月）

張京華：〈世紀之交的道家研究──讀《中國老學史》與《近現代的先秦道家研究》〉（《學術界》總第 84 期，2000 年 5 月）

湯一介：〈關于僧肇注《道德經》問題──四論創建中國解釋學問題〉（《學術月刊》，2000 年第 7 期）

湯一介：〈能否創建中國的解釋學？〉（《學人》第 13 期，1998 年 3 月）

湯一介：〈再論創建中國解釋學問題〉（《中國社會科學》，2001 年第 1
　　期）

連鎮標、連宇：〈彭耜與《道德真經集注》〉（《中國道教》，2000 年第 2
　　期）

漆俠：〈王雱：一個早慧的才華四溢的思想家〉（《中國史研究》，2000 年
　　第 4 期）

熊鐵基：〈感謝與說明──對《中國老學史》批評的回應〉（《中國哲學
　　史》，2001 年第 1 期）

劉固盛：〈論宋元老學中的儒道合流思想〉（《華中師範大學學報》第 39 卷
　　第 1 期，2000 年 1 月）

劉固盛：〈《老子》哲學思想解釋的三次突破〉（《海南師範學院學報》，
　　2000 年第 1 期）

劉固盛：〈論王安石學派的老學思想〉（《湖南師範學院學報》，2002 年第
　　1 期）

劉固盛：〈杜道堅《老子》注略論〉（《古籍整理研究學刊》，2000 年第 1
　　期）

劉固盛：〈范應元《老子道德經古本集注》試論〉（《中國道教》，2001 年
　　第 2 期）

劉固盛：〈北宋儒家學派的《老子》詮釋與時代精神〉（《西北大學學報》
　　第 31 卷第 3 期，2001 年 8 月）

劉固盛：〈道教南宗對老子學說的解釋與發揮〉（《宗教學研究》，2002 年
　　第 2 期）

劉固盛：〈論宋代老學發展的特點〉（《西南師範大學學報》第 29 卷第 5
　　期，2003 年 9 月）

劉固盛：〈宋元老學中的佛禪旨趣〉（《人文雜誌》，2001 年第 6 期）

劉榮賢：〈從老莊之異論二者於先秦為不同的學術源流〉（《東海中文學
　　報》第 12 期，1998 年 12 月）

劉榮賢：〈莊子外雜篇中老莊思想之融合〉（《靜宜人文學報》第 11 期，

1999 年 7 月）

滕新才：〈宋徽宗評議〉（《四川教育學院學報》，1995 年第 1 期）

魏福明：〈王安石對老子哲學的繼承和發展〉（《玉溪師範學院學報》第 20 卷，2004 年第 4 期）

簡光明：〈林希逸《老子鬳齋口義》探義〉（《中國文化月刊》第 174 期，1994 年 4 月）

簡光明：〈程俱《老子論》初探〉（《輔英學報》第 15 期，1995 年 12 月）

盧國龍：〈論陳景元的道家學術〉（《宗教哲學》第 1 卷第 3 期，1995 年 7 月）

顏國明：〈儒釋道三家的圓融精神〉（《牛津人文集刊》第 1 期，1995 年 10 月）

顧吉辰：〈北宋詩人劉燾雜考〉（《中國典籍與文化》，1996 年第 4 期）

張寶三：〈儒家經典詮釋傳統中注與疏之關係〉（國立政治大學文學院主編《「孔學與二十一世紀」國際學術研討會論文集》，2001 年 10 月 27 日）

龔鵬程：〈商戰歷史演義的社會思想史解析〉（第二屆臺灣經驗研討會宣讀論文，1993 年 11 月 5 日－6 日）

三、學位論文

林靜慧：《蘇轍《老子解》研究》（文化大學中國文學研究所碩士論文，2003 年）

韋東超：《明代老學研究》（華中師範大學歷史文化學院博士論文，2004 年）

張禹鴻：《唐玄宗《道德真經》注疏研究》（東吳大學中國文學研究所碩士論文，2004 年）

張昱彰：《宋徽宗老子思想研究》（中央大學中國文學研究所碩士論文，2007 年）

董立民：《程大昌《易老通言》研究——以「儒道會通」為中心之考察》

（東吳大學中國文學研究所碩士論文，2003 年）

樊鳳玉：《宋儒解老異同研究》（暨南國際大學中國語文學研究所碩士論
文，1998 年）

戴美芝：《老子學考》（臺灣師範大學國文研究所碩士論文，2003 年）

國家圖書館出版品預行編目資料

宋代老子學詮解的義理向度

江淑君著. – 初版. – 臺北市：臺灣學生，2010.03
面；公分
參考書目：面

ISBN 978-957-15-1489-5 (平裝)

1. 老子 2. 研究考訂

121.317 　　　　　　　　　　　　　　　99002501

宋代老子學詮解的義理向度（全一冊）

著　作　者：江　　　　淑　　　　君
出　版　者：臺　灣　學　生　書　局　有　限　公　司
發　行　人：孫　　　　善　　　　治
發　行　所：臺　灣　學　生　書　局　有　限　公　司
　　　　　　臺北市和平東路一段七十五巷十一號
　　　　　　郵 政 劃 撥 帳 號：0 0 0 2 4 6 6 8
　　　　　　電　話：（0 2）2 3 9 2 8 1 8 5
　　　　　　傳　眞：（0 2）2 3 9 2 8 1 0 5
　　　　　　E-mail：student.book@msa.hinet.net
　　　　　　http://www.studentbooks.com.tw
本書局登
記證字號：行政院新聞局版北市業字第玖捌壹號
印　刷　所：長　欣　印　刷　企　業　社
　　　　　　中和市永和路三六三巷四二號
　　　　　　電　話：（0 2）2 2 2 6 8 8 5 3

定價：平裝新臺幣四二〇元

西 元 二 〇 一 〇 年 三 月 初 版

臺灣 學生書局 出版

中國哲學叢刊